コロナ危機と欧州福祉レジームの転換

福原宏幸・中村健吾・柳原剛司 ◉編

昭和堂

まえがき

　2019 年 11 月末に中国の武漢市から始まったとされる新型コロナウイルス感染症（COVID-19）のパンデミックはその後、感染の地球規模の拡大にともない世界の相貌を一変させた。行政府の布告のみによって「移転」や「移住」はおろか自宅からの短距離の「外出」さえ禁止されることが、地球上の東西南北を問わず「公衆衛生上の緊急事態」という理由により正当化された。それまでは耳慣れなかった「ロックダウン（lockdown）」などという語が、日本でも通用するようになった。他者との対面での会話における物理的な距離の確保とマスクの着用、ならびにオンライン形式での会議や授業や意思疎通が、ありふれた自明の慣行となってしまった。

　「ロックダウン」をはじめとする行政府の強制的な諸措置は、人びとの生物学的生命を守るためなら彼・彼女らの市民的諸権利を制限することもやむをえないという執行府の判断に由来するものであった。人びとの自由権（市民的権利：civil rights）を拘束する行政府のそうした措置が、「公衆衛生上の緊急事態」における例外的な措置だという理由でもってどこまで正当化されうるのかは、今後も慎重な検討を要求する問題でありつづける。コロナ危機の過程で出現したそのような「健康のリヴァイアサン」という怪物（Svampa 2020）を、あるいは「永続的な例外状態」（アガンベン 2021：64）を、私たちは、自由権よりも「生命に対する権利[*1]」のほうが——ひいては「生命に対する権利」を保障するために必要だとされる国家の生命保護義務のほうが——優先されるべきだという理由にもとづいて、これからも容認してよいのであろうか。公衆衛生上の「緊急事態」としてのみ取り扱われる傾向のあるこの問題はしかし、自由権と国家による生命保護義務との緊張関係をめぐって新たな討論を惹起しそうであ

　＊1　「生命に対する権利（das Recht auf Leben）」は、ドイツの基本法（憲法）第 2 条第 2 項に掲げられている権利であり、同法第 1 条第 1 項における「人間の尊厳」と相まって、他のもろもろの基本的人権の前提をなすと解されている（Habermas / Günther 2020）。

*2
る。

　とはいえ、パンデミックが私たちに再考を促したのは、自由権と国家の生命
保護義務との関係をめぐる問題だけにとどまりはしなかった。パンデミック
は、発達した資本主義諸国の市民たちが第2次世界大戦後に獲得してきたはず
の社会的権利（social rights）が20世紀末以降の新自由主義のヘゲモニーのも
と根元まで浸食されてきたという現実を、労働者・庶民のみならず統治エ
リートに対しても否応なしに突きつけたのだった。政府による市民的権利への
制限を正当化する理由としてもち出された社会的権利——たとえば適切な水準
の医療を受ける権利——が実はきわめて脆い状態に置かれていたことを、パン
デミックは暴露した。

　イギリスでは2022年3月末にボリス・ジョンソン首相（当時）の側近が、
「ロックダウン」のもとでも自宅から別荘まで自家用車による長距離移動を敢
行し、これがメディアで問題視された。それに続いてジョンソン首相自身も、
公邸で複数回にわたり飲酒をともなう多人数のパーティーを開催して悦に浸っ
ていたことが明らかとなった。これらの違反行為の結末が、ジョンソン首相の
辞任である（2022年7月）。統治エリートらは、庶民を自宅内へ閉じ込めてお
きながら、自分たちだけは移動の自由や社交の自由を特権として享受していた
のだった。だがしかし、諸権利のシステムに対してコロナ危機が新たに突きつ
けた試練とその波及効果の不平等は、市民的権利よりもむしろ社会的権利の領
域においてこそ深刻であったと、著者たちは考えている。グローバル・ノース
とグローバル・サウスの両方において、人びとの生命と社会的な生存・生活を

---

　*2　周知のとおり、パンデミックを理由にして各国の政府が導入した自由移動の制限措置や
　　　人びとによる自己規制を、ジョルジョ・アガンベンは例外状態を利用した国家の「生‐
　　　権力（bio-pouvoir）」の膨張と捉えた（アガンベン 2021）。これに対してスラヴォイ・ジ
　　　ジェクは、アガンベンによる国家権力批判の妥当性を部分的に認めながらも、パンデミッ
　　　クを「発明」または陰謀であるかのように断じることでそれの影響を過小評価しかねな
　　　いアガンベンの論調を批判した（ジジェク 2020：第8章）。この問題はドイツでは、基本
　　　法（憲法）において定められた「人間の尊厳」および「生命に対する権利」という原理
　　　と他のもろもろの基本権との関係という、憲法学ならびに法哲学上の主題という体裁を
　　　とりながら議論が続いている。たとえば、（Habermas 2021）を参照せよ。

ii

保障するはずの既存の社会的権利が果たしてどれほどまで有効であり強靭であるのかが、あらためて問われたのだ。

　欧州で新型コロナウイルスの感染の急拡大が始まった2020年に、〈これまでのやり方はもはや通用しえないし、通用させてはならない〉として、スロヴェニア出身の哲学者であるスラヴォイ・ジジェクはすでに、直感的な指摘にとどまってはいるもののその基本線はまったく妥当である次のような警告を発していた――「気づいたときには、新しい野蛮状態のなかにいるのかもしれない。その兆候はすでに明らかに見えている。この感染拡大を不幸なアクシデントとして扱ったり、さっさと影響を排除して従来のやり方の滞りない機能回復をめざしたり、医療制度か何かを少し修正するぐらいでは不十分だろう。そして、重要な疑問をもたざるをえなくなる。われわれの制度の一体、何が間違っていたのか。科学者たちが何年も警告していたにもかかわらず、不意打ちを食らって、こんな壊滅的な状況に陥るとは」（ジジェク 2020：8）。

　コロナ・パンデミックは欧州のみならず日本においても、感染症の急激な拡大に対する私たちの国家と経済と社会の弱点を白日のもとにさらした。感染拡大の波が過ぎ去ったなら、従来の「日常の」経済活動と社会活動へ速やかに「復帰」するというのでは、21世紀の人類である私たちはパンデミックから何ひとつ教訓を引き出さなかったことになる。ジジェクが暗示しているように、コロナ危機以前における私たちの「日常生活」は実は、不十分な医療体制、やむなく休業しても補償の得られない不安定な仕事や雇用、借金をしなければ通えない大学、人手の不足する保育や介護といった脆く劣悪な環境にとり巻かれていた。そして、その背景には、生活保障のための諸制度の民営化・市場化を推進する新自由主義の政策があった。そうした「コロナ以前」の生活・政策・制度への単純な復帰など、けっしてあってはならないのだ。そうであるがゆえにコロナ危機の真っ最中には、ポスト・コロナの時代における社会および経済の根本的・原理的な転換について期待が語られることがあった。

　たしかにコロナ危機に際しては、欧州でも日本でも政府が大胆な財政支出を行ない、経済・社会生活の機能マヒを何とか食い止めた。だからといって、欧州と日本がコロナ危機のあとに、新自由主義から決別し、生活保障に対する公的な責任原則の再確立へ向きを転じたと言えるであろうか。

「新しい資本主義」を提唱する日本の岸田政権は、少なくともレトリックのうえでは新自由主義から距離をとろうとしているように見える。しかし、コロナ危機のあとに日本で実行に移されようとしているのは、「広域化」の名を借りた医療の「効率化」であり、人びとを「貯蓄から投資へ」誘導する「資産倍増」計画であり、軍事費の2倍化であり、日本人労働力の確保政策としての「少子化対策」であり、多くの健康保険難民を生み出しかねないマイナンバーカードへの一体化にともなう健康保険証の廃止である。

　では、欧州はどうなのか。2020年に新型コロナウイルスのパンデミックの世界的な「中心地」となった欧州は、それまでの市場自由化と緊縮財政への傾斜を根本的に改め、財政連邦主義への志向を宿す「強い社会的なヨーロッパ」へ向かうのだろうか。

　本書の諸章が明らかにしているように、EUは、感染拡大の初期段階では対応を加盟各国に任せっきりにしていたものの、2020年3月からはとくに医療面での国際的な協力に乗り出した。そして、新自由主義のもとで縮小されながらも維持されてきた福祉レジームの寛大なセーフティネットと、EUおよび各国による大規模な財政支出とにより、社会や経済に対するコロナ危機の負の影響を抑制することができた。これは、緊縮財政への固執により事態のいっそうの悪化を招いた2008年以降のユーロ危機への対応とは大きく異なる点である。

　しかも、コロナ危機を経てEUとその加盟国の雇用・福祉レジームには大きな地殻変動が生じている。そうした変化を欧州の次元で代表する2つの実例が、——本書の序章で紹介されているように——加盟国に緊縮財政を押しつけてきた安定・成長協定の見直しの動きであり、財政連邦主義の要素を有する「次世代EU」基金の創設である。EU加盟国のなかで緊縮財政を支持する国が少数派となったこと、ならびに物価高を背景とする「生活費の危機（the cost-of-living crisis）」によりドイツ・フランス・イギリスなどにおいて2023年に大規模なストライキが相次いでいることに示されているとおり、社会的な力関係は欧州諸国間と各国内の両方において変化しつつある（EuroMemo Group 2023）。そうした変化はしかし、これまで欧州統合の過程を駆りたててきた基本的な推進原理である自由化・規制緩和・競争、ならびに——近年では「欧州グリーンディール」や「デジタル・ヨーロッパ」が具現している——能動的な

供給サイド政策の優越を覆すにはいたっていない。ジジェクはここに、コロナ危機のはらむ矛盾を見いだしている。

> ここで、ある論点が見えてくる。COVID-19 パンデミックが経済に与える影響には矛盾があるという点である。一方では、パンデミックのおかげで、当局は最低所得保障や国民皆医療など、共産主義を志向するかのような政策を取らされている。だが、この予想だにしなかった共産主義への扉は、コインの一面でしかない。なぜなら同時に企業が富を蓄え国家によって救済されるという、正反対のプロセスも猛烈に主張されているからだ。つまり、"コロナ資本主義"の輪郭が徐々に明らかになるとともに、新しい形の階級闘争が生まれつつあるということだ。　　　　　　　　　　　　　　　　　（ジジェク 2021：23-24）

ジジェクによるこの現状診断は、2023 年に入ってからの国際的な金融危機に際して欧米の金融監督当局が有力な民間金融機関と高額預金口座の救済に奔走したという事実によって、さらにいっそう裏づけを得ることとなった。

ところで、21 世紀の人類である私たちがもっと〈思慮深く〉なるうえで、生成 AI（人工知能）をはじめとする最新の情報テクノロジーが手助けをしてくれることがあるのかもしれない。これまで直面したことのなかった試練に対処するうえで、インターネット上に際限なく散在している過去の関連情報を瞬時かつ自動的に収集・選別し、それらの情報をふまえた〈最適な〉処方箋または対応策を AI に提案してもらうというのは、実に効率的であるように見える。けれども最も大切なのは、既知の経験を超え出る新しい出来事に直面したときに、「自分たちのこれまでの生活の仕方とそれを支える制度のあり方は、果たして適確なものだったのか」という問いを私たち人間（当事者）自身が発することである。幸か不幸か AI はまだ、自分から疑問を発することができないし、熟慮も熟議もなしえない。それらの行為は、現時点でもなお人間だけが遂行しうるのであるし、これから先も機械に委ねてはならない行為である。

ところが、コロナ危機を経た欧州の各国政府による中・長期的な政策は、パンデミックにおける人びとのつらく苦い経験をめぐる私的・公的な熟慮と熟議に基礎を置いているとは言い難い。現に実行されようとしている政策の多くは

むしろ、過去の経験への対応策の反復または微修正でしかないように見えてしまう。つまり、それまで経験したことのなかった新しい事態に対する深甚な〈思慮〉または〈反省〉は、EUとその加盟国政府の姿勢において大幅に欠落しているか、または後回しにされていると言わざるをえない。

そうした〈思慮〉または〈反省〉に資するであろう情報と思考の枠組みを、日本人の欧州研究者たちによる共著である本書は提供したいと願っている。

本書は、欧州統合の時代の節目ごとにEUとその加盟国における福祉レジームの変容を分析してきた著者たちが世に問う4冊目の共著となる。[*3] 著者たちはこれまで、EUが21世紀に入ってから力を入れ始めた欧州雇用戦略におけるアクティベーション政策の功罪、2008年以降のユーロ危機をふまえた欧州福祉レジームの改革、そして2015年からの難民危機をきっかけとする福祉レジームおよびシティズンシップの変容を追究してきた。それらの先行研究をふまえて本書は、2020年から始まったコロナ・パンデミックに対してEUとその加盟国がとった臨時の対策および中長期的な復興戦略が欧州の福祉レジームにもたらしつつある重大な変化を分析の対象としている。本書はその変化を、EUの新たな発展戦略と9つの欧州諸国での社会保障制度の転換とを分析することで浮き彫りにする。

序章「コロナ危機を経てEUは社会的な連邦主義へ向かうのか」では、欧州各国におけるコロナ危機対策とそれが福祉・雇用レジームにおよぼした影響とを第I部から第III部で分析するに先立ち、欧州委員会をはじめとするEUの諸機関によるヨーロッパ・レベルでの取り組みを紹介する。EUとその加盟国は2020年に入って感染が拡大し始めた当初、コロナ危機対策において国境を越える協力を組織しようとしなかった。しかし、2020年3月からの南欧諸国における感染の急拡大と医療危機を受け、EUは数多い緊急の相互支援措置をとるにとどまらず、医療と財政と社会政策の面で野心的なプロジェクトを打ち出すようになった。そうしたプロジェクトの代表例として序章では、医療政策における「欧州保健同盟」、財政にかかわる「次世代EU」、社会政策における

---

    *3　著者たちの過去の共著は、（福原・中村 2012；福原・中村・柳原 2015；福原・中村・柳原 2020）である。

「欧州社会権の柱・行動計画」を取り上げている。なかでも「次世代EU」は時限付きの措置であるとはいえ、EUが共同債を発行して市場から資金を調達し、財政余力に乏しい加盟国にその資金を提供するという「財政移転」の仕組みを具体化した画期的な基金である。しかしながら、安定・成長協定をはじめとするEUの緊縮財政重視の制度設計は、根本的な転換をこうむってはいない。EUの掲げる「強い社会的なヨーロッパ」はいまや、「欧州グリーンディール」という経済成長計画および2022年2月以降のウクライナ戦争のインパクトのもとで、資源・エネルギーにおける「戦略的自律性」と「安全保障」の言説の波にのみ込まれようとしている。

続いて、第Ⅰ部を構成する3つの章は、コロナ危機が雇用政策と家族政策にもたらした変化を、フランス、デンマーク、ハンガリーという3つのEU加盟国を対象にしながら分析している。

第1章「雇用・福祉領域におけるフランスのコロナ対応」が論じているフランスのマクロン政権は、経済復興策と排除防止策を両輪とするコロナ対策をとった。経済復興策は単なる企業救済ではなく、生産力と雇用の維持・増強による成長戦略であり、環境、農業、工業、医療分野への積極的な投資を重視した。排除防止策は就労生活上の問題を社会全体の問題として把握し、とくに都市封鎖（ロックダウン）や時短営業のあおりを受け、就活・学業・生活で困難に直面するすべての若者を支える方針をとった。特筆すべきは、若者の就労問題を就労能力の欠如に帰すことなく対応したことにある。この点は中道左派政権の特徴を継承している。その一方、生活困窮者の孤立防止策のねらいは、経済復興策や労働市場改革にともなう人材育成および労働力供給にある。マクロン政権のコロナ対策は広く対象者を定めると同時に、成長戦略に反排除政策を位置づけた点で右派政権の特徴をもつ。今後、現政権の方向性は、企業側に有利な改革を進めつつ、就労貧困問題の未然防止という難問の解決を同時に実現できるかどうかにかかっている。

第2章「コロナ危機下におけるデンマークの雇用と社会保障」は、コロナ危機下のデンマークで雇用がどのような影響を受けたのか、社会保障の受給者がどのように変動したのか、左派連立政権と社会的パートナー（労使団体）がどのような対策を講じたのかを論じている。2023年3月にデンマークを訪れた

著者の嶋内によると、同国はすでにアフター・コロナの経済成長に入っており、その勢いはコロナ・パンデミック以前を上回っているという。こうした状況の背景を探るため、コロナ危機下のデンマークにおける就業構造、失業保険ならびに公的扶助の受給状況を政府統計から分析している。また、政府が実施したもろもろの補償制度ならびに労使団体をまき込んだ対話についても論じている。以上から明らかにされることは、日本のように特定の市民（女性を中心とする非正規労働者）に偏った犠牲者をほとんど生み出さなかったこと、既存の失業保険と公的扶助が失業時のセーフティネットとして機能したこと、そして政府が迅速かつ普遍的に市民に補償を提供し、日本と異なり福祉国家としてまっとうに対応できたことである。他方で嶋内は、近年若者のあいだで増加する非典型労働者が、これらの社会保障制度によって十分に保護されなかった可能性を指摘している。

　第3章「コロナ危機下におけるハンガリーの雇用・家族政策」では、ハンガリーのオルバーン政権の、コロナ危機における経済政策・社会政策上の対策を取り上げている。オルバーン政権は、反移民や反LGBTなどを掲げ、EUと対立的な姿勢をとりつづけながらも、国内では4度連続で国会議員選挙に大勝するなど強固な政権を維持している。同政権がコロナ危機にどのように対応したのか、政権が重点分野として挙げている雇用政策と家族政策に着目して論じている。分析の結果、これら2つの政策領域においては、雇用分野で一時的な措置が行なわれたものの、コロナ危機下の経済・財政・社会状況においても「就労にもとづく国家」という基本方針に転換がなかったことを著者の柳原は指摘している。家族政策については、2022年末から翌春ごろにかけて日本でも少子化対策として注目を集めたが、ハンガリーの家族政策は「若くから異性と法的な結婚をして、女性はできるだけ多く（3人以上）の子どもを産み、かつできるだけ早期に労働市場に復帰して、できるだけ長期間働きつづける」ことを強く奨励するものであり、日本への参考とする際に留意を要する点を示している。

　第II部は、コロナ危機のもとで実施された市民への所得保障または所得補償のあり方を、ドイツ、オランダ、スウェーデンの3カ国について検討している。

　第4章「ドイツにおける市民手当導入とコロナ・パンデミック」において論じられるドイツでは、公的扶助制度（社会法典第2編）における給付額を60%

減額するという制裁規定に対して、2019年11月に連邦憲法裁判所が違憲との判決を出し、制裁規定の見直しを求めていた。それを受け、制裁の実際の件数も抑制された。コロナ・パンデミックに対して、操業短縮手当の積極的活用、それの対象とならない者については公的扶助という2つの制度の要件緩和でもって対応した。ロックダウンによるジョブセンターの閉鎖や感染対策としての接触機会の減少は、現場の相談場面の変容ももたらした。すなわち、対面での相談から電話での相談に置き換わり、利用者とケースマネージャーとの直接的なコンタクト機会の減少は結果として、制裁の機会も抑制することとなった。違憲判決の影響も当然あるが、コロナという外的な要因により、新たな法制定を待たずに、現場の運用が先取りして変化したとも言える。

　コロナ・パンデミックへの対応としてとられた公的扶助制度の要件緩和や制裁規定の見直しは、一時的な対応にとどまらず、2021年に新たに誕生した政権において、2023年1月1日から市民手当（社会法典第2編）という恒常的な制度として継続することとなった。ドイツはかつて失業手当を廃止し、公的扶助制度での制度改革を実施したが、コロナ・パンデミックと政権交代の流れを受け、公的扶助制度の要件緩和のみならず、最低賃金の増額や児童手当・住宅手当などの社会手当の増額をはじめ、現金給付もあわせて手厚くする方向（「社会民主主義」路線）へ進んでいると評価できる。

　第5章「オランダにおけるコロナ危機対策と最低生活保障」が扱うオランダでは1990年代後半より、自己責任原則や民営化など新自由主義の要素を取り込んだ社会保障改革が次々とつづけられてきた。その結果、労働市場では、雇用の「多様化」が進み非正規労働者が増えるとともに、不安定就労層の「貧困」が浮き彫りになった。そうした背景のもとで、2020年に始まった新型コロナウイルス感染症の世界的流行により、公衆衛生や医療保障だけでなく、労働市場における就労と生活をつなぐ最低生活保障の面でも、働き方に合わせた所得保障の仕組みがますます必要となった。本章では、オランダ政府のコロナ危機への緊急対策と労働市場の実態を明らかにすることから始め、最近とくに増加している「従業員を雇用しない自営業者（zzp）」への対応策を中心に据えて、パンデミックの影響を受けたオランダの福祉国家が、ウィズ・コロナの時代に向けてどのような改革をめざそうとしているのか、労働市場と社会保障を

結ぶ新たな政策方針と、自営業者間の相互扶助、また、就労支援を促進する自治体の新たな役割について、社会保障法政策の視点から検討を加えている。

　第6章「スウェーデンの所得補償と就労支援政策」で述べられているとおり、スウェーデン政府はコロナ危機下でもロックダウンを行なわず、人びとが日常生活や経済活動をできるかぎりつづけうるようにする方針をとった。そのため2020年下半期から経済は回復し始め、2022年からは経済活動は通常に近づくなど、復興は早かったという。しかし、同国でも失業の増加や長期化が報告されている。まずコロナ危機下で行なわれた所得補償については、国による時短勤務手当や社会保障制度による所得補償により雇用や所得は比較的守られた。しかし所得補償制度の利用傾向からは、失業の長期化にともなう給付金額の低下、守られた雇用と不安定雇用の存在などが示唆された。次に就労支援政策では、失業の長期化を防ぐための取り組みが重視され、一定の効果をあげている。他方ではしかし、短期間で労働市場に戻ることのできる人と失業が長期化する人とのあいだに分断が生じる可能性が示唆された。現在のところ、国外生まれの人であれ国内生まれの人であれ、教育を受けた人の就労能力が高まるという点で労働市場をとおした社会的統合にある程度成功している。性別や出身地にかかわらず人びとが就労し、給付と社会サービスの担い手かつ受け手になるという、スウェーデン福祉国家制度の特徴は維持されており、それを維持する方向でコロナ危機下での対応が行なわれたことがわかる。

　さて、福祉を個々の市民に対して提供する主体は、国家、地方自治体、市場、家族、あるいは市民本人というように多様であり、そうした提供主体の布置連関は加盟国によって異なるとともに、時代に沿いながら変化していく。本書の第Ⅲ部は、イタリア、ベルギー、イギリスという西欧の3カ国においてコロナ危機のもとで福祉の担い手に生じた変化を取り上げる。

　第7章「コロナ危機に揺れるイタリア」では、コロナ・パンデミックの発生から現在にいたるイタリア政治の状況と、パンデミックが人びとの暮らしに与えた影響とを確認したうえで、イタリアの重要課題のひとつとされる若者の移行期支援対策について、最近の動向を報告する。コロナ危機からの復興の兆しのなかで、政治においては「家族」「伝統」に訴えかけ、EUとの距離をとるポピュリズム政党が政権を握り、イタリア史上初の女性の首相が誕生した。そ

の一方で NEET（ニート）の増加を背景に、社会的な重要課題として認識を得た若者に対する成人移行支援は、EU の復興基金からも資金が充当され、「若者保障」の枠組みにおいて、家族主義や縁故主義を超えて実施されようとしている。また政治においては分断が危惧されるなかで、第 7 章の著者である上岐の現地調査からは、ミクロ・レベルでの人びとの暮らしに、家族主義を超えた、文化に根差した助け合いや、移民との交流といった緩やかなつながりが見られることが明らかになった。

　第 8 章「コロナ危機とベルギー連邦政府の対応」は、1970 年代から進められてきた地域分権化によって、中央政府のいくつかの権限が地域政府に移管されてきたベルギーの現状を分析している。コロナ危機に対処する公衆衛生や保健、そして福祉や雇用についても、地域分権化が進んだ。しかも、2019 年の総選挙の結果、きわめて不安定な政治状況のなかで 2020 年 3 月からのコロナ危機を迎えることになった。ひとまず成立した穏健保守・リベラル・社会民主主義そして環境派からなる新政権は、一方で地域政府との協力・連携を図りつつ、他方でコロナウイルス感染拡大の抑止、市民とりわけ脆弱な立場にある人びとへの生活支援、労働者の雇用の安定、そして多くの自営業者の事業継続確保などに取り組んだ。しかし、保健施策の権限が中央政府と地域政府とにまたがっていたため十分なコロナ感染防止策が打ち出せず、多くの感染者を出すこととなった。とはいえ、雇用者保護策「一時的失業支援制度」や、自営業者の事業活動と生活維持に向けた施策「つなぎ生活資金受給権」は、政府の権限がおよぶ関係機関をとおして一定の成果をおさめた。

　他方、こうしたコロナ危機をふまえて、ベルギーが直面するより長期的な課題が見えてきた。それは、社会的諸権利の制度にアクセスできずにいる人びとの存在、そして就労に向けたアクティベーションを重視する諸政策の限界である。また、その就労施策においても、とりわけ就労貧困層や安定した仕事に就けない若者たちへの支援の不十分さが明らかとなった。こうした施策の権限が中央政府と地域政府に分割されているとはいえ、中央政府がそれらを束ねつつ、新たな政策策定とその実施にどう立ち向かうのかが、今後も問われ続けるだろう。

　最後に第 9 章「イギリスにおける国家─市民間関係の変容」では、コロナ・

パンデミックに見舞われたイギリスにおいて生じた社会の混乱とそれに対する政府の対応、そしてそのなかで生じつつあるシティズンシップの変容について論じている。コロナの急速な感染拡大を受けて、イギリス政府が非常事態を宣言し、ロックダウンを実施した結果、人びとの生活はさまざまな制約のもとに置かれ、社会経済は大きな打撃をこうむった。政府は休業補償の実施や社会保障給付の一時的な増額など、市民生活への影響を最小限にとどめるための措置を打ち出す一方で、新たに開発されたワクチンの接種を政府主導で展開し、パンデミックからの回復を早期に達成するための対策を積極的に展開した。しかしその背後で進んだのは、社会防衛を目的とした功利主義的なシティズンシップへの転換であった。近代社会の国家と市民の関係において、国家権力に対する境界として機能してきた、エージェンシーを前提とした市民の自由の尊重は、パンデミックへの対応のなかで顧みられなくなり、国家は社会防衛のために市民の自由を規定し、管理するようになった。市民の自由や権利はもはや不可侵のものではなくなりつつあり、いまあらためてその意味や位置づけを問いなおすことが求められている。

　コロナ危機に対する EU と欧州諸国の取り組みについては、日本語でもすでに多くの文献が世に出ている。それらの文献よりもやや遅れて刊行される本書は、欧州諸国による当面の対応策よりはむしろ、雇用・社会保障制度の中・長期的な変化とその含意の分析に重点を置いている。日本で接しうる情報のみからでは把握することのできない欧州社会の深層における制度の持続と転換を読者ならびに学生諸君へ伝えることができたのなら、本書の意図は達成されたことになる。

　諸般の事情ゆえに、本書の編集作業は容易ではなかった。本書が何とか刊行にまでこぎ着けることができたのは、刊行計画を早い段階で準備・認可していただいた昭和堂の松井久見子氏、そして本書の編集・校正の実務を丁寧かつ的確に担っていただいた同社の土橋英美氏のおかげである。両氏には著者一同、心より感謝申し上げる。

　本書は、「松山大学教科書（2023 年度）」の枠組みによる出版助成、ならびに「大阪市立大学大学院経済学研究科清島基金（2023 年度）」による出版助成を受けた。これらの助成により、本書の定価を大学の教科書として活用可能な水準

にまで抑えることができた。松山大学および清島靖典氏に、この場を借りて御礼申し上げる次第である。

　なお、本書は、JSPS 科学研究費補助金・基盤研究 (B)（課題番号：19H01592）を用いた研究成果の一端である。

著者一同

参考文献

アガンベン、G　2021『私たちはどこにいるのか？――政治としてのエピデミック』高桑和巳訳、青土社。

ジジェク、S　2020『パンデミック――世界をゆるがした新型コロナウイルス』中林敦子訳、株式会社Pヴァイン。

―― 2021『パンデミック2――COVID-19 と失われた時』中林敦子訳、株式会社Pヴァイン。

福原宏幸・中村健吾編　2012『21 世紀のヨーロッパ福祉レジーム――アクティベーション改革の多様性と日本』糺の森書房。

福原宏幸・中村健吾・柳原剛司編　2015『ユーロ危機と欧州福祉レジームの変容――アクティベーションと社会的包摂』明石書店。

―― 2020『岐路に立つ欧州福祉レジーム――EU は市民の新たな連帯を築けるか？』ナカニシヤ出版。

EuroMemo Group 2023. Europe in Polycrisis: Struggles for Survival, Climate and Energy Justice. EuroMemorandum 2023.

Habermas, J. 2021. Corona und der Schutz des Lebens: Zur Grundrechtsdebatte in der pandemischen Ausnahmesituation. *Blätter für deutsche und internationale Politik* 9: 65-78.

Habermas, J. / Günther, K. 2020. Kein Grundrecht gilt grenzlos. *Die Zeit* Nr. 20/2020, 7. Mai 2020.

Svampa, M. 2020. Resource Extractivism and Alternatives: Latin American Perspectives on Development. *Journal für Entwicklungspolitik* 28 (3) : 43-73.

目　次

第Ⅱ部　コロナ危機下の所得保障制度の役割

序　章

コロナ危機を経てEUは
社会的な連邦主義へ向かうのか
──経済・財政ガバナンスと医療・福祉レジームの改革──

中村健吾

1　コロナ・パンデミックに揺れた欧州

　新型コロナウイルス感染症は、2019 年 12 月時点の欧州では、中国に固有の現象であって欧州とはあまり関係がないと受けとめられていた。しかし、2020 年 1 月末にフランスで EU 域内初の感染例が確認されたあと、イタリアをはじめとする南欧諸国にコロナの感染が拡大していった。その後、欧州は、世界保健機関（WHO）が 2020 年 3 月 12 日に早くも認定したように、同年におけるコロナ・パンデミックの世界的な「中心地」となった。

　ただ、欧州各国では 2021 年末からオミクロン株の感染拡大の勢いが鈍化し、2022 年の 4 月にはどうやらピークアウトを迎えた。各国政府は 2023 年に入るや、マスク着用義務をはじめとする行動制限の緩和を進めており、日本政府と同様に経済活動優先の姿勢を鮮明にしている。世界はいまやまるで、コロナ・パンデミックを努めて忘れ去ろうとしているかのようである。実はそうした忘却こそが偽りの平穏な日常の促進剤であり、予期されえた災難の〈予期せぬ〉到来を招き寄せる源泉であるにもかかわらず。

(1)　感染拡大当初におけるナショナルな封鎖措置

　表 0-1 は、2023 年における世界の新型コロナウイルスの感染状況を示している。欧州地域では、医療および社会保障制度の相対的な発達の度合いと各国

1

表0-1　新型コロナウイルスの地域別感染状況（2023年4月2日時点）

WHO 管轄地域区分	累積の感染件数	累積の死亡件数
西太平洋地域	201,915,129（26%）	408,974（6%）
北米・中南米地域	191,734,288（25%）	2,944,706（43%）
欧州地域	274,837,959（36%）	2,209,482（32%）
アフリカ地域	9,518,290（1%）	175,333（3%）
東地中海地域	23,306,010（3%）	350,127（5%）
東南アジア地域	60,816,269（8%）	804,106（12%）
世界全体	762,128,709（100%）	6,892,741（100%）

出典）WHO（2023a）より著者作成。
注）（　）内のパーセンテージは、世界全体の件数に占める各地域の件数の比率を表わしている。

政府およびEUによる積極的な対応措置がある程度まで功を奏して、死亡件数が比較的少ない。しかし、累計の感染者数は他地域のそれに比して相当に多い。

　表0-2は、本書で論じられる欧州諸国における感染状況の違いを示している。パンデミックは、十分な医療体制をもたない南欧諸国に対してより多くの被害をもたらした。2000年に発表されたWHOの報告書によれば、南欧諸国における医療の質はけっして低くなかった。同報告書に記載された191カ国のなかで、フランスは1位、イタリアは2位、スペインは7位を占めていた（尾上 2022：24）。ところが、2008年以降のユーロ危機の過程でEUなどから緊縮財政を強要されたイタリアやスペインは、医療費の削減と公立病院の統廃合を進めてきた結果、医療体制が著しく弱体化してしまったのである[*1]。そのことは、イタリアにおける人口10万人あたりの死亡件数がハンガリーなどの東欧諸国と同様に高いという事実に表われている。

　しかも、感染の拡大の当初にEU加盟国がとった対応策のほとんどは、国境の閉鎖および医療物資（マスクや人工呼吸器など）の輸出禁止といった、自国民

[*1]　イタリアにおける集中治療用の病床数は、2011年時点では人口10万人あたり12.5床であったが、2020年には8.6床にまで落ち込んだ（『朝日新聞』2020年4月3日付朝刊）。また、OECDによれば、イタリアにおける人口1000人あたりの急性期病床数は2.62床であるが、これはドイツの6.02床の4割程度にすぎない（『週刊ダイヤモンドオンライン』2020年4月4日付）。

表0-2　欧州における新型コロナウイルスの国別感染状況（2023年2月24日時点）

国	累積の感染件数	人口10万人あたり 累積の感染件数	累積の死亡件数	人口10万人あたり 累積の死亡件数
ベルギー	4,717,655	40,460	33,717	289
ドイツ	38,090,089	45,685	167,723	201
フランス	39,588,366	61,251	164,848	255
イタリア	25,547,414	43,269	187,850	318
オランダ	8,591,721	48,927	22,992	131
ハンガリー	2,194,969	22,016	48,650	488
デンマーク	3,402,848	57,872	8,240	140
スウェーデン	2,697,828	25,572	23,662	224
イギリス	24,370,150	36,097	206,952	307

出典）WHO（2023b）より著者作成。

を優先するナショナルな封鎖措置であった。EU とその加盟国は、感染の拡大防止と治療のために欧州レベルでの協力を組織しようとはしなかった。2020年3月11日にオーストリアがイタリアとの国境を閉ざしたのを皮切りにして、その後の数週間のうちに他の16の EU 加盟国が同様の措置をとった。EU 域内における物資と人の移動は寸断された。

　2020年2月に感染の急拡大に直面したイタリア政府は、EU 市民保護メカニズム（EU Civil Protection Mechanism）[2]をとおして、マスクなどの送達を他の EU 加盟国に依頼した。しかし、これに対する EU とその加盟国の反応は冷淡なものだった。ウルズラ・フォンデアライエン欧州委員会委員長は当初、感染拡大の抑止をイタリア政府が単独で取り組むべき課題としかみなしていなかった（尾上 2022：26）。そしてフランス政府が2020年3月3日に、国が個人防護具の生産を管理しマスクを買い上げることを発表すると、これがドミノ効果を引き起こした。ドイツ政府は他の EU 加盟国にさえもそれら防護具の輸出禁止を適用し、他の加盟国もこれにただちに追随した。そのため、フォンデアライ

＊2　EU 市民保護メカニズムとは、EU の内外で重大な自然災害や事故などが発生した際、迅速に援助を提供することを目的として、EU が2001年に創設した制度である。危急の際には、数カ国が連携して物資の提供、捜索・救助チームや医療チームの派遣、インフラストラクチャーの修復などを実施する（駐日 EU 代表部 2015）。

エン欧州委員会委員長もさすがに2020年3月26日の欧州議会での演説においては、「EUが単なる『晴れの日の連合』ではないことを本当に示す必要があるときに、あまりにも多くの人びとが当初、傘を共有することを拒絶した」と苦言を呈するにいたった（ワータース2021：308；von der Leyen 2020）。

イタリアに対してEU加盟国よりも先にマスクを届けたのは中国であった。2020年4月上旬には中国からローマに、外科手術用マスク200万枚、N95マスク20万枚、および検査キット5万セットが届いたという（植田2021：56）。ロシアは医師や薬品をイタリアに送った（尾上2022：28）。

EU加盟各国によるナショナルな封鎖措置と都市ロックダウンは、財・人・サービス・資本の自由移動を保障するEUの中心的な仕組みそれ自体——単一市場、単一通貨、シェンゲン協定——に疑問符を突きつけた。それはとくにイタリアなどの南欧諸国において、EUの存在理由を否定する扇動的な言説にお墨付きを与えることとなった。

(2) 作動し始めたEUの「連帯」

しかし、南欧諸国における感染の急拡大を受け、転機はすぐに訪れた。EU内での「連帯」の論理が作動し始めたのである。それは2020年3月10日の臨時欧州理事会において顕現した。同理事会では、医療物資の共同備蓄制度の創設や、域内国境をまたぐ医療物資などの輸送の円滑化について合意がなされた。そしてこれはさしあたり、緊急にしてアドホックな相互支援活動となって具体化された。[*3]「連帯」の論理はしかも、緊縮財政基調であったEUの経済政策ガバナンスのあり方にも変化をもたらすことになった。

周知のとおりEUは安定・成長協定（Stability and Growth Pact）により、単年度の財政赤字をGDPの3%以内に、政府債務残高をGDPの60%以内に抑えることを加盟国に義務づけている。そして、同協定による加盟国への財政規律の強要は、2008年以降のグローバル恐慌とユーロ危機を受け、いくつかの

---

*3 コロナウイルスのパンデミックをめぐり2020年にEU加盟国間でなされた数多くの連帯・協力については、植田（2021：52）の「図表1」が概要をまとめている。

EU 法や条約となっていっそう強化されるにいたった[*4]。しかし、そうした緊縮財政基調の経済ガバナンスは、内外発の危機の局面を想定しない非現実的で硬直的な仕組みであった。

　コロナ・パンデミックは、EU がユーロの導入過程以来おし進めてきたこの緊縮財政基調の制度配置を転換させうるようなモーメンタムをも解き放った。2020 年 3 月 23 日における EU の経済・財務閣僚理事会は、欧州委員会からの提案を受けて、安定・成長協定による財政規律ルールを 2022 年度まで一時的に停止することを承認した[*5]。欧州委員会もまた 3 月 19 日に、EU 競争法において定められている「競争歪曲的な国家補助金の禁止」原則を緩和する「臨時枠組み」を採択した（European Commission 2020a）。加盟国政府は、2020 年末まで有効のこの「臨時枠組み[*6]」により、資金難に直面した企業や事業者に対し（欧州委員会の承認を得たうえで）補助金を出すことができるようになった。

　欧州中央銀行も迅速な対応措置をとった。同行は 2020 年 3 月上旬に、7500 億ユーロの「パンデミック・緊急資産購入プログラム（PEPP）」の実施に踏み切った。PEPP の購入規模は同年 6 月 4 日に 1 兆 3500 億ユーロにまで拡大された。これは、とくに南欧諸国の国債を買い支えた（EuroMemo Group 2021：11）。さらに同行は 4 月 22 日、金融機関が同行から融資を受ける際の担保資格要件を大幅に緩和し、投資不適格の扱いをされていたギリシャ国債をも担保として認めるにいたった（高屋 2021：32 以下）。

（3）　緊急時の失業リスク緩和のための一時的支援策（SURE）

　こうして EU 加盟国の政府は、それまで基調をなしていた緊縮財政を転換

　＊4　「シックス・パック」や「トゥー・パック」をはじめとするユーロ危機後の安定・成長協定の強化・補完措置については中村（2015：90）が詳しい。

　＊5　実は、ユーロ危機以降に EU の緊縮財政志向を強力におし進めてきたドイツ政府自身が、コロナ危機の圧力のもとで、財政収支を均衡させなければならないという基本法（憲法）上の規定を棚上げし、補正予算編成のために起債をすることを提案した。この提案は、2020 年 3 月 25 日のドイツ連邦議会の圧倒的多数の賛成により可決された（森井 2021：116）。

　＊6　「臨時枠組み」の有効期間はその後、2022 年末まで延長されるにいたった。

し、大胆な財政支出や減税措置を実施することができるようになった。IMF（国際通貨基金）のまとめによれば、コロナ危機に対する政府の財政措置の対GDP比は2021年10月までに、ドイツで15.3％（5890億ドル）、フランスで9.6％（2530億ドル）、イタリアで10.9％（2050億ドル）、スペインで8.4％（1070億ドル）に達した（経済産業省 2022：148）[7]。

　さらに2020年4月23日の欧州理事会は、①欧州投資銀行（EIB）の融資による企業の保護、②「欧州安定メカニズム（ESM）[8]」からの融資による国家財政への支援、③失業や企業破綻のリスクを予防する「緊急時の失業リスク緩和のための一時的支援策」（以下、SUREと略記）という3種類の政策パッケージを承認した。③のSUREは、コロナ危機のなかで加盟国の政府が労働者への操業短縮手当や自営業者への所得補償手当を支給しつづけることを、EUが融資によって支援するという制度である（European Commission 2020c）。以下では、このSUREに限定して若干の説明を施す。

　コロナ危機に際してドイツの多くの企業は、操業短縮を実施して解雇を回避するという方策をとった。経営状態が厳しくなり操業短縮をした企業の労働者に対し、ドイツ政府は、手取り収入の減少分の60％を操業短縮手当として支給した。EUのSUREは、深刻な不況と税収の減少のなかでこうした手当を支給するのが困難になった加盟国を財政面で支援するという仕組みである。SUREは、収益の減った自営業者への所得補償制度にも適用される。SUREによる融資の条件は、加盟国からの申請を受けて欧州委員会が調査のうえ決定し、閣僚理事会での認可を仰ぐことになっている。

　SUREによる融資の財源は、加盟各国の国民総所得（GNI）がEU全体のそれに占める比率に沿って加盟国が自発的に拠出する総額250億ユーロの資金を担保にして、EUがその高い信用格付けを支えにしながら金融市場から最大で1000億ユーロを「社会的債券（social bond）[9]」の発行により調達することで確

---

* 7　経済産業省（2022：148）の「第I-2-3-22表」は、欧州主要国政府によるコロナ危機対応の財政措置の内容を詳しく紹介している。
* 8　欧州安定メカニズムとは、ユーロ危機をふまえて2012年に設けられた常設の基金であり、債務危機に陥ったユーロ圏の諸国に融資をすることになっている。詳しくは中村（2015：89）を参照。

保される。財政支援を必要とする加盟国は SURE により、自国単独で金融市場から資金を借り入れるよりも有利な条件で資金を調達することができる。SURE の創設を定めた EU 規則は 2020 年 5 月 19 日の閣僚理事会で承認され、6 月 1 日からさっそく施行された（福原ほか 2020：xii）。

　SURE は当面、2022 年末までの時限措置である。それ以降も欧州委員会の提案と閣僚理事会での決定とにもとづいて半年単位での延長が可能とされていたが、2022 年 12 月 7 日に最後の社会的債券が発行され、SURE は同年末をもって終了した。その発行総額は 984 億ユーロに達し、2022 年 9 月下旬までに 19 の加盟国において少なくとも 3150 万人もの人びとの雇用維持と 25 万の企業の事業継続を支援したとされている（European Commission 2022a）。

2　「欧州保健同盟」

　EU の「連帯」は、前節で述べたような緊急でアドホックな対応措置にとどまりはしなかった。コロナ・パンデミックは、これまでの EU とユーロ圏が帯びていた幾多の構造上・制度上の弱点を白日のもとにさらし、それらの弱点に EU とその加盟国が正面から向き合うことを強いた。換言するなら、パンデミックは自然が社会に対して突きつけた試練であっただけでなく、感染症に対して EU の公衆衛生・医療・社会保障・経済の仕組みが呈している脆弱性を暴露したのだった。パンデミックは、それが社会とその制度の弱点を浮き彫りにしたという面で見るなら、「コロナ禍」というよりは「コロナ危機」と呼ぶにふさわしい（尾上 2022：281）。そのことは、EU の内部におよんだパンデミックの影響が、加盟国間に以前から存在していた南北や東西の格差構造に沿って不均等に波及したことからも看取される。

＊9　「社会的債券」とは、特定の社会的課題に取り組むプロジェクトなどに必要な資金を、行政機関が債券発行により金融市場から調達する手法を指す。あらかじめ合意された成果が達成された場合にのみ、資金が返済される（山本 2022：147）。欧州委員会は SURE の社会的債券を発行することにより、2021 年における世界中の社会的債券発行総額の 16% を担ったという。

ユーロ危機・難民危機・英国の EU 離脱といった過去数年間において EU が体験した共通の試練と、コロナ危機のせいで明らかになった EU の弱点に関する EU 首脳らの共通認識は 2020 年 12 月の欧州理事会において、制度上の画期的な刷新となって実を結んだ。それが、EU 域内の豊かな国から貧しい国への「財政移転」の要素と EU 共同債の発行とをともないつつコロナ危機からの復興をめざす基金である「次世代 EU（Next Generation EU）」である。欧州委員会はしかも、「強い社会的なヨーロッパ」という標語を掲げながら、これに関連する 2 つの新たなプログラムを構想し実行に移そうとしている。そのひとつは 2020 年 11 月に披露された「欧州保健同盟（European Health Union）」（以下、EHU と略記）の構想であり、もうひとつは 2021 年 3 月に公表された「欧州社会権の柱・行動計画」である。

　さしあたり本節では、コロナ危機の直接の産物ともいうべき「欧州保健同盟（EHU）」を紹介し、「欧州社会権の柱・行動計画」については第 5 節で論及する。

　第 1 節で述べたとおり、コロナ感染の拡大の当初に EU 加盟国がとった対応策のほとんどは自国民を優先するナショナルな封鎖措置であり、EU とその加盟国が協調して事態に立ち向かうようになるには時間がかかった。このことを教訓にして産み出されたのが EHU の構想である。2020 年 10 月 25 日の世界保健サミットにおいて、フォンデアライエン欧州委員会委員長はこう述べた——「私たちは、危機から回復し未来を準備するうえでパンデミックの終息を待つわけにはいかない。私たちは、共同で危機を感知し、それへの備えをし、それに対応するために 27 カ国が協働する、もっと強靭な欧州保健同盟の基礎を据えようと思う」。危機が発生したあとはもちろんのこと、それが起きる以前から欧州レベルでの備えと協調を組織しようとしているのが、EHU の優れた点である。

　EHU は、主として次の 5 つの構成要素からなっている。

　①　危機への備え

　ここでは、国境横断的な保健上の脅威が発生した場合の欧州レベルでの協調の強化を定めた EU 規則、ならびに欧州疾病予防管理センター（ECDC）と欧州医薬品庁（EMA）の権限の強化によるいっそう効果的な監視・科学的分析・助言の提供をめざす EU 規則の制定が予定されていた。これら 2 種類の規則は

2022 年 11 月に発効した。

②　欧州保健緊急事態準備・対応機関（HERA）の創設

HERA は、コロナ感染症の拡大の当初にマスクの供給不足やワクチンの確保が難航したことを教訓にして、臨時の対応に限定されない常設の国境横断的な医療管理体制を構築するべく、欧州委員会が 2021 年 9 月に設立した機関である。

HERA の活動は平時と緊急時とに分かれる。平時には、感染症発生などのリスクの早期特定、ワクチンなどの新たな医薬品の開発支援、医薬品の調達や備蓄能力の強化を図る。緊急事態には、閣僚理事会の緊急事態認定にもとづいて緊急事態枠組みを発動させる。同枠組みのもとでは、欧州委員会委員長を議長とし、各加盟国の代表からなる公衆衛生危機委員会を設置し、迅速な意思決定を可能にするとともに、医療装備の監視、共同調達の実施、予備施設を活用した生産拡大、生産や開発への資金提供と支援などの緊急事態措置を実施する。

HERA のための 2022 〜 2027 年の予算として、300 億ユーロが投入される（吉沼 2021）。2022 年 11 月には、緊急時における HERA の権限をいっそう強化する EU 規則が発効した。

③　欧州のための医薬品戦略

これは、2020 年 11 月 25 日に欧州委員会が発表した政策文書である（European Commission 2020f）。この「戦略」の主な目的は、医薬品への患者のアクセスを確保しつつ、欧州の製薬業界の競争力と技術革新力を維持することにある。とはいえ、医薬品の価格設定と健康保険の適用は基本的に加盟国の権限の範囲内にあるため、EU の権限は加盟国間の協調を奨励することと、製薬業界内での競争を促進することに限定される。そのため「戦略」は加盟国間協調においては、医薬品の価格設定と調達に関する政府当局間の協力・調整を主張している。しかしながら「戦略」は他方では、次に紹介する「欧州保健データ・スペース」を活用した国境横断的な医薬品研究・開発の促進を打ち出している。

また、この文書では医薬品の生産・調達における EU の「戦略的自律性（strategic autonomy）」がキーワードとなっている。「戦略的自律性」は「EU 新産業政策」が提唱した概念であり、医薬品に限らず EU 域内で生産されるあ

表0-3　欧州がん撲滅計画における10の旗艦イニシアティブ

時期（年）	取り組み
2021 〜 2022	がん情報センター：EU レベルでの科学・技術イニシアティブの調整の改善
2022	欧州がん画像イニシアティブ：診断画像の正確性・信頼性の向上
2021 〜 2030	HPV ワクチンの女子 90%への接種と、男子への接種の大幅増
2022 〜 2025	EU がん検診スキーム：検診に関する勧告の更新、新指針と質保証スキーム
2021 〜 2025	2025 年までに全加盟国の指定総合がんセンターを結ぶ EU ネットワークを形成する
2021 〜 2025	すべての人へのがん診断と治療イニシアティブ：革新的ながん診断と治療へのアクセス
2021 〜 2025	がん理解促進欧州イニシアティブ：一般的ながんリスクの高い個人の特定を支援
2021 〜 2023	がん患者生活向上イニシアティブ：がん回復者スマート・カード、欧州がん患者デジタルセンター
2021 〜 2022	がん不平等記録簿：加盟国間・地域間での不平等を減らす
2021 〜 2023	小児がん支援イニシアティブ：若者のがん回復者の EU ネットワークを含む

出典）European Commission（2021a）より著者作成。

らゆる製品に求められるようになった規準である。すなわちそれは、EU 域内での生産力増強、生産拠点とサプライ・チェーンの多様化、域内における製品の戦略的備蓄などを提唱している（安田 2020）。

④　欧州保健データ・スペース

これは、日本におけるマイナンバー制度の医療版に近い。欧州委員会は2022 年 5 月に「欧州保健データ・スペースに関する規則案」を提示した。

このシステムにより EU 市民は、自らの医療・保健データにネット上において無料でアクセスし管理することができるそうだ。しかし、そうして集積される集団的なデータは同時に、一定の条件のもとで企業や研究機関にも提供される（欧州連合日本政府代表部 2023）。他方で EU は「個人データ保護規則」により、とくにインターネット上での自己の情報に関する個々人の管理権を尊重している。

⑤　欧州がん撲滅計画

これは、2021 年 2 月 3 日の世界対がんデーに際して欧州委員会が発表した2030 年までの計画である。同計画は、①がんの予防、②早期発見、③診断・治療の促進、④患者と回復者の生活の質（QOL）の向上という 4 つの主要な取

り組み領域を設け、これらに沿って 10 の「旗艦イニシアティブ」を実施するとしている（表 0-3）。

　同計画には、EU 関連予算から総額 40 億ユーロを拠出することになっている。

3　「次世代EU」の誕生と安定・成長協定の見直し

　本節では、コロナ危機からの復興を目的とする基金である「次世代 EU」の仕組みを紹介するとともに、これが成立するにいたった背景要因を論じる。

(1)　期限付きの財政移転

　「次世代 EU」は、返済不要の補助金 3900 億ユーロと要返済の融資 3600 億ユーロからなる計 7500 億ユーロの基金である。これは、2020 年末の欧州理事会が「次世代 EU」と一緒に承認した約 1.1 兆ユーロの多年次財政枠組み（MFF：2021 〜 2027 年）とともに、欧州経済の「グリーン化」や「デジタル化」を促す投資によってコロナ危機からの復興を遂げることを企図している。表0-4 は、「次世代 EU」の項目別内訳を示している。

　「次世代 EU」の原資は、欧州委員会が発行する EU 名義の共同債により市場から調達する。この共同債は 2021 年から 2026 年にかけて発行され、2028年から 2058 年末にかけて償還していくことになっている。償還のための EUの新たな財源としては、2021 年にすでに導入されたプラスチック賦課金のほか、国境炭素税[*10]とデジタル税、二酸化炭素排出権取引制度の拡充（対象を海運、陸上輸送、建築にまで拡大）、金融取引税、共通連結法人税などが検討されている（伊藤 2021a：204）。

　「次世代 EU」の 7500 億ユーロの 9 割弱にあたる 6725 億ユーロ（補助金 3125億ユーロと融資 3600 億ユーロ）は、「復興・強靱性ファシリティ（Recovery and

---

　＊10　国境炭素税とは、EU 域外から輸入されるセメント、肥料、鉄鋼、アルミ、電気を対象に、各産品の CO_2 排出量にもとづいて課税するという制度である（経済産業省 2022：154）。

表0-4　「次世代EU」の項目別内訳（総額7500億ユーロ）

項　　目	金額（億ユーロ）
復興・強靱性ファシリティ（RRF）	6,725
REACT-EU：格差是正のための結束政策を補強	475
InvestEU：優先的政策への戦略的投資	56
公正な移行基金：ガス排出の多い地域の脱炭素化促進	100
農村開発：構造改革支援	75
ホライズン・ヨーロッパ：研究・イノベーションへの助成	50
rescEU：市民保護メカニズムの増強	19

出典）駐日EU代表部（2020）、経済産業省（2022）より著者作成。

Resilience Facility)」と命名され（以下、RRFと略記）、EU全体の中期戦略に沿った資金配分がなされる。すなわち具体的には、このRRFの少なくとも37％以上を「グリーン化」に、20％以上を「デジタル化」に振り向けることが求められている。したがって、この基金からの資金提供を受けるために加盟国は「復興・強靱性計画（2021〜2023年）」を欧州委員会に提出し、同委員会からの承認を得なければならなかった。

　RRF総額の7割は2021〜2022年中に支出され、残りの3割は2023年中に各国へ割り当てられる。つまり、これはコロナ危機からの復興を目的とする臨時の措置だという限定を付されている。

　RRFのうちの補助金は、コロナ危機による打撃が大きい国や失業率が高い国などに傾斜配分されることになった。そのためRRFによる補助金の各加盟国への配分は、経済・社会状況の落ち込みが大きく公的財政の赤字が深刻な、イタリアなどの南欧諸国に対して手厚く配分されている。イタリアとスペインだけで補助金全体の約4割を占め、これら両国にギリシャおよびポルトガルを加えると、南欧4カ国への割り当ては全体の半分に達する（表0-5）。そのかぎりにおいて「次世代EU」は、時限的な措置であるにせよ、財政連邦主義を志向するプロジェクトである（尾上2022：200）。

表0-5　RRF補助金の各加盟国への配分

国	配分総額 (億ユーロ)	2022 年の人口 (万人)	人口 10 万人あたりの配分額 (百万ユーロ)
ベルギー	59	1,166	5.1
ドイツ	256	8,337	3.1
フランス	394	6,463	6.1
イタリア	689	5,904	11.7
ギリシャ	178	1,038	17.1
スペイン	695	4,756	14.6
オランダ	60	1,756	3.4
ハンガリー	72	997	7.2
ポーランド	239	3,986	6.0
デンマーク	16	588	2.7
スウェーデン	33	1,055	3.1

出典）European Commission（2020b）などのデータより著者作成。

(2)　何が「転回」をもたらしたのか

「次世代 EU」が部分的にせよ体現しているような、EU が債券を発行することにより EU 内の豊かな国から貧しい国への資金提供を実現する「財政移転同盟」の構想は、かなり以前から存在した。たとえば、2009 年以降のユーロ危機に際しては、ユーロ圏による「ユーロ債」発行の必要性が南欧諸国によって主張された。そして今回のコロナ危機においては、イタリア、スペイン、フランスなど感染が深刻であった加盟 9 カ国から、EU が「コロナ債」を発行して感染と経済・社会状況とが深刻な加盟国を財政面で支援するという提案が2020 年 3 月 25 日にシャルル・ミシェル欧州理事会議長に対してなされた。しかし、この提案は翌 3 月 26 日の欧州理事会において、ドイツ、オランダ、オーストリア、スウェーデン、デンマークといった財政規律重視の「倹約派」加盟国からの反対により日の目を見ずに終わった。ドイツ政府は、EU の共同債の発行や加盟国への補助金ではなく、既存の「欧州安定メカニズム（ESM)」による加盟国への融資を唱えた。イタリア政府はしかし、ユーロ危機の最中に

ESM から受けた融資が、国内政治において忌み嫌われた経験を背景にしながら、融資に対して強い拒否反応を示した。

　積極財政派の国と倹約派の国とのこうした対立にもかかわらず、財政連邦主義の要素を組み入れた「次世代 EU」が 2020 年 7 月の臨時欧州理事会において基本的な合意を獲得し、同年 12 月の欧州理事会で正式の決定にまでいたったのは、なぜなのか。いったいいかなる事情が、緊縮財政一辺倒であった EU 内部での政治的な力関係を変化させ、EU による共同債の発行および加盟国への補助金の支給という「コペルニクス的転回」（ミシェル欧州理事会議長）をもたらしたのか。

　この「転回」は直接的には、単一通貨ユーロの導入過程からユーロ危機にいたるまで加盟国の財政規律を一貫して声高に主張してきたドイツ政府の態度変更によって可能となった。すなわち 2020 年 5 月 18 日、ドイツのメルケル首相はフランスのマクロン大統領とともに、コロナ危機の打撃が大きい加盟国に重点的な財政支援を行なうための総額 5000 億ユーロにのぼる EU 共同の基金を設けることを提案したのだった。しかも、この 5000 億ユーロは融資ではなく、返済不要の補助金として加盟国に支給することが提案された。

　ドイツ政府の態度変更には、いくつかの伏線があった。

　2020 年 3 月 26 日の欧州理事会における意見対立をふまえ、フランスのル・メール財務相は 4 月 1 日、EU 共同債の発行による「例外的で時限的な」コロナ復興基金の設立を提案した。マクロン大統領は、この危機に際して EU が何もできないのであればユーロ圏と EU が瓦解しかねないとまで警告し、ル・メール提案への支持を訴えた。この頃からドイツの公論においてのみならずドイツ政府の内部でも、パンデミックに対して EU が財政面で結束を示さないかぎり EU の正当性が危機に瀕するという認識が広がるようになる。ル・メール提案が公表されたのと同じ 4 月 1 日にドイツでは、連邦政府の経済諮問委員会（「五賢人」）の委員を務めたペーター・ボーフィンガーをはじめとする 13 人の経済学者、政治家、芸術家、哲学者らが週刊誌の『ツァイト』に声明を掲載し、多額の債務を抱える加盟国の財政を期間限定の EU の「コロナ基金」によって支えるよう要求した[11]（Bofinger u. a. 2020; 新井 2021：93）。そして、ドイツのメルケル首相は 2020 年 4 月 23 日の欧州理事会に先立つドイツ連邦議会で

の演説において、EU が共同債を発行するのは EU の諸条約の改正という煩雑な作業を要するので当面の選択肢にはなりづらいことを示唆しながらも、2 年間にわたる「欧州の景気回復プログラム」を設ける必要性を訴え、そのためにドイツが EU 予算への拠出を大幅に増やす可能性にまで言及したのだった（Merkel 2020）。

　5 月上旬には、フランス、ポルトガル、ギリシャ、キプロスとの連名によりイタリア政府が欧州委員会に対して、EU による将来の復興基金は融資ではなく補助金でなければならないこと、そしてこの基金は「〔コロナ危機の〕影響を最も多くこうむった欧州の産業部門や地域を主要な対象にするべき」ことを訴える覚書を送付した（Eder 2020,〔　〕は引用者による補足）。この頃までにドイツ政府は EU による債券発行を容認するようになっていたのに対し、フランス政府のほうは基金があくまで一時的なものであり、補助金の支給には条件と監視がともなうことを受け容れるようになっていた。これが、先述した 5 月 18日の独仏共同提案となって結実した（Krotz/Schramm 2022）。

　独仏共同提案を受けて欧州委員会は 2020 年 5 月 27 日、同提案の基本線を踏襲しながら予算規模を拡張した EU 復興基金の計画を発表した。「次世代 EU」と命名されたこの基金は、返済不要な 5000 億ユーロの補助金に加え、要返済の融資として 2500 億ユーロを組み込んだため、計 7500 億ユーロの規模となった。「次世代 EU」の構想は、5 日間におよんだ 2020 年 7 月の欧州理事会において創設のための基本合意が成立した。「次世代 EU」はしかし、この理事会においてオランダ、オーストリア、スウェーデン、デンマークの「倹約 4 カ国」の主張を受け、大幅な後退を余儀なくされた。補助金の額は 1100 億ユーロ減額されて 3900 億ユーロとなったのに対し、融資のほうは 3600 億ユーロにまで増えた。そればかりではない。加盟国への復興資金の支給には条件が設け

＊11　声明によれば「コロナ基金」は、ユーロ危機の際に検討された「ユーロ債」の構想とは異なり、あくまでも一時的な救済措置にとどまる。なお、この声明にはドイツの元外相であるヨシュカ・フィッシャー、元緑の党議員であるダニエル・コーン゠ベンディット、そして哲学者のユルゲン・ハーバーマスやアクセル・ホネットらが名を連ねていた。

＊12　2020 年 7 月の欧州理事会はまた、「次世代 EU」の支出項目のひとつであった「EU フォー・ヘルス」の予算額を、欧州委員会による当初の案から削減した（ワータース 2021：309）。

られた。すなわち、申請にあたって各加盟国は2021年から2023年までの「国別復興・強靱性計画（national recovery and resilience plan）」を欧州委員会に提出する必要があり、しかもこの「計画」は、EUが加盟国の財政を監視する仕組みである「欧州セメスター」の枠内で欧州委員会が発布する「国別勧告（CSR）」の内容に合致していることが求められる。[*13]「計画」は欧州委員会による評価にかけられ、その評価結果については、各国政府の役人からなる経済・財政委員会（Economic and Financial Committee）が意見を表明し、最終的には経済・財務閣僚理事会での特定多数決によって承認される。このとき、ひとつまたは複数の加盟国が、認可の基準を満たしていない加盟国が存在すると指摘したならば、その認可の件は欧州理事会の議題となりうる（European Council 2020）。

　「次世代EU」は結局、積極財政派の加盟国を代表するフランスと倹約派の加盟国を代表するドイツとが互いの立場に歩み寄り妥協したことによって成立した。とくに、2020年下半期にEU議長国を務めたドイツ政府の方向転換が大きな影響をおよぼした。そのドイツでは、コロナ危機がEUの財政規律規定を一時的にせよ棚上げせざるをえない緊急事態であるとの認識が、右派政党である「ドイツのための選択肢（AfD）」を除く与野党に広く共有され、政府による大規模な財政支出が開始されていた（森井 2021）。しかも、南欧諸国の苦境によってユーロ圏とEUの結束に傷がつくのは、製品の供給網と輸出の両面で対外依存度の高いドイツ経済にとって絶対に回避しなければならない事柄であった。[*14]コロナ危機の脅威に抗してEUの単一市場とユーロ圏を防衛すること

＊13　各加盟国の「国別復興・強靱性計画」について欧州委員会が評価を下す際の11の基準については、伊藤（2021a：210）の「図表9」を参照されたい。

＊14　ドイツのメルケル政権が従来からの緊縮的な欧州政策を転換してEU共同債の発行を自ら主張するにいたった背景要因のひとつとして、ドイツの哲学者であるユルゲン・ハーバーマスは、EUに対して懐疑的な右翼政党である「ドイツのための選択肢（AfD）」の台頭を指摘している。ハーバーマスによればキリスト教民主同盟（CDU）の執行部は、EUまたはユーロ圏に対して批判的で移民・難民への嫌悪を抱く有権者を自党への支持者のなかへ組み込むという曖昧な選挙戦略を放棄し、親EU路線を前面に据えることにしたのだという（Habermas 2020）。

が、ドイツの経済界と政府にとっての死活的な関心事だったのである（尾上 2022：188）。

　いずれにしても、EU が債券を発行して危機に苦しむ加盟国を財政面で支援するという「次世代 EU」は一面では、EU 内において豊かな国から貧しい国への財政移転を可能にする「財政同盟」の仕組みを EU が初めて採用したという点において、画期的である。しかし、「次世代 EU」はあくまで 2023 年までの時限的な措置・制度であり、対象となる分野も限定されている。これがユーロ圏または EU が「財政同盟」へと向かううえでの里程標になるとは、少なくとも現時点でただちに評定しえない。そして何よりも、加盟国に緊縮財政を強いる安定・成長協定などの仕組みが抜本的に変更されないかぎり、EU の〈社会的・生態学的転換〉にとって必要な公的投資の拡大は望むべくもない。

（3）　安定・成長協定の見直し

　その安定・成長協定（以下では SGP と略記）についてはしかし、ユーロ危機以降に見直し案が各方面から提示されるようになっていた。たとえば、欧州委員会の諮問機関である欧州財政委員会（European Fiscal Board）は 2018 年以降の財政年次報告書において、目標値を政府債務残高にのみ絞ることなどを含んだ SGP の簡素化を提案していた（伊藤 2021a：213）。

　SGP の見直しをめぐる議論は、コロナ危機を経ていっそう本格化した。欧州中央銀行のクリスティーヌ・ラガルド総裁は 2021 年 3 月 11 日の記者会見で、「（SGP の）一時免責条項を停止し、制限を戻す場合、SGP は再検討され、より単純で、より生産性、投資に焦点をあて、どのような基準、計測方法が用いられるかも見直される」と述べたうえで、「SGP は 1990 年代に決めたものであり、以後、状況は激変している。もう一度精査し、安定と着実で持続可能な成長とのために、とくに何が必要かを見極めることは正しい」と発言したのだった（同前：214）。こうして欧州委員会は 2022 年 11 月 9 日に SGP の改革案を公表し（European Commission 2022d）、経済・財務閣僚理事会はこの改革案の基本線を 2023 年 3 月 14 日に承認した。

　欧州委員会による SGP 改革案の目玉は、加盟国がこれまでのように毎年の

財政赤字と債務残高について欧州委員会から審査を受けるのではなく、財政赤字と債務残高を4年という中期の期間でもって引き下げていくことを要求するという点にある。これは、欧州セメスターの枠内で加盟国が毎年提出してきた「国別改革プログラム」と「安定プログラム」（ユーロ圏の加盟国が提出）または「収斂プログラム」（ユーロ圏外の加盟国が提出）とを統合した「中期財政構造計画（medium-term fiscal-structural plan）」を加盟国が欧州委員会に提出するという手続きをとる。この手続きにより、加盟国の財政運営は短期ではなく中期の観点でモニターされるとともに、必要な公共投資や改革措置を加盟国政府が実施しうる余地が生まれるのである。そして、財政状況や経済情勢が厳しい加盟国、あるいは「欧州グリーンディール」のようなEUの戦略に沿った公的投資を実施しようとする加盟国に対しては、通常よりも3年長い7年間の「中期財政構造計画」を作成することが許容されるという。

　欧州委員会によるSGP改革案はしかし、各年の財政赤字をGDPの3%以内、債務残高をGDPの60%以内に抑えるという数値目標を維持している。それはまた、加盟国の予算案を主として欧州委員会が監視するという機制にも変更を加えていない（EuroMemo Group 2023: 12-16）。次節で述べるように、コロナ・パンデミックは欧州諸国に深い社会的・経済的な傷跡を残した。にもかかわらず、SGPの改革案は、堅固に制度化された「トランスナショナルな緊縮財政監視・強制レジーム」（中村 2016：12）を根本的に組み替えるにはいたっていない。

4　コロナ危機を経たEUの経済と社会

(1)　意外に早い経済回復

　表0-6が一端を示しているように、ユーロ危機からの回復過程にあった欧州各国の経済は、コロナ・パンデミックが起きた2020年には、キプロスを除く26のEU加盟国でマイナス成長を記録した。

　しかし、先述したように、コロナ危機は欧州諸国の経済・社会に対して均等に打撃を与えたのではない。表0-6から見て取れるのは、イタリア、ギリ

表0-6　GDP成長率（前年比との増減）

（単位：%）

国	2009 〜 2013 年の平均値	2019 年	2020 年	2021 年	2022 年
ベルギー	0.7	2.2	-5.4	6.1	3.1
ドイツ	0.6	1.1	-3.7	2.6	1.8
フランス	0.4	1.8	-7.8	6.8	2.6
イタリア	-1.6	0.5	-9.0	6.7	3.9
ギリシャ	-5.9	1.9	-9.0	8.4	5.5
スペイン	-1.8	2.0	-11.3	5.5	5.5
オランダ	-0.4	2.0	-3.9	4.9	4.4
ユーロ圏（19 カ国）	-0.4	1.6	-6.1	5.3	3.5
ハンガリー	-0.7	4.9	-4.5	7.1	4.9
ポーランド	2.6	4.5	-2.0	6.8	4.9
デンマーク	-0.1	1.5	-2.0	4.9	3.1
スウェーデン	1.0	2.0	-2.2	5.1	2.4
EU（27 カ国）	-0.2	1.8	-5.7	5.4	3.5

出典）European Commission（2023）より著者作成。

シャ、スペインといった南欧諸国においてとくに目立つ 2020 年の景気後退である。南欧諸国の経済はもともと、産業の諸部門のなかで観光業が大きな比重を占めており、コロナ危機にともなう移動制限や国境封鎖によって観光業の収益の落ち込みが大きくなった。しかも、南欧諸国は 2008 年以降の債務危機において EU などから緊縮財政を強いられ、政府の財政支出を拡大することでコロナ危機を自力で乗り切るうえでの余力にも乏しかった。

　そうであるとはいえ、2021 年からは加盟各国の GDP 成長率が軒並みプラスに転化している。不況からのこうした迅速な脱出は、2008 年以降のユーロ危機では見ることができなかった。コロナ危機後のそうした相対的に迅速な景気回復は、本章の第 1 節で紹介した 2020 年 4 月以降における EU と各国政府の積極的な財政介入措置が功を奏したことの結果であると推定される。

　既述のとおり、EU は安定・成長協定が定めた緊縮財政の諸規則を一時的に緩和することにより、財政赤字や債務増大を抱え込んででも加盟国政府がコロナ危機対応の財政支出を拡張しうる途を準備した。その結果、2021 年には EU

表0-7　2021年における財政赤字と公的債務残高の対GDP比

(単位：%)

国	財政赤字	政府債務残高
ベルギー	-7.8	112.7
ドイツ	-6.5	71.4
フランス	-8.1	114.6
イタリア	-9.4	154.4
ギリシャ	-9.9	202.9
スペイン	-8.1	120.6
オランダ	-5.3	57.5
ユーロ圏（19カ国）	-7.1	100.0
ハンガリー	-7.5	79.2
ポーランド	-3.3	54.7
デンマーク	-0.9	41.0
スウェーデン	-0.9	37.3
EU（27カ国）	-6.6	92.1

出典）EuroMemo Group（2022: 12, Table 1）より著者作成。

の27の全加盟国が赤字財政を計上した。しかも、デンマークやスウェーデンといった北欧諸国を除く加盟国は、対GDP比3％以内という安定・成長協定の定めから逸脱した（表0-7）。

（2）就労貧困に見られる年齢とジェンダーに沿った不平等

　表0-8は失業率の推移を示している。EUとユーロ圏における失業率は、長引いたユーロ危機の影響により2012年から13年にかけてピークに達したが、その後の経済回復により着実に低下していった。むろん、コロナ危機は2020年のEU加盟国における失業率を増大させた。それはしかし、失業率の高止まりが複数年にわたり継続したユーロ危機後の時期とは異なり、予想外に早く減少傾向へと転じた。この点もまた、かつてのユーロ危機と今回のコロナ危機との違いを示す格好の事例となっている。すなわち、2022年に採択されたEUの新しい「雇用政策指針」は、過去20年間にわたって非典型雇用と就

表0-8　失業率の推移

（単位：%）

国	2012 年	2020 年	2021 年	2021 年（若者）
ベルギー	7.6	5.8	6.3	18.2
ドイツ	5.1	3.7	3.6	6.9
フランス	9.8	8.0	7.9	18.9
イタリア	10.9	9.3	9.5	29.7
ギリシャ	24.8	17.6	14.7	35.5
スペイン	24.8	15.5	14.8	34.8
オランダ	6.8	4.9	4.2	9.3
ユーロ圏（19 カ国）	11.5	8.0	7.7	16.8
ハンガリー	10.7	4.1	4.1	13.5
ポーランド	10.4	3.2	3.4	11.9
デンマーク	7.8	5.6	5.1	10.8
スウェーデン	8.1	8.5	8.8	24.7
EU（27 カ国）	11.1	7.2	7.0	16.6

出典）European Commission（2022b）のデータより著者作成。

労貧困を欧州において拡大してきた「フレキシキュリティ」および「就労アクティベーション」の促進という 2 大方針を相変わらず復唱しているにもかかわらず（European Commission 2020d）、コロナ危機に直面した 27 の加盟国の政府は実際には例外なく、既存の雇用を維持するための時短勤務制度を導入し、EU の SURE などを活用しながら労働時間の短縮にともなう労働者の所得減少を公的な手当てにより補填する仕組みを——臨時的であるにせよ——採用した。そのおかげで、コロナ危機に際しては雇用の喪失が相対的に短い期間内で鈍化しえたのである。

　しかしながら同時に、経済成長率の回復に比して失業率の低下が十分ではないという点、ならびに若者（15 ～ 24 歳）の失業率が他の年齢層のそれよりもかなり高いという点に留意する必要がある。

　EU 加盟国では 1990 年代の半ば以降、EU の「欧州雇用戦略」による政策誘導のもとで就労アクティベーション政策が推進された。その結果、各自が就いている仕事の「質」を不問にし、就業率が上がりさえすればよいという政策上

の傾向・風潮が生まれた。それは、失業給付や公的扶助などを受給するうえで求職活動に取り組んでいることが前提条件となるような制約を生むことにより、失業者を低賃金の非典型雇用へ誘導する効果を有していた。働いているにもかかわらず貧困線以下の暮らしを余儀なくされるという、それまでは米国に固有の問題であって欧州の問題ではないとみなされていた「就労貧困（in-work-poverty）」は、欧州にとって他人事ではなくなった（中村 2020：16）。そして、この「就労貧困」の問題に最前線で直面したのが、高い失業率のなかで非典型雇用の職に就くことを余儀なくされた若者たちであった。

　EU はユーロ危機のあと、若者の深刻な失業を緩和するべく 2013 年に「若者保証（Youth Guarantee）」（以下、YG と略記）という制度を設けた。YG は、学校を出るかまたは失業してから 4 カ月以内に、「雇用、再教育、見習い、または研修」のうちのいずれかに関する「良質の提議（a good-quality offer）」を 25 歳未満のすべての若者に提供するというプログラムである。YG は若者の失業率の低下において一定の成果を収めたが、YG に参加したあとで若者が就いた仕事の多くは一時的雇用であった（中村 2015：103 以下；中村 2020：21）。

　表 0-9 は、雇用形態別に見た就労貧困率の推移を表わしている。意外なことに、欧州がコロナ・パンデミックのグローバルな中心地となった 2020 年の就労貧困率は、前年の 2019 年に比べ、どの雇用形態においてもわずかではあるが概して低下している。これもまた、EU と加盟国政府が 2020 年に取り組んだ雇用保障・所得補償措置の成果を表わすものであろう。

　とはいえ、貧困率には雇用形態の違いに応じて大きな開きがある。一時的雇用（temporary job）で働いている人びとの貧困率は常時雇用（permanent job）の人びとのそれの約 3 倍に達するし、パートタイムの貧困率はフルタイムのそれの約 2 倍である。

　そして、貧困率におけるこの格差は実は年齢とジェンダーに沿った格差を意味している。なぜなら、2021 年における 15 〜 24 歳の被雇用者のなかで一時的雇用の者が占める割合は 45.9％に達するのに対し、それは 25 〜 54 歳では 10.2％であり、55 〜 64 歳では 5.1％にすぎないからだ。そして、同じく 2021 年における女性の被雇用者のなかでパートタイムが占める割合は 28.8％であるが、それは男性では 8.1％にとどまる（European Commission 2022b: 28）。

表0-9　雇用形態別に見た就労貧困率の推移

(単位：%)

国／年	常時雇用			一時的雇用			フルタイム			パートタイム		
	2019	2020	2021	2019	2020	2021	2019	2020	2021	2019	2020	2021
ベルギー	2.9	2.5	2.2	12.1	10.2	8.1	4.1	3.2	2.8	5.5	6.2	5.9
ドイツ	6.3	6.6	6.2	15.8	18.8	14.7	5.7	6.5	6.7	12.8	11.0	11.7
フランス	4.9	4.6	3.5	13.9	16.1	12.1	5.5	5.3	3.3	15.5	17.2	11.6
イタリア	8.2	7.7	8.1	22.5	15.4	21.5	10.3	9.6	10.1	18.6	16.3	20.0
ギリシャ	4.0	3.9	5.3	11.7	11.3	8.3	9.1	9.0	10.5	20.9	21.0	21.0
スペイン	7.4	6.3	7.4	22.0	18.4	21.6	10.7	9.7	10.9	22.1	19.0	21.4
オランダ	3.3	4.1	2.9	10.7	9.5	6.0	3.8	3.9	3.8	5.7	5.9	5.8
ユーロ圏（19 カ国）	5.9	5.8	5.7	17.1	15.9	14.9	7.3	7.0	7.2	13.4	12.7	13.0
ハンガリー	6.8	6.1	5.2	24.1	16.4	17.1	7.9	7.3	6.7	11.3	12.2	13.3
ポーランド	4.3	3.8	3.8	9.3	7.3	5.1	9.3	9.2	8.6	15.9	14.5	16.2
デンマーク	3.3	2.7	2.4	13.9	12.7	10.2	4.2	4.3	3.6	10.2	7.4	7.4
スウェーデン	4.1	4.2	3.4	20.1	23.4	18.3	6.0	5.2	4.2	13.2	14.0	13.2
EU（27 カ国）	5.6	5.4	5.3	16.3	14.9	12.9	7.5	7.3	7.4	14.4	13.8	13.9

出典）Eurostat: EU-SILC のデータより著者作成。

　若者と女性（および移民労働者）の多くは、ケア・医療・物流といった、コロナの感染リスクにさらされやすい職場で働いている（いわゆる「エッセンシャル・ワーカー」）。そして、そうした労働者の多くが貧困状態に置かれている。コロナ危機は、一国内における年齢・ジェンダー・国籍の違いに沿って不平等な帰結を生んだ（EuroMemo Group 2021: 10-11）。第 5 節で述べるとおり、適正な水準の最低賃金を設けるよう加盟国に求める指令を EU が 2022 年に採択した背景には、コロナ危機によって浮き彫りにされた就労貧困の問題があったのである。

5　コロナ危機後のEUの成長戦略

(1)　『欧州 2020』戦略の頓挫

EU は 21 世紀に入り、2000 年から 2009 年までの『リスボン戦略』、ならびに 2010 年から 2019 年までの『欧州 2020』戦略というふうに、加盟国政府首

脳らによって認可される 10 年ごとの中期発展戦略を掲げてきた。そして、これら 2 つの戦略はいずれも、10 年後に達成されるべき数値目標を有していた。とくに『欧州 2020』戦略は、その 3 つの「優先事項」のすべてに「成長」という語が含まれていたにもかかわらず、[*15] GDP 成長率や国民所得の伸びといった狭義の経済的な目標値を掲げてはいなかった。『欧州 2020』が「主要目標」として数値化したのはむしろ、雇用、教育、研究・開発、気候変動対策、貧困削減などの領域にかかわるものであった。そのかぎりにおいて『欧州 2020』は、経済成長至上主義から一線を画していたと言える（中村 2020：12）。

　しかし、『リスボン戦略』はユーロ危機の勃発により未達成に終わり、『欧州 2020』戦略はコロナ危機によって足元をすくわれた。『欧州 2020』の実績は表 0-10 に示されている。

(2)　〈グリーン・ウォッシュ〉に堕した成長戦略としての　　「欧州グリーンディール」

　欧州委員会の新委員長に就任したフォンデアライエンがその 5 年間の任期における最優先課題として 2019 年 12 月に公表したのが、「欧州グリーンディール」（以下、EGD と略記）である。それは、国連の「持続可能な開発目標（SDGs）」と「アジェンダ 2030」とに対する EU の貢献を中心に据えている。表 0-11 は、この EGD の概要を示している。

　EGD は、目標未達成に終わった『欧州 2020』に代わる EU の次なる中期戦略とみなすことも可能である。なぜなら EGD は、『欧州 2020』が掲げていた温室効果ガスの削減目標を継承するとともに、それをより高い水準へ引き上げているからである。欧州委員会は EGD において、温室効果ガスの排出量を2030 年までに 1990 年比で現行目標の 40％減ではなく 50 ～ 55％減へと高め、2050 年には気候中立性（climate neutrality）——温室効果ガスの排出量を正味でゼロにすること——を達成するという数値目標を掲げた。この数値目標は、「欧州気候法（European Climate Law）」と銘打たれた EU 規則（2021 年 6 月 30

＊15　3 つの「優先事項」とは、①洗練された成長（smart growth）、②持続可能な成長（sustainable growth）、③包摂的な成長（inclusive growth）である。

表0-10　『欧州2020』の数値目標と最終年の実績

領　域	指　標	2010 年 実績	2020 年 目標	2020 年 実績
雇　用	20 ～ 64 歳の就業率引き上げ	67.80%	75.00%	72.40%
教　育	18 ～ 24 歳人口における中途退学者比率引き下げ	13.80%	10%以下	9.90%
	30 ～ 34 歳の高等教育修了者比率引き上げ	32.60%	40%以上	41.00%
研究開発	研究開発投資の対 GDP 比引き上げ	2.00%	3.00%	2.2%*i
貧困縮減	貧困と排除のリスクに直面する人の削減（2008 年比）	37.3 万人増	2000 万人減	1195 万人減 *i
気候変動・エネルギー	温室効果ガス排出削減（1990 年 = 100）	87.8	80	79.26*ii
	再生可能エネルギー比率	14.40%	20%以上	19.7%*i
	1 次エネルギー消費量（億石油換算トン）	16.63	14.83	15.26*i
	最終エネルギー消費量（億石油換算トン）	11.66	10.86	11.17*i

出典）伊藤（2021b：220、図表１）
注）*i　2019年実績
　　*ii　2018年実績

表0-11　欧州グリーンディール（EGD）の概要

【持続可能な未来に向かって EU 経済を転換する】	
・2030 年と 2050 年までの EU の気候目標を引き上げる	・有害物質のない環境をめざすゼロ汚染目標
・手ごろで安全なクリーン・エネルギーの供給	・生態系および生物多様性の保全と再生
・クリーンな循環型経済へと産業を移行させる	・「農場から食卓へ」戦略：公正で健康で環境に優しい食品体系
・エネルギー効率と資源効率の良好な建築およびリノベーション	・持続可能で洗練された輸送への移行を加速させる
【誰ひとり取り残さない「公正な移行」と、そのための資金提供】	
・グローバル・リーダーとしての EU	・欧州気候協約（a European Climate Pact）

出典）European Commission（2019：3, Figure 1）より著者作成。

日に採択）によって法定された（Council of the EU 2021a）。
　欧州委員会は「欧州気候法」の起草作業と並行して、同法の数値目標を達成するための「Fit for 55」という立法パッケージを 2021 年 7 月と 12 月の 2 回に分けて公表している。*16

────────

　＊16　2種類の「Fit for 55」パッケージに盛り込まれた立法案の概要は、経済産業省（2022：154）の表にまとめられている。

欧州委員会が提示した EGD は、温室効果ガス削減の数値目標を前面に掲げ
ているため EU の環境保護戦略であるかのように誤解されやすい。それはま
た、気候中立的な経済社会への転換によって不利益をこうむりうる産業部門や
人びとを支援する「公正な移行（just transition）」を謳っているがゆえに、「強
い社会的なヨーロッパ」をめざす EU の政策とも合致しているように見える。
しかしながら、EGD が基本的には「経済成長戦略」であることを見逃しては
ならない。すなわち、欧州委員会自身が述べているように EGD とは、「近代
的で資源効率が高く競争力のある経済をともなう公平で繁栄した社会へと EU
を転換することをめざす、新たな成長戦略である。そこでは 2050 年に温室効
果ガスの正味の排出量がゼロとなり、経済成長は資源の使用から切り離される
（decoupled）」（European Commission 2019：2）。
　EGD は、「転換（transformation）」という大げさな用語を関連文書において
多用しているにもかかわらず、温室効果ガスを大量に排出し資源を無節操に採
掘する今日のグローバル資本主義および欧州資本主義の構造を根本から変えよ
うとするプロジェクトではけっしてない。EGD はむしろ、それ自体がすでに
エリート間妥協による玉虫色の産物でしかない国連の「持続可能な開発目標
（SDGs）」（ブラント／ヴィッセン 2021：25）を隠れ蓑にしながら、「グリーン」
と形容されるエコロジカルな近代化によって現代資本主義の排出・採掘構造を
延命させようとする戦略なのだ。
　そのことは、「気候中立性」という概念が端なくも示している。「気候中立
性」の謳う温室効果ガスの正味排出量ゼロというのは、温室効果ガスの一定量
は削減されるけれども、それの別の一定量は排出されつづけ、後者の排出を炭
素収用・貯蔵技術の開発や新たな植林による吸収でもって相殺することを意味
している。すなわち、「気候中立性」は炭素の削減よりもむしろ、――「欧州
気候法」第 4 条第 1 項の表現を借りるなら――炭素の「転移（removal）」のほ
うを重視している。しかもそうした「転移」を、現時点で費用対効果が定まっ
ていない炭素の地中貯蔵技術への無謀で莫大な投資や、欧州とグローバル・サ
ウスの生態系を破壊しかねない植林によって実現しようとするのが、EGD で
ある（CEO 2020）。
　欧州委員会が EGD と「欧州気候法」を起草する過程では、シェルをはじめ

とするグローバルにして多国籍の化石燃料企業群が欧州委員会に対して実に精力的なロビー活動をくり広げ、EGD による過大な負担を回避しようと試みた。そしてこの試みは、EGD における「〔水素などの〕脱炭素化ガスの開発に対する〔公的な〕支援の強化」（European Commission 2019：6,〔　〕は引用者による補足）や、「欧州気候法」における「正味の排出量ゼロ」などという、化石燃料企業群を救済するような目標となって結実したのだった（CEO 2020）。

　加えて、EGD の目標達成に向けて「持続可能な投資」を促すべく定められた「EU タクソノミー（分類法）」には、2023 年から原子力発電と天然ガス発電が付け加えられることが、2022 年 7 月の欧州議会採決によって確定的となった。「EU タクソノミー」とは、2050 年の「気候中立型」社会の実現に貢献しうる経済活動を列挙したリストであり、2020 年 6 月に EU 規則として採択された（日本貿易振興機構 2022）。これは、「持続可能な」経済活動の定義と範囲を可能なかぎり明確にすることにより、そうした活動への投資を促すことを企図している。[17] そして、この「タクソノミー」のなかに原子力発電と（二酸化炭素を排出する）天然ガス発電が付け加えられることによって、これら 2 つの発電方式は「グリーンな経済活動」としてのお墨付きを得ることになった。

　2021 年 7 月の「Fit for 55」パッケージに含まれていた、内燃機関を搭載する乗用車と小型商用車（エンジン車）の生産を 2035 年に実質的に禁止するという EU 規則案は、ドイツの産業界の反対を押し切って 2023 年 2 月にいったんは採択された。ところがその後、エンジン車の生産・販売の継続を要求するドイツの自動車業界の意向を受けたドイツの連立政権——とくに自由民主党（FDP）——の強い主張のせいで、EU は当初の方針を転換せざるをえなくなった。すなわち、2023 年 3 月末に EU のエネルギー相理事会は、合成燃料を利用するエンジン車の販売を 2035 年以降も認めることで合意したのである。合成燃料とは、二酸化炭素と水素とを合成して製造される燃料であり、既存のガソリン車にも搭載することができる。だが、それは燃焼の過程で当然のことながら二酸化炭素を排出するうえ、生産コストがガソリンの 2 〜 5 倍に達すると言われている（『日本経済新聞』電子版 2023 年 3 月 28 日付）。

　＊ 17　EU タクソノミーの成立過程については、金子（2021：第 8 章）が詳しい。

なるほど、EU の基本方針がガソリン車ではなく電気自動車（EV）の活用・普及にあることに変わりはない。EU は EGD をとおして、欧州自動車工業会（ACEA）が求めているように EV の大量生産と価格引き下げ、ならびに EV 用充電インフラの整備をおし進めていくことになろう。そこではしかし、EV の大量生産にともなう公共交通機関のさらなる衰退、自然環境への新たな負荷、そしてグローバル・サウスからの収奪といった諸問題が度外視されている[18]。EGD は、EU 加盟国が新たな空港や道路を建設することの禁止を定めてはいない。ベルリン経済・法科大学名誉教授のビルギット・マーンコプフに言わせるなら EGD は、見かけのうえでは盛りだくさんな「環境対策」を並べた「上げ底商品」でしかないのだ（Mahnkopf 2021: 77）。

　EGD のもとで進んでいる以上のような試みを「グリーン・ウォッシュ」と呼ばないのなら、いったい何を「グリーン・ウォッシュ」と呼ぶべきなのだろうか。

　要するに EGD が依拠しているのは、デヴィッド・リカードゥのような比較優位の発想に依拠した「トリクル・ダウン理論」の亜種である。すなわち、EU が技術およびサプライ・チェーンの面での国際競争力において優位に立ちうるのが「グリーン」の分野であると欧州の政治・経済エリートたちは算段しているがゆえに、世界の他の地域に先駆けて EU こそが「グリーンな成長」を達成し、その成長のおこぼれ（トリクル・ダウン）でもって「社会的転換」を演出しようというのが、EGD に散りばめられた美辞麗句の背後にある本音であるように思えてならない。

　『リスボン戦略』や『欧州 2020 戦略』は、経済成長と環境保護と社会的な目標とのあいだにトレードオフの関係が成り立ちうることを十分に自覚しながら、それら目標数値をいわば同等に並置していた。それに対して EGD は、温室効果ガス削減という大義名分を掲げながら実際には経済成長を最優先の目標に据え、その結果として社会的なアジェンダを後景に追いやる効果を有している。

　＊18　EV 生産の有する問題点についてはブラント／ヴィッセン（2021：163）、田中（2022：29）を、EU による EV 普及戦略については土田（2022）を参照されたい。

　だがしかし、2020 年に欧州を襲ったコロナ危機は、EU にいま一度「社会的
ヨーロッパ」を建設することの必要性を否応なしに突きつけたと言える。その
ため欧州委員会は 2021 年 3 月に、「欧州社会権の柱・行動計画」を公表し、
2030 年までに達成されるべき 3 種類の社会的な数値目標を同「行動計画」の
なかに盛り込んだ（European Commission 2021b）。次節では、この「欧州社会
権の柱・行動計画」の全体像とその若干の個別事例を紹介する。

6　「強い社会的なヨーロッパ」を構築する試み

(1)　「欧州社会権の柱・行動計画」

「欧州社会権の柱（European Pillar of Social Rights）」（以下、EPSR と略記）と
いうのは、欧州委員会の前委員長であったジャン＝クロード・ユンカーがユー
ロ危機をふまえて発案し、2017 年 11 月に公布されるにいたった、EU 域内で
社会的諸権利（social rights）に実効性を付与するための諸政策・諸法案のパッ
ケージである。EPSR は、ユーロ危機のあとで緊縮財政へ傾斜した EU を社会
的な側面の補強によって部分的ながらも是正しようとする試みであった（中村
2020：22）。表 0 - 12 は、EPSR が謳う社会的諸権利の 20 の「原理」を拾いあ
げたものである。[19]
　EU の社会政策の研究者たちは、EPSR の将来的な実効性を確保するべく、
EPSR のための「行動計画」または「行程図」を作成するよう欧州委員会に対
して要求していた（Sabato/Corti 2018: 63）。そしてフォンデアライエンが率い
る新しい欧州委員会は 2021 年 3 月、EPSR を具体化するための「行動計画」
を実際に発表した（European Commission 2021b）。この「行動計画」によって
EPSR はいまや、新しい欧州委員会のもとで、同委員会の 2 大方針である
EGD とデジタル化とのあいだの独特な布置連関のなかに置かれるにいたった。
すなわち、新欧州委員会が 2021 年 3 月に公表した「EPSR 行動計画」は一面

　＊19　濱口（2022：192）には、EPSR の内容が詳しく紹介されている。

表0-12 「欧州社会権の柱」における社会的諸権利の20の「原理」

第1章 労働市場への平等な機会とアクセス	第3章 社会的な保護と包摂
1 教育、訓練、生涯学習	11 保育と子どもへの支援
2 ジェンダーの平等	12 社会的保護
3 機会の平等	13 失業給付
4 就職への積極的な支援	14 最低限所得
	15 高齢時の所得と年金
第2章 公正な労働条件	16 保健医療
5 確実で適応力のある雇用	17 障がいを有する人びとの包摂
6 賃金	18 介護
7 雇用条件と解雇の際の保護とに関する情報	19 ホームレスへの住宅提供と支援
8 労使対話と労働者の関与	20 必要不可欠なサービスへのアクセス
9 ワーク・ライフ・バランス	
10 健康的で安全で適切な労働環境とデータ保護	

出典）European Commission（2017）.

では、過去の『リスボン戦略』や『欧州2020』戦略とは異なり社会的な数値目標を正面には掲げていない EGD やデジタル化を、「強い社会的な欧州」の構築によって補完することで EU 市民たちに受容可能なものにするという側面を有している。こうして、「EPSR 行動計画」は以下の3種類の数値目標（とそれら各々の下位目標）を掲げることになった。

① 20 ～ 64 歳の人口のうちの少なくとも 78％を、2030 年までに就業させる。

・就業率のジェンダー・ギャップを 2019 年に比して半減させる。

・公式の初期幼児教育および保育を拡大する。

・15 ～ 29 歳の NEET 率（ニート率）を 2019 年の 12.6％から 9％へと減らす。

② すべての成人のうちの少なくとも 60％を毎年、職業訓練に参加させる。

・16 ～ 74 歳の人びとのうちの少なくとも 80％が、基礎的なデジタル・スキルをもつようにする。

・早期の退学者数をさらに縮減し、後期中等教育への進学率を高める。

③ 貧困または社会的排除のリスクに直面する人びとの数を、2030 年までに少なくとも 1500 万人減少させる（European Commission 2021b: 10-11）。

これらの数値目標は、2021 年 5 月 8 日にポルトガルの港湾都市であるポル

トで開催された非公式の EU 首脳会議が採択した「ポルト宣言」において確認された（European Council 2021）。

ところが「行動計画」は他面では、「強い社会的な欧州（a strong social Europe）」の建設を、「競争力ある経済」を実現するための道具としてしか位置づけていない[*20]。そのせいで、上記の数値目標は控えめであるだけでなく、先述した「ポルト宣言」で言及されるにとどまり、加盟国政府を拘束するような効力を付与されていない。そして、欧州反貧困ネットワーク（EAPN）などの NGO が要求していた、パーセンテージを用いる貧困削減数値目標の設定は見送られ、上記③のとおり目標値は『欧州 2020』と同様に人数で表示されることになった。貧困または排除のリスクに直面する人びとの数を 2000 万人減少させるという『欧州 2020』の目標値は、一部の加盟国が他の多くの国とは異なる基準で目標値を設定してしまったため、2000 万人という EU 全体の目標が達成されたのかどうかを明瞭に判定しえないという問題点を抱えていた（EAPN 2020; 中村 2020：8）。『欧州 2020』のこの問題点を、「EPSR 行動計画」は継承してしまった。

そうであるとはいえ、「行動計画」は欧州委員会がこれまで触れるのを控えていた政策領域にまで踏み込む提案をいくつか含んでいた。その最たるものが、以下で述べる最低賃金指令および最低所得保障勧告である。

＊20　たとえば、「EPSR 行動計画」に見いだされる以下のような文章は、同計画が EU の社会的な次元を、グリーン化とデジタル化による経済競争力強化のための道具とみなしていることを示唆している――「欧州は、世界で最も平等な社会と最高水準の労働条件と広範な社会的保護の発祥の地である。競争力のある持続可能性（competitive sustainability）は、欧州の社会的市場経済の核心部に位置しているのであり、人びととこの惑星にとって最善のものを届ける持続可能で包摂的な成長モデルをめざしている」（European Commission 2021b: 5）。「強力な社会的ヨーロッパは、われらが市民たちの繁栄と福祉にとっての基礎であるにとどまらず、競争力ある経済にとっての基礎でもある。それの成功のカギを握っているのは、グリーン化とデジタル化を形づくり、それらに適応することのできるような、スキルと革新の能力を有する労働力である」（ibid.: 9）。

(2) 最低賃金指令

　フォンデアライエン欧州委員会委員長は 2020 年 9 月 16 日の欧州議会での演説において早くも、すべての労働者が適正な最低賃金を受け取りうるような枠組みを加盟国が設けるための EU 法の制定を提議していた。そして欧州委員会は「EPSR 行動計画」の公表に半年間も先立つ 2020 年 10 月 28 日に、「EU における適正な最低賃金に関する指令」の案を提出した（European Commission 2020e）。同指令案は欧州レベルの労使団体との協議をふまえ、2022 年 10 月 19 日に閣僚理事会と欧州議会とによって採択された。

　最低賃金の保障措置は、EU のすべての加盟国に存在する。それはしかし、一部の加盟国では法定最低賃金および労使協約によって決められるのに対し、他の加盟国（とくに北欧諸国）ではもっぱら労使協約のみで決められている。そのため、北欧諸国のような後者の類型の最低賃金規制を有する国の労働組合は当初、欧州委員会の指令案に対して懐疑的であった。そういう経緯があったおかげで、指令は労使間の団体交渉と労使協約を尊重しようとする文言に満ちている（濱口 2022：202）。

　指令の主たる内容は、以下の 3 点にまとめることができる。

　① 法定最低賃金の適正さを確保するための手続きの整備

　法定最低賃金を定めている加盟国は、その法定水準を明瞭な判定基準にしたがって設定し更新するための手続きを設けるよう要請される。法定最低賃金の更新は原則として、少なくもと 2 年に 1 回行なわれなければならない。この指令はしかし、加盟国が達成することを義務づけるような最低賃金の特定の水準を定めてはいない。

　② 賃金設定に関する団体交渉の促進

　賃金設定に関する団体交渉の対象となる労働者の数を増やすことが、この指令の目標のひとつである。そのため、そうした団体交渉に参加する労働者または企業の比率がそれぞれの 80％に満たない加盟国は、団体交渉がカバーする労働者または企業の範囲を拡大するための行動計画を策定しなければならない。

③　最低賃金保障に対する有効なアクセスの保障

労働基準監督官による監察を強め、最低賃金に関する情報への容易なアクセスを促し、最低賃金水準を満たしていない雇用主に対する規制当局の強制力を高める。

なお、加盟国はこの指令の内容を 2024 年 11 月までに国内法へ具体化しなければならない。

この指令が画期的であるのは、EU 運営条約第 153 条第 5 項が加盟国の活動に対する EU の「支援・補完」を明文で退けている「賃金」設定の領域にまで、EU が「指令（Directive）」という国内法志向の法形式によって実質的に踏み込んでいるという点である。実際、この指令の採択を受けて欧州労連（ETUC）は、2022 年 10 月 1 日にドイツが法定最低賃金を 10.45 ユーロから 12.00 ユーロへ引き上げたことを指摘しながら、EU 指令の内容に沿って他の加盟国も最低賃金の水準を見直すことを訴えている（ETUC 2022）。

(3)　最低所得保障勧告

上述の最低賃金指令は、現役で働いている世代の人びとを主たる対象として想定している。これに対し、欧州委員会が 2022 年 9 月 28 日に公表した「適正な最低所得」に関する閣僚理事会勧告（European Commission 2022c）は、公的扶助制度の改革をねらっている。それはすなわち日本の生活保護制度と同様に、事前の資金拠出や積立を要求しないが資力調査を課すような資金給付制度としての最低所得保障制度を改革の対象にしている。これは 2023 年 1 月末に採択されたが、上述の最低賃金指令（Directive）とは違って、加盟国政府への拘束力が弱い勧告（Recommendation）という法形式をとっている。

最低所得保障の制度は、EU の 27 の加盟国すべてに存在する。しかしながら、その金額の適正さ、支給範囲、そして使い勝手のよさは、国によって相当に異なっている。そのため今回の勧告は、各国の最低所得保障制度ができるかぎり均等に、かつ効果的に運用されるようになることをめざしている。すなわち、「人生のあらゆる段階において尊厳ある生活を保証するために、この勧告は、積極的な包摂（active inclusion）のアプローチに沿って、適正な所得補助

（income support）を、とくに最低所得を奨励し、十分な資源を欠いている人びとの能力を向上させるうえで不可欠なサービスへのアクセスを改善し、働くことのできる人びとが労働市場へ統合されるのを促進することにより、貧困および社会的排除と闘うことを意図している」（ibid.: 24）。上の引用文のなかで言及されている「積極的な包摂のアプローチ」というのは、アクティベーション政策の一面的な強調・奨励がもたらした結果に対する反省の上に立って、欧州委員会が2000年代の半ばから提唱するようになった社会政策の類型である。それは、①最低所得保障、②社会サービスへのアクセスの改善、および③就労アクティベーション政策という3つの要素を、各人の置かれている状況に応じて的確に結びつけることにより、社会的な包摂を実現しようとする[*21]。今回の勧告は，積極的な包摂の3要素のなかで最低所得保障に焦点をあてているけれども、他の2つの要素にも目配りをしている。すなわち、勧告は加盟国政府に対し、以下の6つの項目について政策・制度を点検するよう求めている（ibid.: 25-29）。

① 所得補助の適正さ
② 最低所得の支給対象者の範囲
③ 最低所得の受給・支給の仕方の改善
④ 包摂的な労働市場へのアクセスの改善
⑤ 人びとの能力を向上させるうえで不可欠なサービスへのアクセスの改善
⑥ ガバナンス、監督、報告の改善

上記①の項目に関連してとくに注目に値するのは、最低所得保障の制度によって実現されるべき欧州人の生活水準について、貧困の数量的な側面に着目した指標を加盟国に推奨しているという点である。すなわち、勧告は所得補助の最低額について、以下の3つの基準のうちのいずれかひとつを選択するよう促している（ibid.: 25）。

① 各国の貧困リスク線
② 適切な栄養摂取、住居、医療を含む、必要な物資およびサービスの額

＊21 「積極的な包摂」の概念について、詳しくは福原ほか（2015：27）を参照されたい。アクティベーション政策がはらむ問題点については、中村（2019）を見よ。

③　各国の法または慣行によって定められている、上記の①または②の基準
に相当する基準

先述のとおり、これはあくまで勧告であるから、加盟国の政策を拘束する効
力に乏しい。しかし、この勧告を突破口にして、最低賃金と同様に EU による
介入がこれまでタブー視されてきた加盟国における最低所得保障制度の欧州レ
ベルでの調整・改良の試みにまで進んでいくかもしれない。

(4)　「欧州子ども保証」の試み

本章の第 3 節で述べたように、EU は 2013 年に「若者保証」というプログ
ラムを設け、若者の就労を促進する取り組みを進めてきた。いまやコロナ危機
を経て EU が新たに取り組もうとしているのが、子どもの権利保障と子どもの
貧困の克服という課題である。「欧州社会権の柱（EPSR）」はその第 11 原理に
おいて「保育と子どもへの支援」を掲げている。*22 ところが、EU では 2019 年
に 22.2％の子どもたちが貧困または社会的排除のリスクにさらされていた。

欧州委員会は 2021 年 3 月 24 日、「EU 子どもの権利戦略（EU Strategy on
the rights of the child）」を発表するのと同時に、「欧州子ども保証（European
Child Guarantee）」のプログラムを設けるための勧告案を提示した。後者の勧
告は同年 6 月 14 日の閣僚理事会において採択された（Council of the EU
2021b）。

勧告の目的は、貧困または社会的排除のリスクにさらされている欧州の 18
歳未満のすべての子どもたちに*23、医療と教育を受ける権利などの最も基本的な

---

*22　EPSR の第 11 原理は、「利用しやすい乳幼児教育と質の高い保育を受ける権利」「貧困か
　らの保護の権利」および「〔不利益をこうむる背景のある子どものための〕機会均等を高め
　る特別の措置を受ける権利」を謳っている（濱口 2022：195、〔 〕は引用者による補足）。

*23　貧困または社会的排除のリスクにさらされやすい子どもたちとして勧告が例示している
　のは、ホームレスの子どもまたは深刻な住宅剥奪を経験している子ども、能力障害
　（disabilities）をもつ子ども、精神面での問題をもつ子ども、移民の背景またはエスニッ
　ク・マイノリティ（とくにロマ）の出自を有する子ども、（とくに施設において）特殊な
　ケアを必要とする子ども、不安定な家族関係に置かれている子ども、である（Council of
　the EU 2021b：19）。

諸権利を保障することにある。勧告が加盟国に対して整備を求めているのは、以下の4種類の制度・政策である（ibid.: 20-21）。

①　良質な乳幼児教育と保育、学校での教育と活動（スポーツや文化活動）、1登校日における1回の健康的な食事への無料で有効なアクセス

②　良質な医療への無料で有効なアクセス

③　十分で健康的な栄養摂取（果物、野菜、牛乳など）への有効なアクセス

④　適正な住居[*24]への有効なアクセス

上記の目的を達成するために各加盟国は、勧告の効果的な実施を調整し監督する「子ども保証コーディネーター」を任命するとともに、2030年までの「国別行動計画」を9カ月以内に欧州委員会へ提出することになっている。加盟国はまた、「国別行動計画」の進捗状況を2年に1回、欧州委員会に報告する。

7　ウクライナ戦争と「保障」の意味転換

2022年2月のロシアによるウクライナ侵攻をきっかけとするウクライナ戦争は、EUの諸社会内部における関心の焦点を〈社会問題〉から〈地政学的問題〉へとずらした。当初はウクライナへの軍事支援に慎重であったドイツのショルツ政権がウクライナへの最新型ドイツ製戦車の供与へと舵を切り、これに沿って米国のバイデン政権もまたウクライナへの戦車提供に踏み切ったことは、実に象徴的な意味を有している。これはつまり、「保障（security）」という関心事が「社会保障（social security）」から「軍事的安全保障（military security）」へ逸れていくことを意味する。加えて、コロナ危機以降のEUが軍事戦略や産業戦略において多用している「（開かれた）戦略的な自律性」という語は、ロシアと中国（および潜在的には米国）との経済上において不可避な相互依存関係という当面の現実を認識しながらも、これら諸国との（とくにエネルギー資源の面での）輸入・依存関係を縮小していこうとする、EUとその加

＊24　「適正な住居」とは、各国の今日的な建築基準を満たし、適正な室内温度管理がなされ、手ごろな価格でアクセス可能な住居を指す（Council of the EU 2021b：19）。

盟国の共通の意向を表現している（刀祢館 2021：325）。

　2021 年の国連の気候変動会議（COP26）では、ドイツ、イタリア、米英など
を含む 39 の国と機関が、2022 年末までに海外の化石燃料事業への公的支援を
原則として停止すると表明していた。ところが、2022 年のロシアによるウク
ライナ侵攻後の同年 3 月 15 日に開催された EU 閣僚理事会は、2022 年末まで
の公的支援停止という COP26 の合意事項を踏みにじり、公的支援停止の期限
を EU 加盟各国が独自の「科学的根拠」にもとづいて 2023 年以降でも設けて
よいという緩やかなルールを定めた。EU のこの決定を受け、2022 年 6 月にお
ける主要 7 カ国（G7）首脳会議の声明は、ロシア産エネルギーへの依存からの
脱却を図ることを大義名分としながら、液化天然ガス（LNG）をはじめとする
ガス分野への投資はウクライナ危機への対応として必要だと主張し、アフリカ
などにおける LNG 調達への公的支援に抜け道を設けたのだった。欧州・米国・
日本の化石燃料企業はいまや、セネガル、アルジェリア、アンゴラ、コンゴな
どでのガス田開発を競うようになっている（『朝日新聞』2023 年 4 月 23 日付朝刊）。

　コロナ危機はたしかに、EU の医療・公衆衛生・社会保障・財政制度と雇用
のあり方の弱点を白日のもとにさらした。そうした弱点を克服しようとする
「欧州保健同盟」「次世代 EU」「欧州社会権の柱・行動計画」などのプロジェ
クトには、財政移転をともなう社会的な連邦主義への志向を見いだすことがで
きる。しかしながら、第 2 節で述べたように「次世代 EU」はその使途をエコ
ロジーとデジタル化に傾斜させた期限付きの基金にとどまっているし、安定・
成長協定（SGP）は抜本的に見直されるにはいたらなかった。尾上修吾が必要
性を的確に指摘した「病院や医療用資材を中心とした保健面での公共財」の充
実は、EU の中期的な制度設計の中心的な課題になったとは言い難いし（尾上
2022：204, 226）、すでに〈ゾンビ〉と化したマネタリズムと新自由主義を人為
的に延命させている EU の社会的・政治的力関係と制度配置は、まだ〈転換〉
されてはいない。加えて、ウクライナ戦争の勃発とドイツのショルツ政権の
〈地政学的判断〉とにより、EU の優先事項は〈ロシアの軍事的脅威と中国か
らの経済的挑戦〉に対する応答策へ傾斜している。

　いまの EU（および米国や日本）がやるべきなのは、ウクライナのゼレンス
キー政権が執拗に要求する、同国への軍事援助の供与であってはならない。そ

うした援助は、ウクライナ戦争を長引かせ、ロシアとウクライナの双方において人命をいっそう犠牲にすることにつながる。国民国家による主権および領土確保の要求と人びとによる生命および生活保全への要求とを峻別しなければならないことを、ウクライナ戦争は全世界に対し教訓としてあらためて突きつけた。「主権維持」や「領土保全」や「エネルギー安全保障」などといった、昨今の流行りとなっているグローバルな地政学的標語は、欧州であれ日本であれ各地域に実際に住んでいる人びとの日々の生活の保障とは無縁の戯言でしかない。

　コロナ危機が明らかにした EU の「社会的赤字」を解消するためにこそ資金は投入されるべきであったにもかかわらず、資金は実際には、経済成長を優先的な目標に据えた「欧州グリーンディール」という偽善的なプロジェクトや「EU 安全保障同盟（EU Security Union）」の戦略（植田 2021：79）へ傾斜配分されようとしている。

参考文献

新井俊三　2021「EU コロナ復興基金の成立とドイツの対応」国際貿易投資研究所 欧州経済研究会編『コロナ禍の EU――連帯と結束を求めて』ITI 調査研究シリーズ 118：89-99。

伊藤さゆり　2021a「ユーロの今後：ユーロ制度改革の成果と課題②――財政同盟の課題と復興基金の意義」須網隆夫・21 世紀政策研究所編『EU と新しい国際秩序』日本評論社、193-216 頁。

―　2021b「EU の成長戦略『欧州グリーンディール』の課題と方向性」須網隆夫・21 世紀政策研究所編、前掲書、217-227 頁。

植田隆子　2021「新型コロナ危機と EU 統合」植田隆子編著『新型コロナ危機と欧州――EU・加盟 10 カ国と英国の対応』文眞堂、45-85 頁。

欧州連合日本政府代表部　2023「EU の保健政策の現状と最近の動向について」2023 年 3 月、https://www.eu.emb-japan.go.jp/files/100470157.pdf

尾上修悟　2022『コロナ危機と欧州・フランス――医療制度・不平等体制・税制の改革に向けて』明石書店。

金子寿太郎　2021『EU――ルールメイカーとしての復権』日経 BP マーケティング。

経済産業省　2022『令和 4 年版 通商白書』。

高屋定美　2021「新型コロナ危機の欧州経済への影響と EU 経済政策」植田隆子編著『新型コロナ危機と欧州――EU・加盟 10 カ国と英国の対応』文眞堂、22-44 頁。

田中宏　2022「欧州における EV 化――テクノロジー、制度構築、転換プロセス、

GVC 変容」池本修一・田中宏編著『脱炭素・脱ロシア時代の EV 戦略——EU・中欧・ロシアの現場から』文眞堂、1-35 頁。

駐日 EU 代表部　2015「災害支援の要、EU の市民保護メカニズムとは？」『EU MAG』38。

──　2020「EU の新型コロナ禍からの復興を支える大規模な財政支出計画」『EU MAG』80。

土田陽介　2022「EU の EV シフト支援策」池本修一・田中宏編著、前掲書、36-55 頁。

刀祢館久雄　2021「コロナ後の国際秩序と EU」植田隆子編著、前掲書、315-329 頁。

中村健吾　2015「『欧州 2020』戦略と EU による危機への対応」福原宏幸・中村健吾・柳原剛司編『ユーロ危機と欧州福祉レジームの変容——アクティベーションと社会的包摂』明石書店、76-116 頁。

──　2016「ユーロ危機を経た EU における福祉レジーム改革の行方」『財政と公共政策』38（2）：49-60。

──　2019「アクティベーション政策とは何か」『日本労働研究雑誌』713：4-16。

──　2020「EU による『欧州 2020』戦略と社会的ヨーロッパの行方」福原宏幸・中村健吾・柳原剛司編『岐路に立つ欧州福祉レジーム——EU は市民の新たな連帯を築けるか？』ナカニシヤ出版、1-37 頁。

日本貿易振興機構　2022「EU サステナブル・ファイナンス 最新動向——タクソノミー規則を中心に」、20220012.pdf（jetro.go.jp）

濱口桂一郎　2022『新・EU の労働法政策』労働政策研究・研修機構。

福原宏幸ほか　2015「序章」福原宏幸・中村健吾・柳原剛司編、前掲書、13-46 頁。

──　2020「まえがき」福原宏幸・中村健吾・柳原剛司編、前掲書、i-xv 頁。

ブラント、U ／ヴィッセン、M　2021『地球を壊す暮らし方——帝国型生活様式と新たな搾取』中村健吾・斎藤幸平監訳、岩波書店。

森井裕一　2021「ドイツ——EU における役割の重要性」植田隆子編著、前掲書、112-131 頁。

安田啓　2020「欧州委、製薬戦略で保健衛生政策の強化を模索」日本貿易振興機構ウェブサイト『ビジネス短信』a44c0f6c7ca0d1cf

山本いづみ　2022「EU の雇用政策」本田雅子・山本いづみ編著『EU 経済入門　第 2 版』文眞堂、130-147 頁。

吉沼啓介　2021「欧州委、ワクチン研究開発支援や共同調達を実施する常設部局設置へ」日本貿易振興機構ウェブサイト『ビジネス短信』63f86675694236ed

ワータース、J　2021「新型コロナと欧州統合の将来」山本慎一訳、植田隆子編著、前掲書、307-314 頁。

Bofinger, P. u. a. 2020. Europa kann nur weiter leben, wenn die Europäer jetzt füreinander einstehen. *ZEIT ONLINE* .1. April 2020.

CEO (Corporate Europe Observatory) 2020. A grey deal?: Fossil fuel fingerprints on the European Green Deal. 7 July 2020.

Council of the EU 2021a. REGULATION (EU) 2021/1119 OF THE EUROPEAN PARLIAMENT AND OF THE COUNCIL OF 30 June 2021 establishing the framework for achieving climate neutrality and amending Regulations (EC) No. 401/2009 and (EU) 2018/1999 ('European Climate Law').

—— 2021b. COUNCIL RECOMMENDATION (EU) 2021/1004 of 14 June 2021 establishing a European Child Guarantee.

EAPN (European Anti-Poverty Network) 2020. The EU must adopt an EU anti-poverty strategy with an ambitious 2030 poverty target!.

Eder, F. 2020. Brussels Playbook: "Europe Needs a Rest"-Brawling Judges- Mission Accomplished? *Politico*. 12 May.

ETUC (European Trade Union Confederation) 2022. Follow Germany and raise minimum wage now.

EuroMemo Group 2021. A post-Covid 19 global-local agenda for a socio-ecological transformation in Europe. EuroMemorandum 2021.

—— 2022. Caught between the Covid-19 crisis and the war in Ukraine: The EU in 2022. EuroMemorandum 2022.

—— 2023. Europe in Polycrisis: Struggles for Survival, Climate and Energy Justice. EuroMemorandum 2023.

European Commission 2017. COMMISSION RECOMMENDATION of 26.4.2017 on the European Pillar of Social Rights. C (2017) 2600 final.

—— 2019. The European Green Deal. COM (2019) 640 final.

—— 2020a. COMMUNICATION FROM THE COMMISSION: Temporary Framework for State aid measures to support the economy in the current COVID-19 outbreak (2020/C 91 I/01).

—— 2020b. Recovery and Resilience Facility: Maximum grant allocations. Brussels.

—— 2020c. Proposal for a COUNCIL REGULATION on the establishment of a European instrument for temporary support to mitigate unemployment risks in an emergency (SURE) following the COVID-19 outbreak. COM (2020) 139 final.

—— 2020d. Proposal for a COUNCIL DECISION on guidelines for the employment policies of the Member States. COM (2022) 241 final.

—— 2020e. Proposal for a DIRECTIVE OF THE EUROPEAN PARLIAMENT AND OF THE COUNCIL on adequate minimum wages in the European Union. COM (2020) 682 final.

—— 2020f. Pharmaceutical Strategy for Europe. COM (2020) 761 final.

——— 2021a. EU Health Union: Europe's Beating Cancer Plan. Brussels.

——— 2021b. The European Pillar of Social Rights Action Plan. Brussels.

——— 2022a. Report on the European instrument for Temporary Support to mitigate Unemployment Risks in an Emergency (SURE) following the COVID-19 outbreak pursuant to Article 14 of Council Regulation (EU) 2020/672. COM (2022) 483 final.

——— 2022b. Employment and Social Developments in Europe 2022. Brussels.

——— 2022c. Proposal for a COUNCIL RECOMMENDATION on adequate minimum income ensuring active inclusion. COM (2020) 490 final.

——— 2022d. Communication on orientations for a reform of the EU economic governance framework. COM (2022) 583 final.

——— 2023. European Economic Forecast; Winter 2023. Annex, Brussels.

European Council 2020. Special meeting of the European Council (17, 18, 19, 20 and 21 July 2020) -Conclusions. EUCO 10/20.

——— 2021. The Porto declaration. PRESS RELEASE 338/21. 08/05/2021.

Habermas, J. 2020. 30 Jahren danach: Die zweite Chance - Merkels europapolitische Kehrtwende und der innerdeutsche Vereinigungsprozess. *Blätter für deutsche und internationale Politik* 9: 41-56.

Krotz, U. / Schramm, L. 2022. Embedded Bilateralism, Integration Theory, and European Crisis Politics: France, Germany, and the Birth of the EU Corona Recovery Fund. Journal of Common Market Studies 20 (3) : 526-544.

Mahnkopf, B. 2021. Nebelkerze Green New Deal: Die leeren Versprechungen eines 》grünen Kapitalismus《. *Blätter für deutsche und internationale Politik* 6: 75-84.

Merkel, A. 2020. Regierungserklärung von Bundeskanzlerin Merkel. 23. April 2020 in Berlin.

Sabato, S. / Corti, F. 2018. 'The times they are a-changin'?' The European pillar of social rights from debates to reality check. In Vanhercke, B., Ghailani, D. and Sabato. S. (eds.), *Social Policy in the European Union: State of Play 2017.* Brussels: ETUI aisbl.

von der Leyen, U. 2020. Speech by President von der Leyen at the European Parliament Plenary on the European coordinated response to the COVID-19 outbreak. 26 March 2020.

WHO (World Health Organization) 2023a. COVID-19 Weekly Epidemiological Update, Edition 137 published 06 April 2023.

——— 2023b. COVID-19 situation in the IHR State Parties and Territories reported to WHO European Region. Data as of 24 02 2023.

第Ⅰ部

コロナ危機下の
雇用・家族政策

第 1 章

雇用・福祉領域における
フランスのコロナ対応
——マクロン政権は何をしたのか——

松原仁美

1　新型コロナウイルスとの闘い

　フランスにおける新型コロナウイルスの感染者数は 2023 年 3 月時点で 3800 万人を超え、累計感染者数は人口比 5 割を超えた。マクロン政権は、法律を制定し私権制限をともなう厳しい対策をとる一方で、企業の倒産、個人消費や購買力の低下による「コロナ貧者」の増加を懸念し生活支援を実施した（尾上 2022：71-96）。2020 年 3 〜 5 月に 1 回目の都市封鎖（ロックダウン）が開始されると、とりわけ若者が強い影響を受けるのではないかと考えられた。というのも、若者は他の年齢層に比して失職しやすく、新規採用の抑制で不利な状況に置かれたためである。実際、遠隔授業の拡大や就職相談の機会の減少、職業訓練やインターンが受けられなくなるなど、若者は就職活動を始める前から苦境に立たされた。このため、就職活動をした学生の 4 割ほどが何らかの進路変更を余儀なくされた。こうした状況に対応するため、政府は大規模な部分休業、低所得世帯への所得保障とともに、困窮する若者や学生に対する支援を矢継ぎ早に実施した。

　ここで、フランスの就労貧困対策を理解するうえで、中道路線をとるマクロン政権の基本方針を確認しておきたい。これまでのフランスの貧困対策は、支援対象者を広く拡大しつつ手厚い支援を実施してきた中道左派政権に対して、右派政権では逆に対象者を限定し、集中的に支援してきた。前者は、誰もが排除に陥るリスクがあるとして、支援対象を広く設定した貧困対策を重視した。

45

後者は、貧困の自己責任論を掲げ、無学歴や長期失業者に対する就労支援を重点的に実施した。一方、マクロン政権は支援を広く行きわたらせる方針をとった点で左派の路線を継承しつつ、福祉から就労への転換を明確に掲げた点で右派政権の政策を重視した。政府の基本方針は、誰もが貧困や排除に陥るリスクを緩和するとともに、積極的労働市場政策をとった点で左派と右派の混合形態をとったと言える[*1]。

　マクロン政権のコロナ対策は大きく2つの特徴にまとめられる。第1に、支援対象を広く設定し、特定の困難層に限定していない点である。たとえば、若者政策の場合、これまでは低学歴やニートなど著しい困難を抱える若者に重点を置いていた。また、支援付き雇用でも、特定の地域や就労困難層に対象を絞って対応してきた。しかし、政府は困窮する若者への支援を継続しながら、高い職業資格や学歴をもつ若者も支援対象とした。第2に、コロナ危機後を見据えた復興支援を実施した点である。政府は小規模企業支援を実施すると同時に、成長産業や環境・医療分野にも積極的な支援を行なった。その目的は、産業の国内回帰を促進すること、そして、未来への投資を通じて企業の国際競争力をつけることで雇用拡大を推進し、結果的に雇用就労問題を解決していくという方針である。

　それでは、コロナの感染拡大は失業者や扶助受給者や若者にどのような影響をおよぼし、マクロン政権は雇用・福祉領域においてどのような対策をとったのであろうか。

2　都市封鎖と社会経済への影響

(1)　大規模な緊急経済対策

2020年1月にフランスで初の感染例が確認されてから、感染者数は3月で1

＊1　政権の特徴は労働市場改革に象徴される。マクロンの改革は失業保険の受給資格拡大を柱とする左派的な側面と給付厳格化および財政健全化の右派的側面を併せもつ（大来 2022）。

万人、4 月で 10 万人を超え、死亡者数も 3 万人に達した。パリでは病床が逼迫して感染者を高速鉄道（TGV）で地方に移送する事態にいたった。

　フランスにおけるコロナ対応の特徴は、公衆衛生緊急事態法を制定し、私権制限をともなう厳しい強制措置を採用したことにある[*2]。クリストフ・カスタネール内相が「欧州で最も厳しい措置」と述べたように、政府は都市封鎖にともない、10 万人の警察官を動員して検問を実施し、人・車両の通行を禁止した。外出は近所での生活必需品の買い物と散歩・ジョギングのみとされ、外出証明書の携帯が義務づけられ、1 日 1 回・1 時間以内・1km 以内の移動に制限された。仮に違反をくり返した場合には、罰金に加え禁錮 6 カ月、自動車使用時の違反で最長 3 年の免停が上乗せされた（Loi n° 2020-290）。都市封鎖解除後も、感染拡大のたびにマクロン政権は国民に向けて演説を行なったうえで、法律などにもとづき具体策を提示した（表 1 - 1）。

　2020 年 3 月、政府は総力を挙げてコロナ対策を進めることを明言し、EU の復興基金（「次世代 EU」）も活用しながら、他国に先駆けて緊急経済対策を実施すると発表した[*3]。緊急経済対策の内容は、部分休業への助成、自営業者や小規模企業への連帯基金、社会保険料・法人税の納付延期、生活困窮者支援など、総額 1550 億ユーロにのぼる支援と 3000 億ユーロの政府保証付融資（PGE）であった（三輪 2020）。政府保証付融資は、資金繰りを悪化させた企業に対し、銀行からの融資を国によって保証する対策である。緊急支援支出額の対 GDP 比の国際比較によると、フランスの支援規模は日本の 20%に対して 9%程度にとどまるものの、融資も含めた場合には最上位となった（BBC 2020）。

---

　*2　緊急事態法はこれまでアルジェリア戦争（1955 年、1958 年、1961 年）、ニューカレドニア分離独立運動（1984 年）、パリ暴動（2005 年）、パリ同時多発テロ（2015 年）で用いられてきた（河島 2019）。

　*3　EU は新型コロナの影響から経済復興を図るため、総額 7500 億ユーロにのぼる「次世代EU」基金を創設した。同基金も活用しながらの大規模対策に対して、フランス会計検査院は予算支出に歯止めがかけられなくなると懸念を示し、経済学者は効果があったか明確ではないと指摘した（Le Monde 2022a）。

表1-1　コロナ関連のおもな法律

日　付	法　律	内　容
2020 年 3 月 25 日	オルドナンス第 2020-312 号	社会的権利の延長
2020 年 3 月 25 日	オルドナンス第 2020-324 号	代替所得の緊急措置（連帯手当等、労働法第 L.5421 条第 2 項）＊ⅰ
2020 年 3 月 27 日	デクレ第 2020-361 号	失業保険制度（2019 年 7 月 26 日デクレ第 2019-797 号の改正）
2020 年 4 月 15 日	オルドナンス第 2020-428 号	COVID-19 に対処するための社会的規定
2020 年 4 月 21 日	デクレ第 2020-459 号	コロナ感染者への現金給付受領の適応条件（2020 年 1 月 31 日デクレ第 2020-73 号改正）＊ⅱ
2020 年 4 月 22 日	オルドナンス第 2020-460 号	COVID-19 に対する諸措置（第 10 条）
2020 年 5 月 5 日	デクレ第 2020-519 号	緊急事態に関し最も不安定な世帯への例外的連帯支援
2020 年 5 月 13 日	オルドナンス第 2020-560 号	緊急事態期間中の諸手続きの期限
2020 年 6 月 17 日	法律第 2020-734 号	健康危機、緊急措置、英国の EU 離脱の諸規定（第 8,9,15,16,17,50 条）
2020 年 6 月 17 日	オルドナンス第 2020-737 号	COVID-19 に関する社会・健康問題の手続き期限の改正（第 5 条）
2020 年 6 月 23 日	デクレ第 2020-764 号	COVID-19 に関する家族給付の権利の開放と継続＊ⅲ
2020 年 6 月 24 日	デクレ第 2020-769 号	健康危機に関し 25 歳未満の最も不安定な若者に例外的な連帯支援
2020 年 7 月 9 日	法律第 2020-856 号	健康危機からの脱却
2020 年 7 月 29 日	デクレ第 2020-928 号	演劇のパフォーマーおよび技術者の代替所得に関する緊急措置
2020 年 7 月 29 日	デクレ第 2020-929 号	失業保険制度の諸措置＊ⅳ
2020 年 7 月 30 日	法律第 2020-935 号	2020 年補正予算法第 67 条
2020 年 11 月 10 日	（service-public.fr のニュース）	低所得世帯への特別支援
2020 年 11 月 14 日	法律第 2020-1379 号	緊急事態の延長・対策（第 15 条）
2020 年 12 月 9 日	オルドナンス第 2020-1553 号	COVID-19 に対処する社会的規定の延長（第 3,4,5 条）
2020 年 12 月 30 日	デクレ第 2020-1785 号	求職者への例外的手当＊ⅴ
2020 年 12 月 31 日	政府発表	1 月まで求職者の権利延長と不安定労働者への特別支援（900 ユーロ）
2021 年 1 月 8 日	デクレ第 2021-13 号	Covid-19 と医療保険 assurance、日当・追加給付（労働法第 L.1226-1 条）＊ⅵ
2021 年 2 月 10 日	オルドナンス第 2021-135 号（第 1 条）	労働・雇用分野の各種緊急措置
2021 年 2 月 15 日	労働省発表	不安定労働者の緊急援助を 2022 年 5 月まで延長
2021 年 2 月 15 日	法律第 2021-160 号	緊急事態延長
2021 年 3 月 29 日	デクレ第 2021-339 号	高等教育奨学生だった若年求職者への特別支援（デクレ第 2020-1789 号改正）＊ⅶ

出典）Outils de l'aménagement（2020-2021）.
　注）＊ⅰ　随時追加・改正。4 月 14 日付デクレ第2020-425号、4 月16日アレテ、7 月22日アレテ、11月25日付オルドナンス第2020-1442号、12月 9 日アレテ（12月23日改正、2021年 1 月30日改正）、1 月12日アレテ（2 月15日改正、3 月 8 日改正）
　　　＊ⅱ　5 月 5 日付デクレ第2020-520号、5 月27日付デクレ第2020-637号、7 月31日付デクレ第2020-952号、12 月18日付デクレ第2020-1623号
　　　＊ⅲ　9 月 9 日付デクレ第2020-1124号、改正（12月30日、2021年 3 月29日）
　　　＊ⅳ　2 月28日付デクレ第2020-1716号
　　　＊ⅴ　改正：2021年 2 月26日付デクレ第2021-222号
　　　＊ⅵ　改正：2 月18日付デクレ第2021-182号、3 月11日付デクレ第2021-271号
　　　＊ⅶ　6 月30日付デクレ第2021-865号

(2)　部分休業を通じた雇用維持

　緊急経済対策の重点目標は労働者の雇用維持であり、そのために大規模な部分休業を導入した。部分休業は、従業員に対し額面給与の 70%（最低賃金では100%）に相当する休業手当を支給して、国が雇用主に対して従業員の賃金の一部を補塡する制度である。コロナ禍では休業手当の審査手続きを簡素化し、給付決定から支給までの期間が大幅に短縮された。負担割合は、国が 3 分の 2（172 億ユーロ）、失業保険を運営する労使団体の全国商工業雇用組合（UNEDIC）が 3 分の 1（86 億ユーロ）と定められた。また、部分休業の適用要件は基本的にフルタイムの従業員であったが、パートタイム、見習い、実習生（熟練化契約）、派遣、役員などにも対象を広げた。[*4]

　とくに、観光、航空、自動車、イベント業は新型コロナの影響を強く受け、長期にわたり回復困難であると考えられた。そこで、政府は大量解雇の発生を回避するため、労使間で労働時間短縮の合意にいたった場合、原則 6 カ月間、最長 2 年間の支援を行なうことにした。都市封鎖解除後、国の補塡率は一般的な業種の場合 100% から 85% へ、その後さらに、85% から 60% に引き下げられ、手当の額も額面給与の 60% にまで減り、受給期間は 3 カ月へと短縮された。一方、8 割以上の売上減少となった観光・ホテル・ケータリング・スポーツ・イベント業では 100% 助成が維持された（労働政策研究・研修機構 2022b：68-73）。

(3)　小規模事業主と自営業への支援

　しかし、緊急経済対策の部分休業は、小規模企業で働く労働者や自営業者を対象としていない。そこで政府は、すべての企業と労働者を支援するために連帯基金を大幅に拡充した。国と地方圏によって拠出される連帯基金は、休業を

＊ 4　2020 年 2 月当時の助成額は、従業員 250 人以下の企業で 1 時間あたり 7.74 ユーロ、従業員 251 人以上の企業で 1 時間あたり 7.23 ユーロであった。2020 年 3 月からの特例措置では、70% を支払った企業にその全額を失業保険および国が負担することとなった（法定最低賃金の 4.5 倍が上限）。

余儀なくされた外食、宿泊、観光、文化、イベント、スポーツ関連の小規模事業主、請負業者、自由業を対象とし、支援額は総額 70 億ユーロにのぼった（日本貿易振興機構 2020a；2020c；2020d）。加えて、事業閉鎖や売上減少額に応じて、政府は 1500 ユーロから最大 5000 ユーロまで追加支援を実施した。その他の連帯基金の支援は、法人税・社会保険料支払いの全免および減免や支払い猶予、分割納付、公的投資銀行による貸付保証であった。

　以上の緊急経済対策はどのように評価されているだろうか。雇用労働省統計研究局（DARES）や国立統計経済研究所（INSEE）は、部分休業制度によって、大量解雇を回避できた点を積極的に評価した。また、企業の存続と雇用維持に焦点を絞って十分な規模の緊急措置を実施したことで、一定の安心感を国民や企業にあたえたという評価もある（田中 2020）。実際、部分休業を利用した企業は 840 万社を超え、休業時間は 8 億 3200 万時間にのぼった（Unédic 2022: 15）。ただし、迅速な支給と申請手続きの簡略化によって、不正受給が引き起こされた。パリ検察当局によると、虚偽申請および詐欺件数は 7000 件、1 億 1300 万ユーロに達した（労働政策研究・研修機構 2022b）。

　とはいえ、中小企業の 7 割程度は部分休業制度を利用することによって危機を乗り切ることができた（DARES 2022a）。部分休業を通じて短縮された労働時間は、1 回目の都市封鎖時、コロナ前に比べて週あたり平均 9.9 時間であり、その後、2021 年春にもとの水準に戻った。時短措置の拡大によって増加したのが在宅勤務であり、2 倍に増えた。このように、部分休業制度が解雇の防波堤になったと言える。その一方で、時短を活用した企業の多くは新規採用を見送ったため、若者が採用抑制のあおりを受けた。このため、政府は若者向け政策を拡充した。

3　マクロン政権の経済対策

(1)　競争力強化と経済復興の連動性

緊急経済対策のあと、2020 年 9 月に政府はフランス経済全体の底上げを図

るため、1000 億ユーロを産業振興に充てる「フランス再興（France Relance）」計画を発表した。その目的は、2030 年のフランス経済の発展に向けて、重要物資の海外依存脱却を図り生産拠点の国内回帰を促すことにある。経済復興策は、①エコロジー（300 億ユーロ）、②競争力強化（340 億ユーロ）、③社会的結束（300 億ユーロ）の 3 つの柱からなる。マクロン大統領は就任当初から環境分野を重視していたことから、脱炭素とエネルギー転換によって持続可能な経済への移行を促し、企業の競争力を高め、連帯財源にもとづいた社会的結束を強化するという成長戦略を打ち出した。すなわち、環境保護は経済成長とトレードオフの関係ではなく、経済発展を推進させる産業振興の要と位置づけられている（Ministère de la Transition écologique et de la Cohésion des territoires・Ministère de la Transition énergétique 2022）。

　第 1 の柱「エコロジー」は、建物の省エネ推進、温室効果ガス削減に向けた投資、自転車専用道路や駐輪場などの整備、公共交通機関の改善、環境負荷の少ない輸送手段への移行、エコカー買替助成、グリーンテクノロジーの研究開発、環境保全型農業の推進、脱炭素に向けた原子力エネルギーの維持などが挙げられる。第 2 の柱「競争力強化」は、コロナ危機収束後の生産性向上と経済発展である。具体的には医療、重点素材（金属・化学品の増産、レアアースの回収）、エレクトロニクス、食品（植物性タンパク質の増産）、第 5 世代移動通信システム（5G）の 5 つの戦略的部門への投資である。第 3 の柱「社会的結束」は、社会的不平等の是正と社会連帯の回復である。その背景には、職種・世代・地域による格差拡大が挙げられる。なかでも、若年失業問題はマクロン政権の重点課題である。そこで、労働市場に新規参入するための支援付き雇用や職業訓練が強化された。また、生活・就労困難者への手当、病院・高齢者施設・学校のオンライン化を推進するための光回線の高速化、ICT 利用支援が示された（田中 2020）。

　このように、マクロン政権の経済復興策は所得再分配政策ではなく、生産力と雇用の増強による成長政策であり、技術革新、環境、農業、工業、医療分野への積極的な投資を重視した。それは単なる企業救済ではなく、明確な成長戦略であった。国際競争力強化策は、減税や小規模企業への長期融資によって企業投資を促し、ブラジル、中国、モロッコなど安価な労働コストと投資環境の

整った国への資本流出を防ぎ、脱炭素など次世代の研究技術開発への投資を促すことによって、持続可能な経済への移行を促しながら、フランス産業の発展を企図していた。[*5]

　新型コロナウイルス感染収束の出口が見え始めた 2022 年に入ると、経済財務復興省は 1 億 2200 万ユーロの補助金を追加することを発表し、経済復興策の補助金総額は 8 億 4650 万ユーロに達した。経済復興策の目的は、航空宇宙産業、原子力産業、農産物加工業、医療分野（医薬品・ワクチンの国内製造）における雇用維持・雇用創出にあった。大規模な支援の結果、10 万人の雇用維持・雇用創出がなされた。とりわけ、中小企業のうち 65％は助成を受け、5 万人の雇用を維持した（労働政策研究・研修機構 2022a）。

　このような政府の経済復興策にもかかわらず、緊急事態に起因する倒産は小規模企業に集中した。ル・ポワン誌によれば、1 万社以上の企業は政府からの補助金によって何とか倒産を免れていた。そのため、助成打ち切りにともない設立 3 年未満の企業の倒産が相次いだ。なかでも、従業員数 10 〜 49 人の企業の倒産はコロナ危機前と比べて 56％増加し、個人飲食店で 111％増、居酒屋で87％増、美容室で 86％増となった（Le Point 2022）。

（2）　反排除政策

　大規模な部分休業策によって雇用は維持され、低所得労働者であれば最低賃金水準の補償を受けることもできた。しかし、失業者や扶助受給者（Revenu de solidarité active: RSA）、若者、短期契約労働者は緊急支援を受けられなかった（尾上 2022：91-96）。では、コロナ禍にあって、生活・就労困難者はどの程度増えたのだろうか。

　まず、就業率と失業率の推移から見ていきたい。図 1 -1 によると、コロナ危機以前の就業率は、2019 年の第 4 四半期で 72.8％であったが、都市封鎖 1

---

*5　たとえば、モロッコは教育水準が高くフランス語圏である一方、労働コストが 4 割程度低く、週 44 時間労働、社会保険料が安価、最低賃金が 1 ユーロ以下、税制優遇制度があり、BNP パリバやルノーはじめフランス企業の進出が著しい。

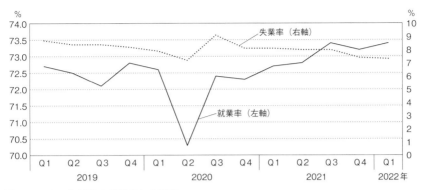

図1-1　2019年以降の就業率と失業率

出典）INSEE（2022）より著者作成。

回目の2020年第2四半期は70.3％まで低下した。一方、失業率は、第3四半期で9.1％まで上昇した。しかし、その後は就業率、失業率ともに回復していった（INSEE 2022）。

　統計数値によるとコロナ危機の影響は軽微にとどまったかのように見えるが、国立統計経済研究所（INSEE）は「みせかけの低下」にすぎないことを指摘している。すなわち、ILOによる失業者の定義は、調査期間において「無職の状態」で「就業可能」な「求職活動中」の者と定められている。しかし、企業が休業するなか、求職活動を行なうことは難しい。そうすると「求職活動中」という失業者の定義から外れてしまい、実際よりも低く失業者数が算出された。そのため、INSEEは「隠れ失業者」の存在を指摘した。同様に、フランス中央銀行が独自に推計したところ、都市封鎖によって雇用を失った人の数は57万2900人（第2四半期。前年同期比）であり、一時雇用契約は27％程度減少していた（INSEE 2020）。

　次に、扶助受給者の状況を見ていく。扶助受給者の推移を示した図1-2によれば、コロナ危機以前には185〜190万人程度で推移していた受給者数は、都市封鎖とともに207万人に達した。ただし、受給者は徐々に減少し始め、2022年3月までに189万6100人と、コロナ危機以前の水準に戻った。このように、扶助受給者は都市封鎖の影響によって一時的に急増したものの、その後は収束していった。中高年の失業者は生活困窮に陥った場合、RSAを受給す

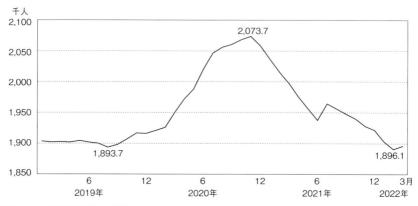

図1-2　RSA受給者数の推移（2019年1月～2022年3月）
出典）DARES（2022b）より著者作成。

ることができた。フランスの公的扶助は都市封鎖にともなう社会不安の緩衝材
として一定の機能を果たしたと言える。

　この点と関連して、低所得労働者に支給される就業手当（prime d'activité）
は2020年12月末には458万世帯に達した。就業手当の受給割合は都市封鎖や
感染拡大期と連動した。連帯保健省研究調査統計推進局（DREES）は、雇用就
労問題はユーロ危機ほど深刻ではなかったと結論づけている。ただし、こうし
た数字は従来の貧困対策の支給要件を緩和した結果であり、一時的な対症療法
にすぎず、貧困問題を根本的に解決するものではないと言える。

4　コロナ禍の若者政策

(1)　若者向け支援の特徴

　都市封鎖の影響について、政府は中高年層と比べ若者の孤立を懸念し、経済
復興と連動した若者政策を打ち出した。2020年7月、ジャン・カステックス
首相は戦後最大の経済・社会危機からの復興を最優先課題とし、若年層を中心
に包括的な生活就労支援や雇用政策を実施すると発表した。

　雇用労働省統計研究局（DARES）によれば、都市封鎖によって 30 歳未満の若者の雇用は 77％落ち込んだ一方、雇用局に求職者登録した若者はわずか 36％にとどまっていた。これは、失業者数だけで若者の問題を把握しきれない点を示している。すなわち、都市封鎖や企業への休業要請で若者の就職活動が制限されたのである。さらに深刻な問題は、求職活動の制約ゆえに将来展望を喪失し、孤立・孤独状態になり自暴自棄に陥るケースであった（DARES 2021）。

　フランスの若者の就職状況はもともと景気動向に左右されやすく、また、世代間で見ると若年失業率は中高年層に比して慢性的に高くなっている。その原因は、企業に対する厳格な解雇規制によって新規採用を抑制する傾向ゆえに、若年求職者にしわ寄せがいきやすいことにある。都市封鎖が若者の就職状況をさらに悪化させたことは想像に難くなかった。たとえば学生は、授業はもちろん就職活動までオンラインに切り替わり、アルバイト先を失い、新たなアルバイト先をみつけられず、相談窓口や職業訓練機関も閉鎖され、生活苦と就職難という二重の困難に悩まされた。

　DARES によれば、新型コロナの影響は学歴や性別に関係なく多くの若者におよんだが、とくに低学歴者に重くのしかかった。非就業者は 2.4％増え、ニートになった若者は 4.6％増加した。この数字は微増に見えるが、実際には厳しい労働市場ゆえに卒業を回避し、留年を選択する「隠れニート」の存在が指摘されている（DARES 2021）。また、初職や就労経験をもたない若者は部分休業の対象外である。そこで、2020 年 3 月、政府は生活困窮学生を対象に 1000 ユーロを支給し、5 月には追加支援として仕事や研修先を失った学生や外国人留学生を対象に、1 人あたり 200 ユーロを支給した。エドゥアール・フィリップ首相およびフレデリック・ヴィダル高等教育研究イノベーション大臣は、生活困窮ゆえに孤立した学生のための金銭的支援を打ち出し、都市封鎖による収入低下であれば、国籍にかかわらず奨学金や支援の対象とすることを発表した（Ministère de l'enseignement supérieur et de la recherche 2020）。

　若者政策関連の予算は当初 35 億ユーロであったが、2020 年 7 月以降、EU の復興基金を上乗せして総額 65 億ユーロへと増額された。支援内容は若者を採用する企業への奨励金や支援付き雇用の拡大である。採用奨励金は、2020

年8月以降、25歳以下の若者を法定最低賃金（1時間10.15ユーロ）の2倍の賃金で3カ月以上採用した企業に対し、3カ月ごとに1000ユーロ、年間4000ユーロの社会保障費を補填した。環境分野の小規模事業主が25歳以下の若者を採用した場合には、4000ユーロの採用奨励金が追加支給された。政府はこの措置により45万の雇用創出を目標に掲げた。

　支援付き雇用は、公共部門において採用枠を2万人から6万人に増やし、民間部門では若者向けの雇用主導契約（Contrat Initiative Emploi: CIE）を2020年に新たに1万人、2021年には5万人に増やした。また、18歳未満の若者を実習生として採用した企業には5000ユーロ、18歳以上の若者を採用した企業には8000ユーロの特別奨励金が支給された。さらに、政府は中小企業における実習生の受け入れを促進するため、従業員数250人未満の企業の場合、実習生の受け入れ人数が上限を超えても特別奨励金の適用対象とした（日本貿易振興機構 2020b）。

(2)　「1人の若者に1つの解決」計画

　多くの若者が苦しむなか、低学歴者ほど生活に困窮する傾向が見られた。ル・モンド紙によれば、2010年のユーロ危機の際、若者政策は高等教育を受けた若者に恩恵を与えたため、低学歴で安定雇用に就けた若者はわずか8％にとどまっていた。今回のコロナ危機でもこの傾向はさらに悪化すると考えられた（Le Monde 2022b）。低学歴や低資格の若者を優先的に支援すべきという見解は共産党のグレオム議員によって提唱された。グレオム議員は「2020年に20歳を迎えた若者は過酷な状況におかれている」というマクロン大統領の発言を引用したうえで、「経済・社会危機の影響は若者に等しくふりかかっているのではなく、一部の若者が悲惨な状況に置かれている」ことを強く訴えた（Sénat 2021a: 12）。また、上院のグルミエ共和党議員は、卒業資格至上主義の雇用慣行を批判し、無学歴者や職業訓練未受講者の置かれている状況の深刻さを指摘した（Sénat 2021b: 484）。

　これに対し、国民教育若者スポーツ省のブランケール大臣は、きわめて困難を抱えた若者に対する支援実績を伝えたうえで、学校生活だけでなく、職業訓

　練や就職活動におよぼす影響は一部の若者だけでなく若者全般の問題であることをくり返し強調した（Sénat 2021c: 3009）。すなわち、政府のコロナ対策は対象者を限定しない戦略をとったと言える。2020 年夏、新たな若者支援「1 人の若者に 1 つの解決」計画（1 juene 1 solution: 1j1s）が打ち出された。「1j1s」は、その名のとおり、若者 1 人ひとりに適切な解決策を提示することを目標に掲げ、①職業生活への参入促進策、② 10 万人の進路指導および職業訓練、③雇用から遠ざかっている 30 万人の参入経路の構築という 3 つの軸に沿って若者を支援するものである。

　①職業生活への参入促進策は、コロナ禍において若者を雇用した企業に対して 1 人につき 4000 ユーロ、訓練生を雇用した企業に対して未成年の場合 5000 ユーロ、18 歳以上で 8000 ユーロを助成した。一方、受け入れ企業は見習い契約や専門家契約に署名し、若者に対して実習と訓練を提供する義務を負った。また、国立スポーツ機構（Agence nationale du Sport）と青少年普通教育協力基金（FONJEP）は、「1j1s」の基金を活用する形で、スポーツ分野で 2500、教育分野で 2000 の雇用創出を実施した（Sénat 2021d: 3012）。

　② 10 万人の進路指導・職業訓練は、高校生や大学生向けに資格取得につながる初期訓練制度を追加し、同時に研修生の待遇改善策として未成年の場合、月 200 ユーロ、18 〜 25 歳で月 500 ユーロの給付などをおこなった。このプログラムは、技能投資計画の予算を活用する形で高等教育の職業資格を取得できるように追加的にサポートしていくものであり、中退者向けの個別指導、IT 技能の習得、予備的な訓練を実施した。この制度によって、看護助手・看護師・介護者向けの医療機関や介護施設での訓練件数が倍増した（Sénat 2021d: 3012）。

　③ 30 万人の参入経路の構築では、スポーツやアニメーション分野での雇用促進、包括支援締結者数を 2 万人から 6 万人に引き上げ、1 人ひとりに伴走支援を提供した。労働雇用参入省によれば、「1j1s」の成果は、2020 年 8 〜 11 月で 100 万人以上の採用に関与し、交互職業訓練の契約締結数 44 万件を達成した。また、2020 年 11 月には、首相と労働大臣は追加措置として、大学 1 年生を対象に、地方学生支援センター（Centre Régional des Œuvres Universitaires et Scolaires: CROUS）において、週 10 時間 4 カ月の短期契約を提供するために予算 5000 万ユーロ、CROUS の緊急支援金を倍増させ、4 万 5000 人の若者に

対して食事と寝泊りする場所を確保するために予算 5600 万ユーロを計上したことを発表した（Ministère du travail, du plein emploi et de l'insertion 2020）。あわせて、「1j1s」のウェブサイトは、閲覧者が最適な支援事業にたどりつきやすくするための工夫をこらし、2 回目の都市封鎖以降、サイトを経由してさまざまな若者向けの経済援助を申請できるように整備された。2021 年 1 月、CROUS を通じて 9100 人の学生が 1 人あたり平均 400 ユーロの助成を申請した。国立統計経済研究所（INSEE）は、CROUS のこうした金銭的支援の増額にともない、2020 年 9 ～ 12 月の申請者数がさらに 48％増加したと指摘した（Vie-publique 2021）。

　なお、CROUS とは、大学の学生生活支援を担う国民教育省所管の国立学生支援センター（CNOUS）の地方組織である。CNOUS は日本の大学生協に類似しているが、国家の管理下におかれ、広く学生生活を支援している。具体的なサービス内容は奨学金の窓口、食堂、宿舎の提供、民間宿舎斡旋、アルバイト紹介、留学支援、外国人学生支援、アクティビティやインターンシップ情報、文化活動、サークル活動の案内、スポーツなど多岐にわたる（大場 2012：40-45）。このため、政府は CROUS のネットワークを活用し学生全般に支援ネットワークを広げることができた。

　以上より、マクロン政権はすべての若者と学生の孤立防止策として、金銭的支援、職業訓練および雇用政策を拡充した。ここに、中道政権としての特徴が見られる。すなわち、中道路線の若者政策は右派のように無学歴や低学歴者に対して集中的に支援を実施するのではなく、左派政権のように、誰ひとり対策から排除しないという決意に支えられた。その一方で、マクロン政権は経済復興策として明確に競争力強化を重視しており、重点的に市場経済強化策を打ち出した。

(3)　新たな若者向け支援付き雇用

「職業能力への道のり」プログラム設立の経緯

　若者にとって失業の防波堤となったのは、支援付き雇用であった。支援付き雇用とは民間部門と公共・非営利部門において社会保険と最低賃金の一部を国

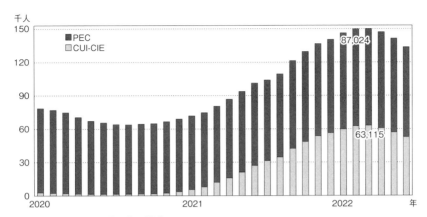

図1-3　支援付き雇用利用者の推移

出典）Politicques de l'emploi（2022a）より著者作成。

が補填することで、新たに雇用を創り出し、就労困難な若者の受け皿とする就労支援である。2017年以来、支援付き雇用に就いた若者は2017年25.4％から2018年16.3％へ低下したが、新型コロナ感染拡大にともない、2019年末の20.2％から2020年には24.6％へ、2021年には55.6％へと増加した。図1-3によれば、支援付き雇用締結数は2021 ～ 2022年にかけて民間部門の単一参入契約－雇用主導契約（CUI-CIE）で6万3000人、公共・非営利部門で8万7000人となった（Politicques de l'emploi 2022a）。

　マクロン政権は2020年9月の通達において、新型コロナ危機雇用対策費として65億ユーロの追加予算を約束した。その結果、若者向けの支援付き雇用の受け入れ要件は大幅に緩和され、居住地域、学歴水準、困窮度合いにもとづき若者全般へと適用範囲を広げた（CIRCULAIRE NoDGEFP/MIP/MPP/2020/163）。また、カステックス首相は、コロナ前から導入されていたニート対策であり、扶助受給者と同等の手当を支給される若者保証プログラム（Garantie Jeunes：GJ）の対象範囲を初職に就いていないすべての若者に広げ、GJ締結者を10万人から20万人に倍増させると公言した。ボルヌ労働大臣も同様に、すべての若者全般の問題であるとして就職支援の拡充を約束した。カステックス首相によれば、一定の学歴を得ていても未就職の若者はアルバイトに就くことができず、親の金銭的援助も受けられず、就職活動に従事できなかった。GJ

の対象者拡大方針は、金銭的援助を行ないながら就労支援も実施することによって、危機のなかでも前向きに将来展望を歩んでいくことを期すとともに、若者を孤立から守るという中道左派政権の基本理念を体現したものである（20minutes 2020）。

　この政策方針は新たな若者政策として「職業能力への道のり」プログラム（Parcours Emploi Compétences: PEC）へと引き継がれていった。PEC は 2018年1月の報告書『包摂方法をみつけよう（Donnons-nous les moyens de l'inclusion）』の提言をもとに策定され、新型コロナを機に対象者数を広げた。この報告書は中道の共和国前進党を主体とするマクロン政権下でペニコー労働大臣（当時）がジャン＝マルク・ボレロに依頼して作成された。ボレロは社会起業家運動の会長と「グループ SOS」の創設者として知られた人物であり、非行少年への教育支援や「薬物中毒と闘う省庁間委員会」、マクロン指揮下の「前進」運動の全国代表を務めた[*6]。もともとボレロはパリ政治学院時代のマクロンの恩師であったことから、共和国前進党の執行役員でもあった。彼はこうした経歴から現政権下の貧困対策に深く関わりをもつにいたった（EM! 2022）。

　ボレロ報告は景気の回復と雇用情勢の改善にもかかわらず、依然として 200万人を超える長期失業の問題を指摘した。ただし、これまで実施されてきた雇用対策、職業訓練、伴走支援は機能していなかったのかというとそうではなく、むしろ問題はさまざまな支援プログラムを個別事情に応じて効果的に配分できていなかった点にあった。扶助受給者、長期求職者、高齢者、若者、障害者は職業資格取得支援、訓練、治療行為、移動手段と住宅の確保、家族手当など包括的な支援を受けられるが、個々の事情に応じた支援の選択と集中を必要としていた。そのため、PEC の基本方針は個別事情に対応した政策パッケージを提供することにあった（Borello/Barfety 2018: 7-9）。

　また、ボレロ報告は就労能力の観点にもとづく政策評価を批判した。なぜなら、雇われる能力のみを重視すると、求職者だけが無収入の責任を負うことに

　＊6　「グループ SOS」は若者、雇用、連帯、健康、高齢者の部門からなる。その規模は 650 の
　　　アソシエーションを傘下に収め、従業員数 2 万 2000 人、資金 1 億 5500 万ユーロによっ
　　　て運営されるフランス最大の「排除と闘う」社会連帯企業である。

なるためである。フランスは長年にわたって雇用就労問題を最重要課題に掲げ
てきたが、このことは無職者の自己責任に帰すものではないという。ボレロ報
告の重要な指摘は、雇う側にも多くの課題があることを示した点にある。なぜ
なら、すべての企業が「雇う能力」を備えているわけではないためである。そ
のため、PEC の基本方針は、雇用から遠ざかっている人びとを救済するだけ
でなく、隠れた人材の発掘に支障をきたしている雇い主への支援を同時並行的
に実施し、雇用就労政策を量から質へ転換させることにあった（ibid.: 13-16）。

　以上の基本方針にもとづき、PEC は 26 歳未満の若者および 30 歳未満の障
害者を受け入れた雇用主に対する助成金を提供したうえで、契約締結者に対し
て働きながら伴走支援、就業促進、職業訓練も提供した。この点は従来の支援
付き雇用とは質的に異なる。これまでの支援付き雇用は雇い主に対する社会保
険と最低賃金の補助に限定された。一方、PEC 締結者は職業安定所、若者支
援機関であるミッション・ローカル（Mission Locale: ML）、障碍者向け職業参
入機関に登録し、働きながら、そのつど、必要とされる知識を獲得するための
研修や訓練を受けられるようになった。また、従来であれば雇い主が職業訓練
を担ってきたが、PEC では、必要とされる能力が欠如していた場合、ML や
支援機関と連携しながら外部の専門機関において知識を習得できた（Ministère
de l'éducation nationale et de la jeunesse 2021: 3-6）。PEC を締結した若者の多く
は金銭的支援や働き口だけでなく、さまざまな支援機関との関係を維持できる
ため、少なくとも孤立や孤独を未然に回避することができた。

コロナ禍における PEC の成果

　PEC 締結者数は、2020 年 1 月の 7 万 5647 人から、同年 8 月に 6 万 2357 人
まで減少したのち、2022 年 3 月で 8 万 7041 人にまで増加した（図 1 -4）。PEC
締結者の 96％が有期限契約で締結され、平均の雇用契約期間は 10.6 カ月であ
り、これまでの支援付き雇用に比して半月ほど短くなった。また、PEC 締結
者の 79％がパートタイム労働であった。契約期間の短縮化の要因について国
民教育省は雇用の回復を挙げている。PEC の労働時間は平均して週 25 時間程
度であったが、その分、臨時的に多くの若者を雇用対策へと新規参入させたと
いう。

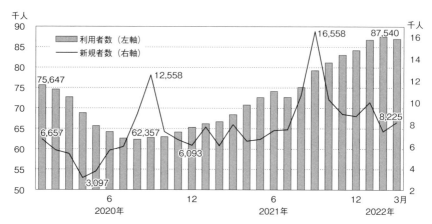

図1-4　PEC利用者数の推移

出典）Politiques de l'emploi（2022b）より著者作成。

　コロナ危機前の 2018 年と 2020 年以降における PEC 締結者の仕事内容の割合は、清掃（10.1%→14.6%）、青少年向けレクリエーション（5.1%→7.9%）、病院や介護施設での配膳や清掃、看護助手（5.2%→7.3%）で増加した。いずれの仕事も、雇用に必要な最低条件の資格である CAP・BEP[*7] 程度であり、経験を必要としない仕事が多かったと言える。一方、減少した仕事は保育補助（27.6%→8.5%）、教育機関での監視・指導（7.8%→3.0%）であった。とりわけベビーシッターなどの保育補助は学生アルバイトのなかでも需要が高い分野であった（Euzénat 2021: 3）。しかし、幼稚園や小学校でもオンライン授業が拡大するなかで、教育関連の雇用創出が難しくなった。その結果、少ない雇用を労働時間短縮によって多くの若者に配分したと考えられる。

　一方、若者向け支援現場を担うミッション・ローカル（ML）は、若者を孤立させない方針をとった。都市封鎖では 3 分の 2 の ML が閉鎖されたことで、ML はテレワークを中心に、きわめて困難な状況にある若者に対して優先的に電話で状況を把握し、連絡をとりつづけ、孤立を未然に防止した。連絡困難に

＊7　CAP（職業適格証：Certificat d'Aptitude Professionnelle）は製菓や美容など専門職に就くための、BEP（職業教育免状：Brevet d'Études Professionnelle）は経理や秘書など事務職に就くための資格であり、職業高校で取得でき、職業バカロレアより一段下と位置づけられている。

陥った若者を多く抱える ML は全体の1割ほどであり、インターネット回線の問題、パソコンを保有していない、料金未払いによるスマホの契約停止などにより音信不通になるケースが頻発した。とはいえ、多くの ML は登録中の若者の8割と連絡をとりつづけた。都市封鎖で ML の機能は一時的に中断したが、若者と個別に結んだ自立支援計画は、感染者数の減少にともない次第に再開された（DARES 2020: 1）。

　一方、新規受け入れに関しては、84％の ML は一時中断し、残りの16％は引き受けたものの人数制限を行なった。ML の対応はテレワーク中心になり、対面形式での面談や伴走支援を制限せざるをえなかった。また、グループ形式で実施されるワークショップは遠隔講習による代替手段がなく開催できなかった。そのため、6割の ML は職業訓練を実施できず、残り4割も訓練の回数を減らさざるをえなかった（DARES 2020: 2-4）。

　このように、ML は若者に連絡をとりつづけて孤立をなんとか未然に回避しようとしていたが、職業訓練や伴走支援は制限せざるをえなかった。ただし、新規受け入れは激減したものの、都市封鎖前に受け入れた若者の支援は継続されていた。むしろ、新型コロナによる支援中断を理由に、支援期間を延長することによって対応するケースが大半であった。

5　コロナ危機後の包摂領域

　マクロン政権のコロナ対策は、支援対象者を広く浅く定め、孤立や貧困を防ぐことを目標に置いた。それは決して手厚い援助ではなかったものの、すべての人びとを貧困や排除に陥らないようにするための予防的措置であった。その一方、コロナ危機収束を見据えた経済復興策は、国内産業の競争力強化を旨とした。すなわち、政府は広く国民の孤立を防ぐとともに、失業者や若者の労働市場への参入を期した積極的労働市場政策を展開した。この点でマクロン政権は右派の「福祉から就労」路線を継承したと言える。

　マクロンが大統領選の公約に掲げたように、フランス政府は今後、解雇にともなう賠償金の上限設定と解雇要件の緩和をめざしていくと考えられる。ま

た、失業保険改革も全体的に右派的とされ、企業経営者を利する傾向といわれる（大来 2022：38）。それは、失業保険料の企業負担を雇用契約の長短に応じて可変的に変更可能にすること、また、失業保険手当の受給要件を厳格化することにもとづいている。これらは必ずしも企業側に有利というわけではないが、解雇規制や失業保険の負担を労働市場の状況に応じて柔軟に変更可能にしようとしている（大来 2021a：30-31；大来 2021b：25、27）。マクロン政権は、コロナ危機によって一連の積極的労働市場政策の発動を延期してきたが、今後、ふたたび立法化をめざしていくと考えられる。

　コロナ危機収束後、フランスの福祉領域は、労働市場重視策と反排除政策のあいだの微妙な均衡関係を維持できるかどうかが焦点になってくる。その萌芽はすでに新たな若者政策となった PEC に見られる。PEC の基本方針は就労能力を生活困窮者の自己責任にすることを明確に否定している。なぜなら、就労問題の原因は仕事を失った人びとや無職者だけでなく、企業の採用問題とも関係しているためである。このように、政府が就労問題を社会全体の問題として把握した点は特筆すべきであるものの、別の側面からすれば、産業競争力強化に向けた労働力供給増強策でもある。マクロン政権がとりわけすべての若者の孤立防止に注力したのは、経済復興策や労働市場改革にともなう人材育成ならびに労働力供給にある。要するにマクロン政権のコロナ対策は広く対象者を定めると同時に、その雇用・就労の出口戦略は政府の成長戦略頼みとなっている点に注意すべきである。今後、現政権下の包摂政策は、労働市場や企業側に有利な改革を進めつつ、市場経済から生じる貧困や排除を未然に防止できるかどうかにかかっている。

参考文献

大来志郎　2021a「コロナ危機下におけるフランスの制度改革の行方——失業保険改革編　上」『ファイナンス』57（8）。

——　2021b「コロナ危機下におけるフランスの制度改革の行方——失業保険改革編　中」『ファイナンス』57（9）。

——　2022「コロナ危機下におけるフランスの制度改革の行方——失業保険改革編　下」『ファイナンス』57（10）。

大場淳　2012「フランスの大学支援組織」『IDE 現代の高等教育』588。

尾上修悟　2022『コロナ危機と欧州・フランス――医療制度・不平等体制・税制の改革へ向けて』明石書店。

河島太朗　2019『米国・フランス・ドイツ各国憲法の軍関係規定及び緊急事態条項』（基本情報シリーズ 27）国立国会図書館調査及び立法考査局。

田中林太郎　2020「France Relance（フランス再興）――コロナ禍の経済対策」『日経研月報』（509）。

日本貿易振興機構　2020a「新型コロナウイルスの影響に関わる緊急企業支援措置を発表」『ビジネス短信』3 月 19 日。

―― 2020b「総額 65 億ユーロの若年者雇用促進策を発表（フランス）」『ビジネス短信』7 月 27 日。

―― 2020c「零細企業の納税期限を最長 3 年に延長」『ビジネス短信』8 月 24 日。

―― 2020d「150 億ユーロの企業支援措置を発表」『ビジネス短信』11 月 4 日。

三輪和宏　2020「フランス　新型コロナウイルス感染症による経済危機に対処する予算」『外国の立法』284-2。

労働政策研究・研修機構　2022a「コロナ禍で浮き彫りになった産業の空洞化――製造業の国内回帰支援による雇用創出」『海外労働情報』6 月 17 日。https://www.jil.go.jp/foreign/jihou/2022/06/france_02.html

―― 2022b『諸外国の雇用維持政策――アメリカ、イギリス、ドイツ、フランス』海外労働情報 22-10。

BBC 2020. Coronavirus bailouts: Which country has the most generous deal? 8 May.

Borello, J.-M./Barfety, J.-B. 2018. *Donnons-nous les moyens de l'inclusion.* Paris: Ministère du travail.

CIRCULAIRE NoDGEFP/MIP/MPP/2020/163 du 28 septembre 2020 relative à la mise en œuvre des mesures du plan #1jeune1solution.

DARES 2020. Résultats de l'enquête flash Covid-19 auprès des missions locales? 15 juin.

―― 2021. Comment la situation des jeunes sur le marché du travail a-t-elle évolué en 2020? *Dares Analyses* 50.

―― 2022a. L'activité des très petites entreprises très affectée par la crise sanitaire en 2020. données annuelles.

―― 2022b. Données mensuelles sur les prestations de solidarité.

EM! 2022 Notre organisation. https://en-marche.fr/le-mouvement/notre-organisation（2022 年 11 月 3 日閲覧）

Euzénat, D. 2021. En 2020, les contrats aidés remobilisés face à la crise sanitaire. *Dares Résultats* 55.

INSEE 2020. Au deuxième trimestre 2020, un marché du travail sous l'influence du confinement. *Informations Rapides* 2020-203.

―― 2022. Au premier trimestre 2022, le taux de chômage est quasi stable à 7,3% *Informations Rapides*127.

Le Monde 2022a. L'efficacité du "quoi qu'il en coûte" n'est pas claire. 18 février.

―― 2022b. Sur le marché du travail, les jeunes diplômés fragilisés par la crise sanitaire, le 10 mai.

Le Point 2022. Entreprise : le nombre de faillites en hausse. 11 avril.

Loi n° 2020-290 du 23 mars 2020 d'urgence pour faire face à l'épidémie de covid-19.

Ministère de l'éducation nationale et de la jeunesse 2021. *Les contrats Parcours Emploi Compétences（PEC）au service des associations.*

Ministère de l'enseignement supérieur et de la recherche 2020. Covid-19: une aide exceptionnelle pour les étudiants ultramarins et les étudiants ayant perdu un emploi ou un stage. 14 mai.

Ministère de la Transition écologique et de la Cohésion des territoires・Ministère de la Transition énergétique 2022. Le plan France Relance: la transition écologique comme objectif stratégique. 17 mai.

Ministère du travail, du plein emploi et de l'insertion: Accompagner les jeunes － Plan 1 jeune, 1 solution 2020. https://travail-emploi.gouv.fr/le-ministere-en-action/relance-activite/plan-1jeune-1solution/（2022 年 10 月 10 日閲覧）

Outils de l'aménagement 2021. COVID-19: actualités juridiques et pratiques（2020-2021）. http://outil2amenagement.cerema.fr（2022 年 8 月 22 日閲覧）

Politiques de l'emploi 2022a. Contrats aidés － CUI-CAE, CUI-CIE et PEC. https://poem.travail-emploi.gouv.fr/synthese/contrats-aides-cui-cae-cui-cie-et-pec（2022 年 12 月 20 日閲覧）

Politiques de l'emploi 2022b. Parcours emploi compétences-entrées. https://poem.travail-emploi.gouv.fr/donnee/parcours-emploi-competences-beneficiaires（2022 年 10 月 18 日閲覧）

Sénat 2021a. Pessimisme de la jeunesse pour l'avenir. *Question écrite n° 19888 de Mme Michelle Gréaume.* 7 janvier.

―― 2021b. Covid-19 et urgence d'entendre la jeunesse. *Question écrite n° 20360 de M. Daniel Gremillet.* 28 janvier.

―― 2021c. Pessimisme de la jeunesse pour l'avenir. *Réponse du Ministère de l'éducation nationale, de la jeunesse et des sports.* 6 mai.

―― 2021d. Covid-19 et urgence d'entendre la jeunesse. *Réponse du Ministère de l'éducation nationale, de la jeunesse et des sports.* 6 mai.

Unédic 2022. *ACTIVITÉ PARTIELLE : État des lieux et perspectives.*

Vie-publique 2021. Covid-19: 7,5% de bénéficiaires supplémentaires du RSA en 2020. 11 mars.

20minutes 2020. Coronavirus: La Garantie jeunes étendue en 2021 à 200,000 bénéficiaires. 26 novembre.

第 2 章

コロナ危機下における
デンマークの雇用と社会保障

—— 北欧福祉国家は危機にどのように対応したのか ——

嶋内　健

1　アフター・コロナのデンマーク経済

　著者は 2023 年 3 月に社会調査を目的にデンマークを訪れた。以前にこの国を訪れたのは 2019 年 9 月であり、およそ 3 年半ぶりの訪問だった。繁華街での人出が少ないことや、前回の訪問時に見られなったファストフードを配達するギグワーカーを見かけるようなったことは気になったが、調査を通じて感じた全体的な印象としては、新型コロナウイルス・パンデミック以前の社会に戻ったかのようだった。

　むしろいくつかの統計を見ると、2023 年 3 月現在のデンマーク経済は、コロナ以前よりも好調のようですらある。人口ひとりあたりの実質 GDP の推移を、日本および欧州の主要諸国と比較したのが図 2-1 である。2022 年第 4 四半期において、他国がコロナ危機以前の値に回復するかどうかをせめぎ合っているなか、デンマークは早くも 2021 年の段階で危機以前の数値に回復し、2022 年以降はこれを上回る勢いである。また、失業率の推移を示したのが図 2-2 である。ロックダウンの期間に失業率が上昇しているが、2022 年第 4 四半期の失業率は女性と男性がそれぞれ 4.2％と 4.9％であり、いずれも 2019 年の失業率を下回っている。ちなみに、2019 年のデンマークの労働市場は良好と言われており、その 2019 年をも上回る状況にいたっている。著者が 2023 年 3 月に調査した複数のコムーネ（基礎自治体）では、いずれのコムーネも過去に例がないほどの低失業を経験していると職員から説明を受けた。[*1]

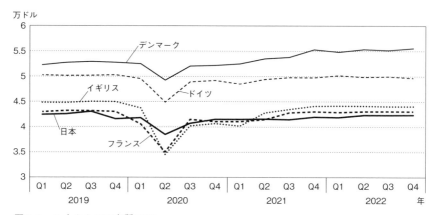

図2-1　1人あたりの実質GDP

出典）OECD Quarterly National Accounts より著者作成。
　注）値は2015年を基準としたもの。

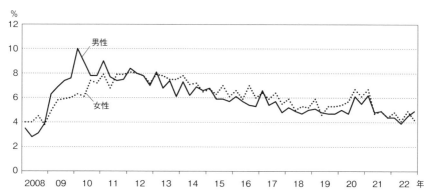

図2-2　男女別失業率の推移

出典）Danmarks Statistik より著者作成。

＊1　2023年3月8日にヒレロズ・コムーネ（Hillerød Kommune）を訪問し、同年1月の失業
　　率が2.1％との説明を受けた。同年3月9日にソルロート・コムーネ（Solrød Kommune）
　　を訪問し、直近の失業率が1.9％であるとの説明を受けた。

　現在のデンマークの労働市場が直面している困難のひとつは、深刻な人手不足である。経営者団体のデンマーク商工会議所（Dansk Erhverv）は、ホスピタリティ産業、自治体の介護事業、運輸産業、製造業などあらゆる業界で労働者不足が深刻になっていると警告している。^{*2}デンマーク社会は、コロナ危機からどのような過程を経てこのような状態にたどり着いたのだろうか。本章は、コロナ・パンデミックによってデンマークの雇用がどのような影響を受けたのか、これに対して社会保障はどのように機能したのか、そして政府はどのような対策を講じたのかを論じることを目的とする。

2　コロナ・パンデミックによる雇用の変化

(1)　失業者の変化

　本節ではコロナ・パンデミックによって、雇用がどのような影響を受けたのかを政府統計をもとに説明する。先ほどの図 2-2 によれば、今回のコロナ危機の失業への影響は、2008 年以降の金融危機とは異なる様相を呈している。金融危機のときに顕著だった男女間の失業率の差は、コロナ危機のもとではほとんど見られなかった。また、失業率は金融危機のときほどには上がらなかった。
　さらに、年齢階層別で失業率の推移を表わしたのが図 2-3 である。若年層で失業率が高くなるのは、金融危機のときと同じある。しかし、男女別で確認できたように、今回のほうが失業率は低かった。
　なお、雇用省が 2020 年 6 月末に公表したレポートによれば、29 歳未満の若

＊2　ホテル業界では、シェフや給仕などの熟練労働者だけでなく、学生アルバイトの不足も指摘されている（Dansk Erhverv 2022a）。自治体の管理職の 10 人のうち 9 人が、ケアワーカーの不足で高齢者介護を維持することが困難であるとアンケートに答えている。とくに規模の小さな自治体はより深刻である（Dansk Erhverv 2022b）。運輸業界では過去 10 年間で最も深刻な労働力不足に悩まされている（Dansk Erhverv 2022c）。製造業では労働力不足に直面する企業が、2021 年第 4 四半期の 38％から 2022 年第 1 四半期の 42％へと増加した（Dansk Erhverv 2022d）。

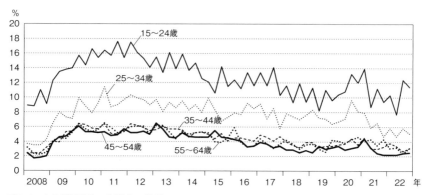

図2-3　年齢階層別の失業率の推移

出典）Danmarks Statistikより著者作成。

年層が他の年齢層に比べて失業が減少していないと述べており、図2-3の状況と一致している。また、同レポートは学歴別の分析結果も出しており、それによると大卒者（学士卒）が最も厳しい状況だった。次に深刻だったのが、義務教育の卒業者、もしくはギムナシウム（普通高校）の卒業者だった。逆に、失業者数の減少ペースが最も速かったのは、後期中等教育における職業教育の修了者だった。両者の中間は、教師や看護師などを養成する高等専門職教育や、大学院の修士課程・博士課程の修了者だった（Beskæftigelsesministeriet 2020a）。つまり、職業資格を提供しない理論教育を受けた卒業者が最も大きな影響を受け、熟練労働者の候補を養成する教育を受けた者は影響が小さかった。近年のデンマーク政府が若者に奨励する職業教育の意義を、あらためて認識させられる結果となった。

(2)　産業別就業者の変化

　失業に関する統計だけでは、産業ごとの影響がわからない。次に、就業者のデータを見ることで産業別の状況を確認する。表2-1は2019年第4四半期を基準とした、産業分野別の就業者数（自営業者ならびにその家族従事者を含む）の増減率を示したものである。パンデミック以降に減少率が大きい分野は、「農林水産業」「製造業、鉱業・採石業、公益事業」「商業、運輸業、その他」

表2-1　産業別就業者の増減率（2019年第 4 四半期基準）

(単位：%)

	2020 年				2021 年			
	Q1	Q2	Q3	Q4	Q1	Q2	Q3	Q4
農林水産業	-3.92	-0.69	0.67	-1.88	-5.35	-2.74	-0.6	-2.54
製造業、鉱業・採石業、公益事業（電力・ガス・水道等）	-0.64	-1.56	-1.42	-1.21	-1.07	0.23	1.33	2.62
建設業	-1.77	-1.71	0.95	2.29	1.17	3.79	5.56	6.38
商業、運輸業、その他	-2.37	-5.37	-2.18	-3.77	-8.15	-4.06	0.55	1.59
情報通信産業	-0.01	-0.94	-1.03	0.55	1.43	3.48	4.18	6.78
金融・保険業	0.76	0.98	0.36	0.73	0.94	1.52	1.72	2.46
不動産業	-1.37	-1.58	-1.86	0.31	-2.02	1.34	4.15	3.99
その他ビジネスサービス	-2.34	-3.83	-2.19	-1.18	-2.27	-1.11	3.69	5.77
行政・教育・保健衛生	-0.23	-0.59	-0.2	1.76	1.87	3.91	3.63	4.74
芸術・娯楽・レクリエーション	-3.22	-7.89	-4.1	-3.89	-13.31	-6.67	-2.09	0.03

出典）Danmarks Statistik より著者作成。
　注）その他の分類として「記載の無い活動」が存在するが就業者が非常に少ないため省略している。
　　　「労働市場集計（arbejdsmarkedsregnskabet: AMR）」にもとづくデータである。行政に登録された実数を
　　　ベースにしており、データの信頼性は失業率で用いた「労働力調査（arbejdskraftundersøgelsen: AKU）」よ
　　　り高い。しかし、デンマーク独自の手法を採用しているため国際比較には適さない。

「その他ビジネスサービス」「芸術・娯楽・レクリエーション」である。産業ごとの特徴を以下で叙述する。

　図 2 - 4 が示すように農林水産業における就業者数の減少は、雇用形態が自営業か被雇用者かで傾向が異なっていた。自営業者とその家族従事者は、2019年第 4 四半期（3 万 229 人）と 2021 年第 2 四半期（2 万 7938 人）を比較すると、約 2300 人の減少だった。しかも、いったん離職したあとの就業への復帰が困難になっている。2021 年第 4 四半期でもコロナ以前の就業者数に戻る傾向は見られなかった。他方で、被雇用者は減少したがもとの就業者数に回復したことが確認できる。また、農林水産業は男性労働者が非常に多く、回復も鈍くなっている（図 2 -5）。コロナ以前に回復したのは女性だけである。

　「製造業、鉱業・採石業、公益事業」の減少率に大きく影響したのは、印刷業と石油・ガス採掘業だった。ペーパーレス化の加速とエネルギー需要の激減が、これらの産業に影響したと思われる。どちらも男性のほうが影響は大きかった。

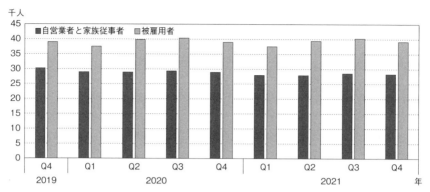

図2-4　農林水産業における雇用形態別就業者数の推移

出典）Danmarks Statistik より著者作成。

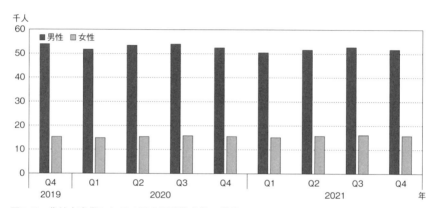

図2-5　農林水産業における男女別就業者数の推移

出典）Danmarks Statistik より著者作成。

　「商業、運輸業、その他」で影響が大きかったのは、「列車・バス・タクシー運行」「航空業」「宿泊業」「飲食業」である。紙幅の都合でデータの提示は省略するが、列車・バス・タクシー運行では、自営業かつ男性の影響が大きく、この属性の組み合わせは農林水産業と類似している。年齢層で見ると30歳から64歳で比較的減少率が高かった。

　影響が非常に大きかったのが航空業である。2019年第4四半期に4360人の就業者は、2021年第2四半期に31％減の3006人にまで減った。図2-6は航空業における男女別の就業者数の推移を示したものである。2021年第2四半

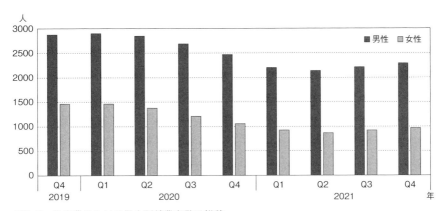

図2-6　航空業における男女別就業者数の推移
出典）Danmarks Statistikより著者作成。

期の時点で、男性は約74％（2138人）、女性は59％（868人）にまで減った。4割以上の女性労働者が、この業界を去っていたことになる。たとえば、フラッグ・キャリアのスカンジナビア航空（SAS）は、約1600人の従業員を解雇しただけでなく、グループ会社のグランドハンドリング（空港内の地上業務）の従業員も相当数を解雇した[*3]（Fagbladet3F 2020b）。

　宿泊業は就業者が最も減った産業だった。就業者全体が大きく減少したが、とくに男女間と年齢別で顕著に差が表れた。図2-7は男女別の就業者数の推移である。2020年第2四半期と翌年の第1四半期において、ロックダウンの

＊3　デンマーク最大の労働組合の3Fは、この件についてSASと政府を強く批判した。第3
　　節で述べるようにコロナ危機への政府の対策として、企業が従業員を解雇しないことを
　　条件に、企業が政府から賃金補助金を受け取れる制度があった。当初SASは賃金補助金
　　を選ばず、従業員の大量解雇を実施する方針を発表した。ところが、政府は後にSASに
　　対する救済措置として、35億クローネ（DKK）を投入することを国会の全会一致で可決
　　したのである。スウェーデン政府から投入される金額を合計すると、SASは90億クロー
　　ネ（約174億円）を両政府から受けることになった（Fagbladet3F 2020a）。つまり、SAS
　　は従業員を大量に解雇しておきながら、自らの存続のために巨額の助成金を政府から受
　　け取ることができた。労働者側が一方的な犠牲を払う結果となり、こうしたSASと政府
　　の不公正な行為に3Fは怒りを表明したのである。

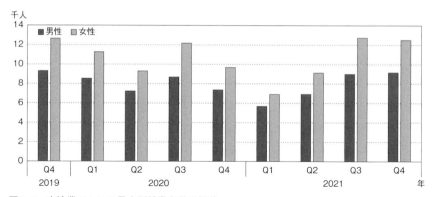

図2-7　宿泊業における男女別就業者数の推移

出典）Danmarks Statistikより著者作成。

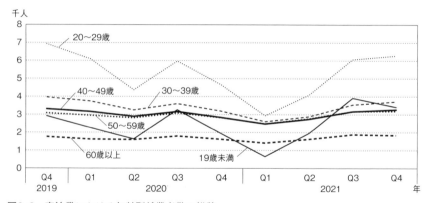

図2-8　宿泊業における年齢別就業者数の推移

出典）Danmarks Statistikより著者作成。

影響がてき面に出ている。宿泊業はもともと女性労働者が多い産業であり、多くの女性が職を失う結果となった。2021 年第 1 四半期の女性就業者は 6912 人（55％）にまで激減した。男性も同期間に 5677 人（61％）に減少した。

　年齢別の推移を示したものが図 2-8 である。19 歳未満と 20 ～ 29 歳の若年層が、コロナ・パンデミックの影響で大きく変動していることがわかる。若年層が他の年齢層より大きな影響をこうむったのは明白である。宿泊業では女性の若年層がより大きな影響を受けたと言える。この要因は第 3 節で述べるように、非典型雇用の多さと関係していると考えられる。ホテル産業は、とくに若

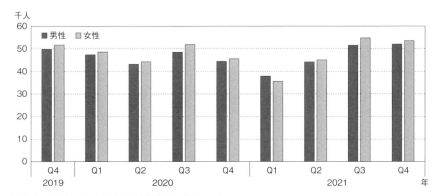

図2-9　飲食業における男女別就業者数の推移

出典）Danmarks Statistikより著者作成。

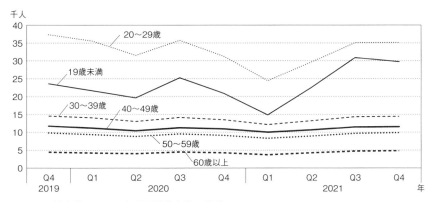

図2-10　飲食業における年齢別就業者数の推移

出典）Danmarks Statistikより著者作成。

年層の非典型労働者が多いことがこれらの結果から推測できる。

　飲食業は日本では、「宿泊・飲食サービス業」として論じられることが多い。しかし、デンマークの飲食業の労働者構成は、宿泊業のそれとは決定的に異なっている部分がある。それは男女間の就業者数に差がほとんど無いことである。2021年第1四半期に限定すれば、女性のほうが減少幅は大きかったが、それ以外の期間の減少幅は男性とあまり変わらなかった（図2-9）。

　他方で、宿泊業と共通した側面があるのも事実である。図2-10は若年層が多くの職を失ったことを示している。2021年第1四半期において19歳未満は

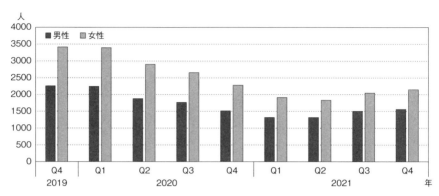

図2-11　旅行代理業における男女別就業者数の推移

出典）Danmarks Statistikより著者作成。

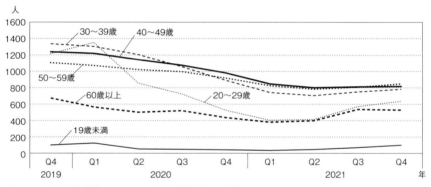

図2-12　旅行代理業における年齢別就業者数の推移

出典）Danmarks Statistikより著者作成。

1万4874人（63％）、20歳代は2万4437人（65％）に減少した。他方で、30代以上の年齢層は2019年の83〜85％の従業員を維持していた。すなわち、飲食業における影響は、男女間であまり差が生じなかったが、20代未満で他の年齢層より就業者が大きく減少する結果となった。

　次に「その他ビジネスサービス」である。2021年後半から就業者が増加しており、全体として回復しつつあるように見える（前述、表2-1）。しかし、下位区分の旅行代理業だけは現在も苦境に陥っている。旅行代理業の就業構造を示したのが図2-11と図2-12である。同産業における就業者数は、2021年第2四半期に56％にまで落ち込んだが、これを男女別で確認すると男性が1319

78

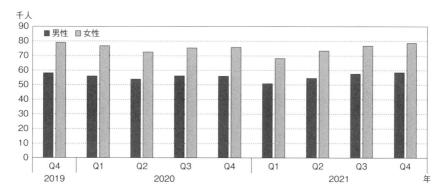

図2-13　芸術・娯楽・レクリエーション業における男女別就業者数の推移

出典）Danmarks Statistikより著者作成。

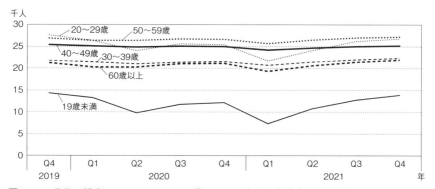

図2-14　芸術・娯楽・レクリエーション業における年齢別就業者数の推移

出典）Danmarks Statistikより著者作成。

人（58%）、女性が1832人（54%）だった。年齢別では、すべての年齢層で就業者の減少が確認できるが、とりわけ20歳代への影響が顕著だった。2021年第1四半期にその人数は激減していた。

　最後に「芸術・娯楽・レクリエーション」である。この産業の下位区分に含まれるのは、「劇場・演奏会・芸術活動」「図書館・博物館・その他の文化活動」「スポーツ」「娯楽・レクリエーション」などである。同産業は女性の就業者数が男性を上回っているが、減少幅はほぼ変わらなかった（図2-13）。他方で、年齢別の推移を追うと19歳未満と20歳代の若年層での減少が目立つ（図2-14）。すなわち、男女間の影響の差は生じなかったが、若年層で比較的大き

な影響があったと言える。

　ここまで述べてきた各産業の変化をまとめると、以下のようになる。

　農林水産業では自営業・男性、印刷業および石油・ガス採掘業では男性、列車・バス・タクシー運行では自営業の男性、航空業の女性、宿泊業における若年女性、飲食業の20代の若者、旅行代理業の20代の若者、芸術・娯楽産業の20代未満の若年労働者、これらが就業者の減少の影響が比較的大きかった。粗い分析ではあったが、総論として若年層で影響が大きかったことは確認できた。また、日本のように女性だけが集中的に被害を受けたのではなく、産業によっては男性や自営業の多い分野でも就業に対する影響が見られた。

3　社会保障の受給状況

　本節では、コロナ・パンデミックによって失業した市民を社会保障制度がどのように保護したのかを述べる。デンマークにおける失業時の社会保障としては、求職活動・職業訓練・教育への参加を社会的給付の受給条件とするアクティベーション政策がよく知られている。同政策の内容は過去に詳しく論じたので（嶋内 2020；嶋内 2015a）、ここでは深く立ち入らないことにする。というのも、コロナ危機による失業者の増加は、通常の経済活動を原因とする不況で生じたのではないので、デンマーク社会政策の代名詞ともいえるアクティベーションやフレキシキュリティと関連づけて論じたところで、あまり大きな意味がないと考えるからである。[*4] より根本的に問われるべきことは、コロナ・パンデミックにまったく責任のない市井の人が直面した生活の危機に対して、危機が去るあいだの生計を政府はいかに迅速かつ普遍的に保障するのか、という福祉国家の基本的な責務にある。それはまた、福祉国家の原点を再帰的に検証することでもある。したがって、本節は失業保険と公的扶助の受給状況を把握す

　＊4　むろん、危機が去りふたたび成長へ向かう段階になれば、回復の鈍い産業から労働需要の高い産業へと求職者をシフトする職業訓練などは重要性を増してくる。しかし、本章の焦点は危機に対して現金給付がいかに日々の生計を保障したのかという点にあるため、積極的労働市場政策について論じるのは別稿に委ねたい。

ることで、福祉国家が負うこの基本的な義務をデンマーク政府が果たしたのかどうかを検証する材料としたい。

(1)　失業保険

　失業保険給付の受給状況を説明する前に、デンマークの失業保険制度を簡単に紹介しよう。

　同国には A-kasse（arbejdsløshedskasse）という失業保険基金（金庫）がある。失業給付を受給するためには、この基金に加入する必要がある。2023 年 3 月現在、22 の基金がある。これらは政府ではなく、労働組合や職業団体が管理しているのが特徴である。[*5] たとえば、3F という労働組合は、3F A-kasse を管理運営している。たいていの組合員は所属組合が管理する基金に加入するが、それは義務ではない。[*6] どの基金に加入するかは労働者の任意であるが、基金側がメンバーシップを特定の職業に制限している場合もあり、まったく自由に選べるわけではない。また、日本の雇用保険のように強制加入ではないので、加入しないという選択もできる。自営業者や学生が加入できることも日本と異なっている。A-kasse はハローワークのように、職業相談および給付の業務を行なっている。

　A-kasse のメンバーになったうえで、離職者はジョブセンター（公的雇用事務所）に失業者登録をし、2 週間以内に A-kasse との面談に出席しなければいけない。この初回の面談が始まるまでに、失業者は所定の履歴書を提出する義務がある。失業登録から 3 カ月までは、A-kasse またはジョブセンターで行なわれる面談に出向く必要がある。4 カ月目以降は、ジョブセンターで毎月 1 回の定期的な面談が義務となる。これは、4 カ月目以降に A-kasse からジョブセンターに担当が移行するということではない。4 カ月目以降でも A-kasse での

＊5　労働組合が財源を管理する失業保険制度のことを「ヘント方式（Ghent System）」という。ベルギーのヘントが発祥であることからこのように言われている。

＊6　かつては所属する組合の基金にしか加入できなかったが、この仕組みを労働組合の力の源泉と捉えていた右派政権が、2000 年代半ばに労働組合の弱体化を意図して任意に選択できるように変えてしまった（嶋内 2010）。

面談は可能である。しかし、失業給付には保険料だけでなく政府の財源が投入されているので、受給者は民間組織の A-kasse だけでなく、公的機関であるジョブセンターに対しても義務を果たす必要があるという意味がある。その他の重要な義務として、受給者は毎週求人に応募しなければいけない。必要に応じてアクティベーションのプログラム（履歴書の書き方講座、インターンシップ、補助金付き雇用など）に参加する義務もある。これらのプログラムに参加している期間も、求人に応募しつづける義務はなくならない。失業給付を受給するかぎりは、とにかく失業者として労働市場に「利用可能である（rådighed）」ことを証明しつづけなければいけない（嶋内 2020）。

　失業給付の給付額は賃金の 80％ である。保険料を上乗せすれば、90％ 保障となるオプション契約もある。ただし、高い所得代替率が保障されるのは低賃金労働者であり、高所得者や中所得者が 80％ や 90％ を保障されるわけではない。保険料は各基金で異なるが、毎月 1 万円前後はする。全額が労働者の負担で事業主は支払わない。受給期間は 3 年間のうち 2 年間となっている。

　受給状況を確認しよう。図 2-15 は失業給付（dagpenge）の受給者数の推移を示している。便宜的に「純失業給付受給者」と「アクティベーション受給者」に区別している。前者は補助金付き雇用等の積極的労働市場政策のプログラムに不参加の求職者を、後者は同プログラムに参加している求職者を意味する。両者を足した人数が失業給付の総受給者数である。純失業保険受給者は2019 年第 4 四半期に 7 万 2101 人だった。それが最初のロックダウンの実施以降に増加し、同年第 2 四半期に 11 万 5285 人に達した。約 4 万 3000 人の増加だった。そのあとに減少するが、ふたたびロックダウンが始まると 11 万人まで上昇した。これと反比例をしているのが、アクティベーション受給者である。1 万 271 人の受給者は 4481 人に減った。これは、2020 年 3 月 12 日から 5月 26 日までの 70 日間に、受給者に課されるもろもろの義務が中止になったからである。ジョブセンター自体がそもそも閉鎖してしまったこともあり、たとえば毎週の求職活動の義務や、労働市場において「利用可能であること」を証明する義務が停止となった。職業訓練の受け入れ先もなくなってしまった。要するに、労働需要が激減したことで、積極的労働市場政策を含むアクティベーション政策は、危機が最も深刻なときに無用の長物と化したのである。

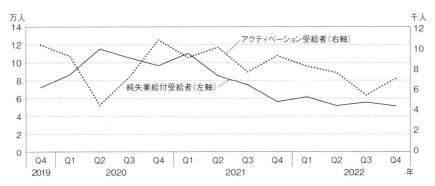

図2-15　失業給付受給者数の推移

出典）Danmarks Statistikより著者作成。
　注）毎月の就業者数は前述のAKU、毎月の失業保険の加入者数はAMRにもとづく。

　他方で、このようなときに真に効果を発揮するのが、消極的労働市場政策である。すなわち、失業給付や公的扶助などの社会的給付である。1990年代半ば以降、積極的労働市場政策がOECDやEUなどによって重用され、消極的労働市場政策は過小評価されつづけてきた。だが、本来これらは福祉国家の根幹をなす制度であり、「悪の巨人」（ベヴァリッジ）と対峙する市民を、迅速に援護することが可能である。以下では、こうした機能を備える失業保険が失業者をどの程度保護したのかを検証する。

　図2-16は失業保険の加入者率と受給者率の概算を示している。加入者率は毎月の就業者数に占めるA-kasseの加入者の割合で算出している。受給者率は毎月の総失業者数に占める失業給付の受給者の割合である。失業保険は任意加入にもかかわらず、就業者の80%が加入しており、加入者率は安定している。コロナ危機でもほとんど変化は確認できない。次に受給者率である。紙幅の都合で2011年以前のデータを示していないが、2012年までの月平均の受給者率は57%から58%だった。図2-16では2013年から受給者率が下がり始め、最も低い月で40%程度まで落ちたことがわかる。これは2013年から失業保険制度の改悪が施行され（2011年に制定）、受給期間の短縮と受給資格の厳格化が行なわれたからである（嶋内 2015a）。この落ち込みは2018年から徐々に改善しつつあった。[*7]

　コロナが雇用を直撃した2020年3月以降に、受給者率は急上昇を示してい

図2-16　失業保険の加入者率と受給者率の推移

出典）Danmarks StatistikおよびEurostatより著者作成。
　注）毎月の失業者数はEurostat、毎月の受給者数はAMRにもとづく。

る。2022年3月に66％となり、4月に93％に達した。5月は80％、6月は64％、7月に60％と下がりつづけ、これ以降はパンデミック前の受給者率に戻った。2度目のロックダウンが行なわれた2020年の12月から2021年の春にかけては、59％から69％への上昇が見られた。特筆すべきは、2020年の4月から5月にかけてのきわめて高い受給者率である。市民が最も困難に直面した時期に、失業給付は失業者の9割以上に行き渡っており、ほとんどの失業者を保護したと言える。

　では年齢別の受給者率はどうか。「労働力調査（AKU）」の年齢区分にしたがって、失業が深刻だった2020年第2四半期から2021年第1四半期までの受給者率を、概算で割り出した一覧が表2-2である。50％台で推移していた受給者率は（図2-16参照）、25歳以上の年齢層で大きく上昇しており、これらの年齢層をしっかり保護したと言えるだろう。また、2020年第2四半期における35〜44歳と45〜54歳で、受給者率が100％を超えている。これは登録失業者数を上回る人数が、失業給付を受給したことを示唆している。この理由は企業から無給の自宅待機を言い渡され、解雇されていないが失業給付の申請

＊7　ILOやOECDのレポートが報告している加入者率と受給者率もまた、著者が示した水準とほぼ同じである（ILO 2017; Klein/Aggerstrøm Hansen 2016）。

表2-2　失業給付の年齢別受給者率

（単位：%）

年齢	2020 年 Q2	2020 年 Q3	2020 年 Q4	2021 年 Q1
15 ～ 24	16.1	12.4	10.8	11.6
25 ～ 34	96.1	70.6	71.9	81.4
35 ～ 44	108.2	83.1	97.3	87.7
45 ～ 54	108.4	88.9	87.1	71.2

出典）Danmarks Statistik より著者作成。
　注）16歳未満の受給者データはないので、労働力調査の年齢区分による「15～24歳」
　　　は実際は16歳から24歳の受給者率である。
　　　55歳以上はAKUによる失業者数のデータと、AMRによる受給者数のデータを
　　　年齢区分をそろえて比較をすることができないので省略している。

をしなければいけなかった者が一定数いたことや[*8]、解雇されてはいないが仕事がないことを理由に一時的に休職し、失業給付を受けながら職業訓練や教育を受ける者が増加した結果を反映していると思われる。

　対照的に「15 ～ 24 歳」の受給者率の低さが目立っている。考えられる理由としては、この年齢層の多くが、A-kasse に未加入であることだ。この年齢層の就業者数と A-kasse の加入者数から計算すると、加入者率はおおむね35％から40％と推測できる。これは全年齢層における加入率の半分である。また職歴が浅いため、受給資格の獲得に要する被保険者期間を満たしていないことも考えられる。

　さらに18歳未満の若者は、規定により一定の教育水準に達しないかぎりA-kasse に加入できないことになっている。一定の教育水準とは、国の通達によれば、最低18カ月間の職業教育を修了していることである。もしくは、近年創設された25歳未満の脆弱な若者を対象とする「予備的基礎教育（forberedende grunduddannelse）」制度の「職業基礎教育（erhvervsgrunduddannelsen）」コースを受講する若者のうち、最高の成績評価を受けた若者だけは、加入資格を有する（Bekendtgørelse af lov om arbejdsløshedsforsikring m.v.Kapitel 8）。このように、職業教育に関する一定の水準を充たす若者には、A-kasse のメンバー

＊8　デンマーク最大のファシリティマネジメント会社である ISS は、1500 人の従業員に 2 週間の無給の自宅待機を命じた。この 1500 人は、やむなく失業給付または公的扶助の申請をしたと報じられた（DR 2020）。

シップが開かれている。しかし、職業的スキルを提供しない後期中等教育、すなわち高等教育へ接続するギムナシウム（普通高校）の在学生やその新規学卒者には加入資格がない。

　以上から、失業保険制度は多くの失業者を保護することができた。しかし、図2-3で示したように、15〜24歳の失業率は非常に高かったにもかかわらず、あまり保護をしていなかったことが明らかになった。

(2)　公的扶助

　失業給付を受給できない者にとって、最後の拠り所となるのが公的扶助である。そこで公的扶助がどの程度失業者を保護したのかを以下で述べる。デンマークの公的扶助制度は一般的な現金扶助（kontanthjælp）と若者向けの教育扶助（uddannelseshjælp）に大別できる[*9]。このうち失業者に対応するのは、おもに現金扶助である。図2-16の失業給付の受給者率に、現金扶助の受給者率を加えた積み上げ式のグラフが図2-17である。図中の現金扶助受給者は、失業者登録をしている現金扶助の受給者のうち、職業訓練などのプログラムに参加している求職者と不参加の求職者とを含んでいる。両者とも就労が可能な者を意味し、公的扶助の総受給者の約2割に相当する。稼働能力がない受給者や、就労が可能になるまで長期間を要する受給者は含まれていない。

　この図より、公的扶助制度は通常15％から20％の失業者に対して、給付を提供していると推測できる。図に示した2012年から2021年の平均値は17.4％である。コロナの影響としては、直近で14％前後で推移していた受給者率が、2020年4月に20.8％に上昇したのが確認できる。受給者が増えたのは間違いないが、失業給付ほど大幅な増加ではない。2013年から2017年までのほうが受給者率はむしろ高かった。この期間は、先述した失業保険の改悪によって、失業保険制度から脱落した者を公的扶助が代替的に保護していた時期である。

　また、この図で明らかになるのは、近年の失業給付と公的扶助が、失業者全

---

*9　デンマークの公的扶助制度、ならびに現金扶助と教育扶助の違いについては別稿で詳しく述べている（嶋内 2015a）。

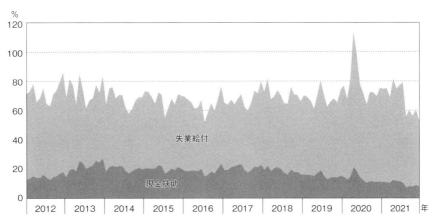

%

図2-17　失業者に対する社会的給付の保障範囲

出典）Danmarks Statistikより著者作成。

体の平均70％を保障していることである。かつては99.9％（2000年）や98.9％（2005年）の失業者をカバーしていたが、その後の改革によって徐々に寛容さを喪失していった（ILO 2017）。その結果、現在の70％という保障範囲にいたっている。しかし、保障範囲が縮小傾向にあったにせよ、失業者に対する緊急時のセーフティネットとして機能したのは公的扶助より失業保険のほうであったと言える。

　年齢階層別失業者に占める現金扶助の受給者率を示したのが図2-18である。若者への影響が深刻だった割には、他の年齢層と比較して大幅に増えているわけではない。[10]したがって、現金扶助が若年失業者を手厚く保護したとはいえない。つまり、前項で論じた失業給付も、本項で述べた現金扶助も若年層をあまり保護しなかった。それでは、コロナ危機におけるデンマークの社会的給付は、若年層に給付を提供しない冷酷な制度だったのだろうか。

　公的扶助制度にはもうひとつの給付、すなわち上述した教育扶助がある。教育扶助は30歳未満の教育歴が十分ではない若者に、教育を受け直すことを条

＊10　2022年の第2四半期以降を見ると、35〜44歳の受給率が大きく上昇している。これはロシアのウクライナ侵攻によって、ウクライナ人女性たちを難民として受け入れた影響である。自治体のジョブセンターは、彼女たちの相談窓口を設置して就労支援や生活支援を行なっている。

件に現金給付を行なう。教育とは、おもに職業資格にかかわる教育を指す。2008年以降に欧州を襲った一連の金融危機をきっかけに創設された制度である。図2-19は教育扶助の受給者数を示している。16〜24歳の年齢で、コロナ前から3500人以上の増加を確認できる。25〜29歳でも約2000人が新たに受給者となっている。

　教育扶助の受給者に現金扶助の受給者を加え、公的扶助の総受給者数を年齢階層別に示したのが図2-20である。興味深いことに、16〜24歳の受給者数は、その他の年齢層よりむしろ多くなっている。しかも、2020年3月から6月にかけて、他の年齢層では見られない上昇カーブを描いている。したがって、25歳未満の若年層は、失業給付や現金扶助はあまり受給していなかったが、教育扶助を受けることで当座の生計が保障されていたことが示唆される。若年層は教育扶助を受けることで、職業教育を提供する教育機関へ戻るか、もしくは教育を始めるための予備的な活動（日常生活や社会生活の支援）に参加し、危機が去ったあとにふたたび教育や労働市場に参入できるよう待機していたとも言える。教育扶助は、若者が次のステップを踏み出す活動を経済面からを支援していたのである。

　以上、本節は社会保障の受給状況を分析した。その結果、30歳以上の壮年層の失業者は失業給付と現金扶助によって幅広く保障を受け、他方で20歳代未満の若者層は教育扶助によって生活が守られていた可能性があることを明らかにした。

4　フレゼリクセン政権のコロナ対策

　本節ではコロナ・パンデミックという危機に、当時の社会民主党政権がどのように対応したのかを紹介する。政府のコロナ対策を知ることは、なぜデンマークが多くの市民を保護できたのか、なぜアフター・コロナの成長に向けていち早く踏み出すことができたのかを理解する助けとなるからである。本節で見るような危機に向き合う政府の基本姿勢があるからこそ、第3節で述べた普遍的な社会保障が実行できるのである。

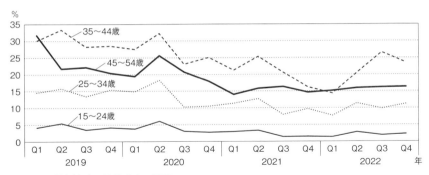

図2-18　現金扶助の受給者率の推移

出典）Danmarks Statistik より著者作成。

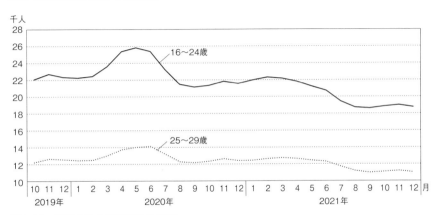

図2-19　教育扶助の受給者数の推移

出典）Danmarks Statistik より著者作成。

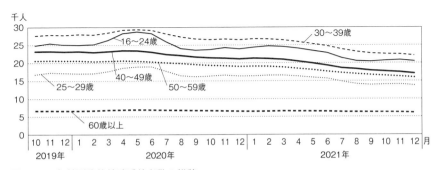

図2-20　年齢別公的扶助受給者数の推移

出典）Danmarks Statistik より著者作成。

　すべての対策を逐一紹介することはできないので、就労所得の喪失にかかわる所得保障とジョブ・シェアリングついてだけ述べる。なお、対策の前提として言及しておくことがある。それは、多くの対策を政府が単独で決定していないことである。デンマークには、重要な政策決定を行なうときは、労働組合と経営者団体を巻き込んだ政労使の三者合意を締結する伝統が強く残っている。コロナ対策も多くの三者合意を結んで実行された。三者合意は労働者代表と経営者代表の双方が妥協することによって、どちらか一方に利益・不利益が偏らないようバランスを取る目的がある。通常であれば2年に一度の頻度で締結される三者合意は、コロナ・パンデミック期に21の合意が結ばれ、そのうち19の合意がコロナにかかわる内容だった（Fagbevægelsens Hovedorganisation 2021）。

(1)　所得保障

　2020年3月11日にメッテ・フレゼリクセン首相が13日からロックダウンに入ることを宣言すると、14日に政府、労働組合の代表（Fagbevægelsens Hovedorganisation）、経営者団体の代表（Dansk Arbejdsgiverforening）は賃金補償の合意を発表した。これは30％以上の人員削減、または50人以上の解雇を余儀なくされる企業を対象としたものだった。要件に該当する企業は、月給制の従業員に対して月額2万3000クローネ（約44万円）を上限に賃金の75％、時給制の従業員には月額2万6000クローネ（約49万円）を上限に賃金の90％に相当する助成金を国から受け取ることができた。賃金補償を受けた企業は従業員を解雇してはいけない（Finansministeriet 2020）。企業は国の援助の残り、つまり賃金の25％または10％を従業員に支払わないといけない。この合意は、当初3月9日から6月9日まで有効だったが、同年12月に2度目のロックダウンに入るとふたたび適用された（Beskæftigelsesministeriet 2020b）。要件や対象者は何度か変更されたが、基本は上記の方針に従って保障が行なわれた。これによって企業は、従業員を解雇せずに休業させることができた。2020年3月から2021年9月にかけて、約35万人の労働者がこの賃金補償を受けた（Statistics Finland et al. 2022）。

　しかし、企業が休業を命じたにもかかわらず、賃金補償を受けられなかった労働者もいた。それはこの三者合意が発表される前に、個別の労働組合と経営者団体とのあいだで合意した独自の協定に沿い、従業員を無給で休業させる企業が現われたからである。注 8 で言及した ISS がこれに該当する。これは危機下の社会的連帯を損なう行為であるが、協定の期限が切れないかぎり、3 月 14 日の三者合意に従わなくても行為自体は協定破りには当たらない。いかに三者合意が優れた内容であるとしても、協定の間隙を縫うような企業が存在すると、労使協定のエアポケットに落ちる犠牲者が出してしまうことは避けられない。

　2020 年 3 月 25 日には、職業教育を受ける有給の実習生（lærling）やインターンシップの学生（elev）に対しても、賃金補償を行なう三者合意が発表された。条件は上述した補償と同様に、30% 以上の人員削減また 50 人以上の解雇を余儀なくされる企業を対象とした。ひとりあたり賃金の 90% を国が補償した。助成金を受け取る企業は、原則としてこれらの若者たちに自宅待機をさせてはいけない（Beskæftigelsesministeriet 2020c）。企業にとっては、将来の熟練労働者となる実習生の確保に貢献し、若者にとっては技能修得の機会を維持し、かつ日々の生活費の維持に貢献する支援となった。

　労働者に対する賃金補償だけでなく、社会保障の受給者に対する支援措置も行なわれた。失業給付を受ける者は、2020 年 3 月 1 日から同年 5 月 31 日までの期間は、失業給付の受給期間に含まないことになった（Beskæftigelsesministeriet 2020d）。つまり、失業給付の受給期間が 3 カ月間延長となった。公的扶助の受給者に対しては、直近の 12 カ月間で最低 225 時間以上の労働に従事する義務が延期となった（Beskæftigelsesministeriet 2020e）。これはいわゆる「225 時間規定」というもので、受給者は公的扶助を得るために労働し、自らが労働市場で「利用可能であること」を継続的に証明する義務を負っている。義務を履行しなければ、公的扶助は削減または停止することになっている（嶋内 2020）。この義務が、一時的にではあれ免除されたのである。

＊ 11　後期中等教育の職業教育（ehrvervsuddannelse）コースに通う学生のうち、前半の学校教育を修了し、後半のデュアルシステムに進級した若者である。デュアルシステムでは学生が企業と徒弟契約を結び、有給の実習生（アプレンティス）として企業の OJT で職業技能を習得する。職業教育システムの概要は拙稿を参照されたい（嶋内 2015b）。

（2）　ジョブ・シェアリング

　ジョブ・シェアリング制度（delejob-ordning）はコロナ以前から存在していたもので、ワーク・シェアリングと似ている。しかし、教育と社会的給付を組み込んでいる点で、ワーク・シェアリングより高次元の制度である。もともと労使協定をベースにして利用されていたが、コロナ対策としておおいに活用されることになった。制度の概略を簡単に説明すると、職務の減少を理由とした解雇を回避するために、期間限定で従業員の労働時間を削減し、従業員間で職務を分かち合うというものである。ここまではワーク・シェアリングと同じだが、ジョブ・シェアリングは、減少した労働時間を教育訓練への参加に充てることができ、さらに労働以外の賃金が発生しない時間、つまり教育訓練の時間や自宅にいる時間が、失業給付の対象になる仕組みになっている。ワーク・シェアリングによって低下する賃金を失業給付で補完し、かつスキルアップも見込めるという点で、単なるワーク・シェアリングとは異なる。

　政労使はこれを企業が柔軟に活用できるよう何度か変更を行ない、そのつど国会で可決された。具体的には、2020年8月の合意で、従業員の労働時間を最大50%まで削減できるようにし、さらに同年11月末の合意で80%まで削減できるよう変更した。また、従業員が受給できる失業給付が、通常より120%まで引き上げられ、失業給付を2割増しで受け取れるようになった（Beskæfti-gelsesministeriet 2020f；2020g）。増額の20%は事業主の負担となった。ジョブ・シェアリングで受給した期間は、通常の失業給付の期間（最長2年間）から差し引かれることはない。2020年2月に制度を利用した労働者は264人だったが、政府の対応によって、翌3月に5788人になり、同年12月には約1万人に増加した（Hansen et al.2021）。おもに利用していたのは航空産業、ホテル業、レストラン業、劇場や美術館などの文化施設で働く従業員だった（Beskæfti-gelsesministeriet 2020g）。第2節で述べたように、これらは就業者を大きく減らした産業分野である。

(3)　福祉国家としての遺産と限界

　以上、所得保障とジョブ・シェアリングについて紹介した。これらに代表される政府の危機対策は、何よりもまず手厚い現金給付を前提にした支援パッケージだった。ここでも現金給付で市民生活を保護する福祉国家の基本的なエートスが見られる。この態度が根底にあるからこそ、第 3 節で述べた普遍的な社会保障も実行できたと言えるだろう。危機に対する日本政府の対応から、福祉国家のエートスを感じることはついぞなかった。日本社会に住まう者として、デンマークが本来の福祉国家としての遺産と余力を保持していることを、まざまざと見せつけられたと感じざるをえない。

　しかし、デンマーク政府の対策に問題がなかったわけではない。政府の支援パッケージが行き届いたのは、おもに典型労働者であり、近年増加する非典型労働者は相対的に支援を受けられなかったという指摘がある。非典型労働者とは週 15 時間未満の周辺労働者、有期雇用の労働者、派遣労働者、起業家、自営業やフリーランサーなどである。これらの非典型労働者は、いまやデンマークの労働者の約 3 分の 1 を構成している。非典型労働者は労使協定がカバーする網の目をすり抜けており、一連の支援パッケージが十分に届かなった可能性が指摘されている（Larsen et al. 2020)。25 歳未満の若年層に限れば、パートタイム労働者は 60％に到達している。第 1 節で確認したように、最も被害を受けた若年層に非典型労働者は多い。福祉国家の安全網にかかりにくい労働者の増加に対して、政府はいかに手を差し伸べていくか、いかに規制をかけていくかが、課題として突きつけられている。

5　大連立政権下の社会政策はどこに向かうのか

　本章では、コロナ・パンデミックによって、デンマークの労働者がどのような影響を受けたのか、失業保険や公的扶助はどのように失業者を保護したのか、政府はどのような対策を講じたのかを論じてきた。深刻な影響を受けたで

あろう非典型労働者が、典型労働者に比べて十分な支援を受けることができなかった可能性はある。しかし、おおむねデンマークの失業者へのコロナ対策は功を奏したと言えるだろう。とりわけ、日本の雇用保険と生活保護の受給状況を念頭に置くと、失業者の80％以上をカバーした失業給付と公的扶助による現金給付の範囲の広さは、福祉国家としての度量に雲泥の差を感じる。なぜなら、コロナ前の雇用保険は完全失業者の20％のみを保障範囲とし（嶋内2021）、コロナ危機においてすら27％の受給者率にとどまったからである。加えて、日本の生活保護は困窮する市民をほとんど保護せず（稲葉ほか2020）、もっぱら行なわれたのは給付ではなく貸し付け（借金）であった。

　最後に、今後の社会政策のゆくえについて述べたい。デンマークでは2022年11月1日に総選挙があった。コロナ対策で一定の評価を受けた社会民主党は、議席数をやや伸ばすことができた。しかし、閣外協力関係にあった左派および中道政党が議席を減らしたため、これらの政党と協力しても国会運営で優位に立てる見込みがきわめて低かった。そこで、党首のフレゼリクセンが新たなパートナーとして選んだのが、長年のライバルで自由主義政党の左派党（Venstre）と、左派党出身の元首相ラース・ルッケ・ラスムセンが2022年6月に設立した穏健党（Moderaterne）だった。つまり、現在の政権は第一党で社会民主主義の社民党、第二党で自由主義の左派党、第三党で同じく自由主義の穏健党による大連立政権である。左派と右派の連立政権が誕生するのは40年ぶりであり、多くの市民はこれまで経験したことのない予想のつかない政権運営を目の当たりにしている。

　社民党が2つの自由主義政党と組んだ影響が、さっそく表に出始めている。まず、2022年12月に新政府が発表した『デンマークへの責任――デンマーク政府の政治方針』である。このなかで政府は、2030年までに30億クローネ（約570億円）の財政削減を宣言し、この目的を達成するひとつの手段として、ジョブセンターの解体を明言している（Regeringen 2022）。解体までの工程や、解体後の業務の引継ぎ、現ジョブセンター職員の雇用の保障など、具体的な計画は記されておらず、現段階では構想にすぎない。しかし、構想が具体的な動きを見せれば、求職者の支援を最前線で担ってきた公的機関がなくなるわけであり、間違いなく社会政策に大きな影響をおよぼすだろう。

　同方針はまた、最近の最も大きな政治イシューである物価高騰への対策として、低所得層への減税を通じたメイキング・ワーク・ペイの強化にも触れている。同方針はすなわち、福祉より低賃金労働を推奨することで物価高騰は乗り切ることができると臆面もなく宣言している。社民党政府がこのような政策を掲げることはこれまでなかった。したがって、ここには自由主義政党の影響力が明らかに見いだされる。

　さらに、物価高騰に直面する貧困家庭への支援として新たに創設した「インフレーション扶助 (inflationshjælp)」は、最も貧しい子育て世帯に対する現金給付を廃止して行なわれるため、シングルマザーの支援団体やソーシャルワーカーの労働組合から大きな批判を受けている (DR 2023)。このように、社民党に協力する左派政党が政権から去ったことで、社会的包摂や貧困問題への対応が後手に回る傾向が早くも見られる。社民党が同じ政権を構成する 2 つの自由主義勢力にイニシアティブを握られる事態となれば、今後の社会政策のゆくえは決して明るいとは言えないだろう。

参考文献

稲葉剛・小林美穂子・和田靜香編　2020『コロナ禍の東京を駆ける——緊急事態宣言下の困窮者支援日記』岩波書店。

嶋内健　2010「デンマーク福祉国家の歴史的変遷とシティズンシップ——救貧法からアクティベーションまで」『立命館産業社会論集』46（3）：143-168。

—— 2015a「就労アクティベーションから教育アクティベーションへ——デンマークにおける公的扶助改革」福原宏幸・中村健吾・柳原剛司『ユーロ　危機と欧州福祉レジームの変容——アクティベーションと社会的包摂』明石書店、178-201 頁。

—— 2015b「デンマークにおける初期職業教育：制度の概要とガバナンス」『技術教育学の探求』（12）：73-81。

—— 2020「デンマーク基礎自治体におけるアクティベーション政策の実施体制——コペンハーゲン・コムーネを事例として」福原宏幸・中村健吾・柳原剛司編『岐路に立つ欧州福祉レジーム——EU は市民の新たな連帯を築けるか？』ナカニシヤ出版、105-132 頁。

—— 2021「雇用保険と職業訓練——給付なき積極的労働市場政策の内実」櫻井純理編『いま社会政策に何ができるか　2——どうする日本の労働政策』ミネルヴァ書房、216-230 頁。

Bekendtgørelse af lov om arbejdsløshedsforsikring m.v. Kapitel 8. https://www.
　retsinformation.dk/eli/lta/2020/199/（2023 年 4 月 17 日閲覧）
Beskæftigelsesministeriet 2020a. Deskriptiv analyse: Udviklingen i ledigheden under
　coronakrisen.
―― 2020b.'Trepartsaftale om genindførsel af lønkompensationsordningen i 38
　kommuner som følge af indførsel af restriktioner', https://bm.dk/media/15436/
　aftale-om-loenkompensationsordning.pdf/（2023 年 4 月 22 日閲覧）
―― 2020c. Trepartsaftale om lønkompensation: Vilkår for lærlinge og elever.
　https://bm.dk/media/13238/trepartsaftale_loenkompensation_laerlinge.pdf/（2023
　年 4 月 21 日閲覧）
―― 2020d. Lov om ændring af lov om arbejdsløshedsforsikring m.v. og lov om
　arbejdsgiveres og lønmodtageres retsstilling ved lønkompensation af
　virksomheder i forbindelse med covid-19. https://www.retsinformation.dk/eli/
　lta/2020/274（2023 年 4 月 23 日閲覧）
―― 2020e. Lov om ændring af lov om aktiv socialpolitik, lov om
　arbejdsløshedsforsikring m.v. og lov om sygedagpenge. https://www.
　retsinformation.dk/eli/lta/2020/473（2023 年 4 月 23 日閲覧）
―― 2020f. Trepartsaftale om en ny midlertidig arbejdsfordelingsordning på det
　private arbejdsmarked. https://bm.dk/media/14729/trepartsaftale-
　arbejdsfordeling.pdf（2022 年 12 月 23 日閲覧）
―― 2020g. Forlængelse af delejob-ordning vedtaget. https://bm.dk/nyheder-
　presse/pressemeddelelser/2020/12/forlaengelse-af-delejob-ordning-vedtaget/
　（2023 年 4 月 22 日閲覧）
Danmark Statistik. https://www.statistikpanken.dk（2023 年 4 月 22 日閲覧）
Dansk Erhverv 2022a. Hoteldirektør: vi mangler arbejdskraft. https://www.
　danskerhverv.dk/presse-og-nyheder/nyheder/2022/januar/hoteldirektor-vi-
　mangler-arbejdskraft/（2023 年 3 月 24 日閲覧）
―― 2020b. Mangel på arbejdskraft tynger ældreplejen. https://www.danskerhverv.
　dk/politik-og-analyser/analyser/2022/maj/mangel-pa-arbejdskraft-tynger-
　aldreplejen/（2023 年 3 月 24 日閲覧）
―― 2022c. Transportsektoren er hårdt ramt af mangel på arbejdskraft. https://
　www.danskerhverv.dk/politik-og-analyser/analyser/2022/januar/
　transportsektoren-er-hardt-ramt-af-mangel-pa-arbejdskraft/（2023 年 3 月 24 日
　閲覧）
―― 2022d. Kommentar: 2022 starter ud med rekordmangel på arbejdskraft. https://
　www.danskerhverv.dk/presse-og-nyheder/nyheder/2022/februar/kommentar-

2022-starter-ud-med-rekordmangel-pa-arbejdskraft/（2023 年 3 月 24 日閲覧）

DR 2020. ISS har hjemsendt 1.500 ansatte – uden løn. https://www.dr.dk/nyheder/penge/iss-har-hjemsendt-1500-ansatte-uden-loen（2023 年 4 月 23 日閲覧）

—— 2023. Organisationer: Regeringens inflationshjælp betyder færre penge til de allerfattigste børnefamilier. https://www.dr.dk/nyheder/indland/organisationer-regeringens-inflationshjaelp-betyder-faerre-penge-til-de（2023 年 4 月 24 日閲覧）

Eurostat. Unemployment by sex and age – monthly data. https://ec.europa.eu/eurostat/databrowser/product/page/UNE_RT_M__custom_5774148（2023 年 4 月 13 日閲覧）

Fagbevægelsens Hovedorganisation 2021. Rekord i treparter: 21 aftaler de sidste to år. https://fho.dk/blog/2021/12/19/rekord-i-treparter-20-aftaler-de-sidste-to-aar/（2023 年 4 月 23 日閲覧）

Fagbladet3F 2020a. Statsstøtte og hjælpepakke: SAS' fremtid er sikret. https://fagbladet3f.dk/artikel/sas-fremtid-er-sikret/（2023 年 4 月 5 日閲覧）

—— 2020b. Masseafskedigelser hos SAS: I dag bliver over 400 3F'ere fyret i lufthavnen. https://fagbladet3f.dk/artikel/i-dag-bliver-over-400-3fere-fyret-i-lufthavnen/（2023 年 4 月 5 日閲覧）

Finansministeriet 2020. Trepartsaftale om midlertidig lønkompensation for lønmodtagere på det private arbejdsmarked. https://fm.dk/media/18241/trepartsaftale-om-midlertidig-loenkompensation-for-loenmodtagere-paa-det-private-arbejdsmarked_a.pdf（2023 年 4 月 22 日閲覧）

Hansen, M., Jørgensen C. and Bühring, T. 2021. Denmark: Working life in the COVID-19 pandemic 2020. European Foundation for the Improvement of Living and Working Conditions, Eurofound.

ILO 2017. World Social Protection Report: Universal Social Protection to Achieve the Sustainable Development Goals 2017-2019. Geneva: International Labour Office.

Klein, C. and Aggerstrøm Hansen, L. 2016. Balancing Inclusiveness, Work Incentives and Sustainability in Denmark. OECD Economics Department Working Papers 1338. Paris: OECD.

Larsen, T. P., Ilsøe, A. og Steffensen Bach, E. 2020. Atypisk beskæftigede i atypiske tider: Regeringens coronahjælpepakker og deres effekter. *Samfundsøkonomen* 2020（4）: 39-47.

OECD. Quarterly National Account. https://stats.oecd.org/Index.aspx?DataSetCode=QNA（2023 年 3 月 24 日閲覧）

Regeringen 2022. *Ansvar for Danmark: Det politiske grundlag for Danmarks regering*. Regeringen.

Statistics Finland, Statistics Iceland, Statistisk sentralbyrå, Statistics Denmark and SCB 2022. *The Nordics During the First Phase of COVID-19*. Nordic Statistics.

第3章

コロナ危機下における
ハンガリーの雇用・家族政策
——オルバーン政権の家族政策再論——

柳原剛司

1　オルバーン政権の2010年代と本章の課題

　オルバーン・ヴィクトル首相は 2010 年の国会議員選挙における地すべり的な勝利により政権を奪取し、自勢力のみでの憲法改正や重要法案の採択に必要な国会の 3 分の 2 を超える議席を確保した。そして、国会でのそうした支配的な地位を基盤として、柳原（2014）などでも論じたように、新基本法（憲法）の制定をはじめ、司法、メディア、教育、文化、宗教などあらゆる分野への介入を行ない、政府あるいは国会の関与・統制を強化し、それまでの権力分立構造を一変させた。自由で民主的な国の集まりであるはずの EU 加盟国でありながらの、その強権的な姿勢は、非協調的で民主主義を揺るがすものとみなされ、また政権に近い人びとへの利益供与など汚職が疑われる不適切な事案も多[*1]くあり、国内での与野党間の政治的対立をほぼ修復不可能なものとした。また国外においては、欧州委員会や欧州議会、ならびに他の多くの EU 加盟国との関係の悪化にもつながっている。

　他方、オルバーン政権は経済・社会政策としては、外国資本となったエネルギー企業の買い戻しによる光熱費の削減、累進課税の廃止による単一の所得税の導入、リーマン・ショックにより困難に陥った外国通貨建てローン債務者の

---

*1　このようなオルバーン政権周辺の汚職が疑われる事案や周辺人脈などについて、ジャーナリストの立場から三木（2022）が一通りまとめている。

99

フォリント建て債務への転換と部分的救済、外国資本の企業の多い小売業や金融業などへの特別税の課税、他方で OECD 諸国でも最低水準の法人税（9％）などを通じた輸出志向の外国資本企業の積極的な誘致、年金制度の再国有化、家族政策の拡充など、就労することを前提としながら、「経済危機時に緊縮政策をしない」などの方針に代表される非正統的な経済政策を実施してきた。それは、その成否や国際的評価はともかく、ハンガリー経済をふたたび成長軌道に回帰させた。

　前著や前々著（柳原 2015；2020）でも取り上げたように、2014 年、2018 年の国会議員選挙でも 3 分の 2 の議席を確保し[*2]、国内においては盤石な体制を構築していたオルバーン政権にとって、（ハンガリーでは）2020 年 3 月から始まったコロナ危機は、とくにその経済的な舵取りを誤れば、政権の継続を危うくする恐れのある事態であった。

　本章では、オルバーン政権が 2010 年以来重視していた雇用・家族政策の側面から、どのようにコロナ危機に対処したのか、また、オルバーン政権のもとで展開されている家族政策が、表面的な政策の羅列を超えてどのように理解できるのか、そこにこれまでの雇用政策や家族政策からの方針の転換と呼べるものがあるのか、論じたい。

　本章の構成は以下のとおりである。まず、第 1 節では、ハンガリーのコロナ危機への対応を簡単にまとめて、留意すべき点を述べる。次に、第 2 節では、雇用の分野を取り上げ、コロナ危機の影響ならびにそれへの対応についてまとめる。第 3 節では、柳原（2020）でも取り上げた家族政策について、コロナ危機下の状況もふまえて述べる。ハンガリーの家族政策は、少子化対策という観点から、2022 年冬ごろから 2023 年 2 月ごろにかけて、日本のメディアやインターネット上でも注目された。第 4 節として、このハンガリーの少子化対策の取り上げ方に見られた誤りや留意点を述べつつ、オルバーン政権の家族政策について評価を述べたい。

＊2　国会議員の任期中に議員の辞職などにより一時的に 3 分の 2 を下回ることはあった。

2　ハンガリー政府のコロナ対応とその留意点

　ハンガリーにおいて新型コロナウイルスの感染者が最初に確認されたのは、2020年3月上旬であった。この前後からハンガリー政府は、入国制限や店舗の営業時間規制などさまざまな新型コロナウイルス感染症対策を実施してきた。日本語の先行研究としてはすでに、家田（2021）が2020年末ごろまでのハンガリー政府の新型コロナウイルス感染対策を詳細にまとめている。本章では、全般的なコロナ対策を詳述することが目的ではないため、留意すべき点だけをまとめておこう。なお、雇用や家族政策に関連する点については後述する。

　第1に、非常事態が宣言され（最初の非常事態宣言は2020年3月11日）、それにともなう権力を政府に委任する立法[*3]により、国会での立法による対応ではなく、政府が与えられた権限でもって政令を用いてさまざまな措置が実施されたことである。もとより連立与党は国会において3分の2を超える議席を有し、短期間での法案の採択が可能であったが、それすらも不要となった。非常事態宣言やそれに類する強力な措置が導入された国は珍しくない。しかし、もとよりハンガリーにおける民主主義や法の支配の状況が良好でないとみなされており法の支配のいっそうの劣化が懸念されたこと、非常事態宣言の終了期間が当初は明確でなかったこと、人びとを不安に陥れるような虚偽情報の流布について3年以下の禁固刑を科すとされメディアへの攻撃の恐れがあったことなどから、ハンガリーの非常事態宣言に対しては、欧州委員会をはじめ国内外から懸念が示された（家田2021；山本2023）。

　留意すべき第2の点は、コロナ対策においても中国やロシアとの密接な関係[*4]が見られたことである。対策の初期、新型コロナウイルスの発生源の可能性が

＊3　コロナウイルス封じ込めのための2020年第12号法。

＊4　山本（2023）では、オルバーン政権の対中国・ロシア関係について、「全方位均衡」というキーワードから読み解いている。

図3-1　GDPの四半期推移（対前年同期比）

出典）ハンガリー中央統計局ウェブサイト［21111］、内閣府経済社会総合研究所国民経済計算部「四半期別GDP
速報」https://www.esri.cao.go.jp/jp/sna/data/data_list/sokuhou/files/2022/qe224_2/pdf/jikei_1.pdf（2023
年4月2日閲覧）より著者作成。

あり、流行地でもあった中国からの人や物資の流入に、多くの国が制限をかけ
た。一方で、ハンガリーは中国から大量の人工呼吸器やマスクなど物資を購入
した。また、2021年に入ってからは、EUで承認されたワクチンのみならず、
ロシア製や中国製のワクチンも積極的に購入し国民に提供した。その背景とし
ては、EUが十分なワクチンを早期に確保してハンガリーに配分しないことへ
の批判、オルバーン政権が迅速な対応をとっているという国内向けのアピー
ル、中国やロシアとの関係の維持・強化、感染の早期収束をねらったなど、さ
まざまなことが挙げられるだろう。

　その他の実施された感染症対策そのものについては、その実施の時期や範囲
はともかく、入国時の隔離や外出規制、店舗や施設の営業・利用停止措置、教
育機関でのオンライン教育の実施、感染者数が下火の時期の経済刺激策、2021
年に入ってからはワクチン接種の奨励など、日本や他のEU加盟国と比べてみ
て、おおむね同様あるいは類似のものであり、特筆すべきと思われることはな
いように思われる。

　第3に、結果として、新型コロナウイルスの死亡者数という観点から見れ
ば、序章の表0-2にあるように、ハンガリーの人口あたりの死亡者数は非常
に高い。その結果、出生時の平均余命も、2019年の72.86歳（女性79.33歳、

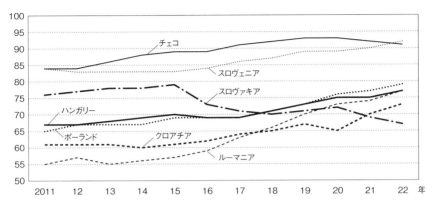

図3-2　中・東欧諸国の1人あたりGDP推移（購買力平価調整済、EU27=100）

出典）Eurostat［TEC00114］（2023年4月2日閲覧）より著者作成。
　注）2022年の数値は、すべて予測値。

男性76.16歳）が2021年に70.69歳（女性77.52歳、男性74.10歳）と2歳以上短くなるなど、大きな社会的コストをもたらしている。政府のコロナ対策は、国民の生命の保護という観点からは成功裏に対応できたものだとは言い難い。

　他方、コロナ危機時の全般的な経済の成果をGDPで見れば（図3-1）、2020年第2四半期以降、大きくGDPが落ち込んだが、2021年第2四半期以降は、対前年同期比で大きく回復傾向を示している。また、年ベースにおいても、2021年7.4%、2022年4.6%の経済成長を示している。

　しかし、この高い経済成長も、周辺諸国との比較で見れば、手放しに評価できるものではないかもしれない。図3-2は、中・東欧に位置するEU加盟国の1人あたりGDPの推移である。ハンガリーは2010年のオルバーン政権（第2期）の成立以降、2020年を除いて年ベースではプラスの経済成長を記録していたが、柳原（2020）でも述べたとおり、その歩みは他の中・東欧諸国と比べると、芳しいとは言えない。ハンガリーは10年かけてEU平均に対して10ポ

＊5　ハンガリー中央統計局ウェブサイト［22.1.1.1］https://www.ksh.hu/stadat_files/nep/en/nep0001.html（2023年4月2日閲覧）

＊6　ハンガリー中央統計局ウェブサイト https://www.ksh.hu/gyorstajekoztatok/#/en/document/gdp2212（2023年4月2日閲覧）

イント程度のキャッチアップを見せたが、チェコとスロヴェニアには大きく遅れをとり、ポーランドにも追い抜かれ、2022 年にはまだ確定値ではないが、体制転換以降、中・東欧諸国に対し大きく遅れていたルーマニアとついに並ぶこととなった。全般的な経済成長という意味では、オルバーン政権において、EU 平均へのキャッチアップはゆっくりと進んでいるが、コロナ危機下においてもまた、中・東欧の国々のなかで際立つ成果を挙げているわけではない。

3　コロナ危機の雇用分野への影響と同分野における対応

　次に、雇用分野におけるコロナ危機への対応を確認しておこう。2010 年以降のオルバーン政権において、家族分野と並んで、雇用は経済政策上の最重要課題でありつづけている。その背景には、「就労にもとづく国家」というオルバーン首相の国家観がある。オルバーン首相の国家観としては、2014 年 7 月、自由主義的な価値観への疑問を呈した「非自由主義」演説[*7]が著名であるが、その非自由主義の民主主義国家は西欧の福祉国家ではなく、「就労にもとづく国家」、すなわち、福祉に依存する国民を減らし、多くの労働者が（より高い労働生産性でもって）就業し、国家の国際競争力に貢献するような国家であった。

　柳原（2020）でも述べたように、ハンガリーは社会主義時代に高い就業率を誇っていたが、体制転換・市場経済化の開始以降、多くの雇用が失われた。1990 年代後半から 2000 年代前半の経済成長期にも雇用はあまり伸びず、逆に世界経済危機の影響を強く受け、オルバーン首相が再任した 2010 年代初には就業者数は体制転換以降の最低の水準に近い約 380 万人となっていた。ハンガリー国家を強力なものとするという政権の目的を果たすには、より多くの人が就業することが必要であった。そのために、経済政策として、輸出志向の高

---

　*7　この演説のフルテキスト（英語）は以下のハンガリー政府の旧ウェブサイトで確認可能である。
　　　https://2015-2019.kormany.hu/en/the-prime-minister/the-prime-minister-s-speeches/prime-minister-viktor-orban-s-speech-at-the-25th-balvanyos-summer-free-university-and-student-camp

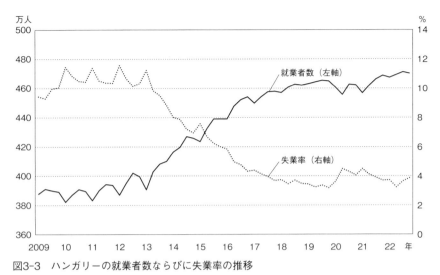

図3-3　ハンガリーの就業者数ならびに失業率の推移

出典）ハンガリー国家統計局ウェブサイト［20.2.1.15］https://www.ksh.hu/stadat_files/mun/en/mun0110.html、
　　　［20.2.1.33］https://www.ksh.hu/stadat_files/mun/en/mun0135.html（2023年4月9日閲覧）より著者作成。
　注）四半期のデータ。

い、主として製造業の多国籍企業の誘致を積極的に行ない雇用拡大と外貨獲得
をめざす一方で、社会政策としては求職者給付の給付日数の削減、退職年齢以
前の早期退職年金・障害年金の廃止などを実施し（柳原 2015）、それらの給付
の対象外もしくは期限の切れた人びとの生活保障は、自治体などが実施する軽
作業（パブリック・ワーク：közfoglalkoztatás）への従事を条件とした低水準の
手当への変換によって就労を促した。[*8]オルバーン政権下で急速に拡充されたパ
ブリック・ワークの参加者の数は、多い時期には恒常的に 20 万人を超えてい
た。シクラらは、パブリック・ワークが実質的に唯一の積極的労働市場政策に
なったと否定的に述べている（Szikra/Öktem 2023）。

　コロナ危機の波及以前、ハンガリーは労働者不足の様相を呈していた。図
3-3 は、2009 年から 2022 年の四半期の就業者数と失業率を示したものである。
2013 年第 2 四半期ごろから好転した GDP の成長（図3-1）と軌を一にして、
季節的な変動をともないながら、就業者数は増加傾向、失業率は減少傾向と

———————————

　＊8　パブリック・ワークについては、柳原（2016）を参照のこと。

なっていた。コロナ危機直前の2019年第4四半期のデータは、就業者数が約465万人、失業率は3.2%であり、体制転換後の最良の水準であった。

コロナ危機が雇用に与えた影響は、表面的には持続的なものではなかった。感染拡大・感染対策措置に合わせて、2020年第2四半期と、2021年第1四半期ごろに最大10万人程度の雇用減少、1.3%程度の失業率の増加が見られたが、2021年第2四半期以降、大きく回復し、2023年春時点で、就業者数に関してはすでにコロナ危機以前の数値を上回っている。

オルバーン首相は、コロナ危機に際して「新型コロナウイルスにより破壊された数と同じだけの仕事を作り出すことを目標とする[9]」として、「雇用の維持」を最重要目標のひとつとして挙げた。ここでは、主要な3つのプログラムについて制度の説明とともに見ていこう[10]。

第1のプログラムは、一般的な労働者の雇用維持を目的とした、労働時間の短縮に対して減少する賃金分を補償するプログラム（Csökkentett munkaidős foglalkoztatás támogatása）である。これは、当初、30%から50%の労働時間短縮に対して、その短縮された労働時間に相当する賃金減少分の最大70%、1カ月あたり7万5000フォリントまでを補填するものであった。4月末には条件が緩和され、15%から75%の労働時間短縮を対象に、最大11万2000フォリントまで支援する枠組みに拡充された。クレコーらは、このプログラムの導入が他国と比べて遅れて非常事態宣言発出から約1カ月後の4月16日の導入となり、2020年3月から4月の初期のロックダウン時に制度利用が十分にできなかったことを否定的に述べている（Krekó/Varga 2022）。

第2のプログラムは、研究開発部門の労働者を対象とした枠組みである。企業が申請することにより、労働者に支払われている賃金に比例して、最大で約40万フォリントが補助される仕組みであった。この仕組みでは労働時間の短縮などはとくに必要でなかった。また、2020年春からの初期の感染拡大時だ

＊9　「Hungary Matters」2020年4月7日付午前版を参照。Hungary Matters は、ハンガリーの公共メディアを統括・運営している MTVA（Médiaszolgáltatás-támogató és Vagyonkezelő Alap）が、傘下の公共ニュース・エージェンシー（MTI）の報道をとりまとめて発信している電子版ニュースレターである。

＊10　各プログラムについては、クレコーら（Krekó/Varga 2022）の説明にもとづく。

表3-1　パンデミック時の雇用維持プログラムの特徴

	短時間労働を補償する プログラム	研究開発部門の労働者 を対象とした 特別プログラム	対象産業を絞った 特別プログラム
補助を受けた被用者 （単位：1000 人）	198	27	165
1 人あたり補助額 （単位：1000 HUF）	140	740	670
実施期間	2020 年 4 月 16 日〜 2020 年 8 月 31 日	1）2020 年 4 月 16 日〜 2020 年 8 月 31 日 2）2021 年 1 月 4 日〜 2021 年 5 月 8 日	2020 年 11 月 11 日〜 2021 年 5 月 31 日

出典）Krekó/Varga（2022: 191）より著者作成。

けでなく、2021 年 1 月からの第 2 波の感染拡大期においてもこのプログラムがふたたび実施された。

　第 3 に接客業（レストランなど含む）、小売業、宿泊業など、ロックダウンの影響を強く受けた産業に対象を絞った特別プログラムである[11]。2020 年 11 月 11 日の 2 回目のロックダウンと同時に導入された。こちらも事業者側が申請することにより、労働者の賃金の最大 50％を国が支援するものであった。

　表 3-1 は、この 3 種類のプログラムの実施実績である。第 1 の労働時間短縮を補償するプログラムについては、2019 年第 4 四半期の就業者数の約 4.3％である約 19 万 8000 人が利用している。1 人あたりの補助額は 14 万フォリントと非常に限定的である。たとえば、わが国の雇用調整助成金などでは、2020 年 3 月 24 日から 2021 年 3 月 31 日まで、累積支給決定額が 3 兆 1555 億円となっているが（厚生労働省『令和 3 年度厚生労働白書』）、表 3-1 からこのスキームの支出額を算出すると 277.2 億フォリント（約 104 億円）[12]であり、国の規模や物価・期間の差を考慮に入れても、このハンガリーのプログラムが非常に限

＊ 11　対象産業については、以下の国家雇用サービスのウェブサイトで確認できる。https://nfsz.munka.hu/nfsz/document/1/5/3/6/doc_url/HIRDETMENY0501.pdf（2023 年 5 月 20 日閲覧）

＊ 12　ハンガリー中央銀行ウェブサイトに掲載の 2023 年 3 月末時点のレートで、100 円 ＝ 262.10 ハンガリーフォリントで換算（以下同）。https://statisztika.mnb.hu/timeseries/en0301_arfolyam.xls（2023 年 5 月 20 日閲覧）

定的であることがわかるだろう。

　第2の研究開発部門の労働者を対象としたプログラム、飲食・接客業など
ロックダウンの影響を強く受ける産業を対象とした第3のプログラムについて
は、それらの実施期間が長いこともあるが、1人あたりの補助額がそれぞれ74
万フォリント、67万フォリントと第1のプログラムと比べてかなり大きくなっ
ている。とくに第2のプログラムの研究開発部門の労働者への手厚い支援は、
オルバーン政権が近年重視しているハンガリー産業の国際競争力の強化、生産
性の上昇などの方針と整合的な施策であると言えよう。

　このような施策が実施されたこと、ならびに図3-3で確認したように新型
コロナウイルスの感染拡大の失業率・就業者数への影響が比較的短期で回復し
ていることから、オルバーン政権の雇用分野の対応に問題がなかったと言える
わけではない。オルバーン政権は、自らの政権が過去に実施した求職者給付の
最大90日の期限を一時的に延長したりするようなことはしなかった。すなわ
ち、実際に発生してしまった失業に対しては、通常どおり、最低限の求職者給
付の受給期間ののちに、パブリック・ワークでの就労を通じて生活を維持して
いくことが求められたのである。そして、そのパブリック・ワークの仕組み
は、政府が規制を緩め利用しやすくしたにもかかわらず、そこでの労働需要は
伸びなかったと指摘されている（Bazsalya/Molnár 2022）。実際に統計で確認し
てみよう。図3-4は、パブリック・ワーク・プログラムへのフルタイム参加
者の推移を月ごとに表わしたものである。実施する軽作業の関係もあり、冬に
需要が少なくなる傾向自体は変わらないが、2020年3月の非常事態宣言時に、
とりわけ大きな参加者数の下落があることがわかる。2020年夏ごろ（ちょうど
感染拡大初期に失業した人びとの求職者給付が期限切れとなるころである）に参加
者数の増加が見られるが、全体を通じて下落傾向であり、コロナ危機下におい
てこのパブリック・ワークの仕組みがセーフティネットとして果たした役割は
あまり大きなものとは言えないだろう。

　その結果を別の観点から示すものだと思われるが、2020年の最初の非常事
態宣言の時期に求職者給付を受給し、90日の期限を超過して給付が途切れた
求職者数が、2018年・2019年の同時期と比較して増加したとの指摘もある
（Boza/Krekó 2022）。

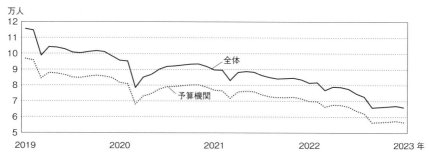

図3-4　パブリック・ワークへのフルタイムの参加者の推移

出典）ハンガリー中央統計局ウェブサイト［20.2.1.53］https://www.ksh.hu/stadat_files/mun/en/mun0196.html
　　（2023年4月26日閲覧）より著者作成。

　また、サボー＝モルヴァイらは 2020 年の第 2 四半期以降、小さな子どもを
もつ女性の労働市場への参加率が全体と比べて顕著に減少し、2019 年第 3 四
半期の 85％前後から 80％強となったことを指摘している（Szabó-Morvai/Vonnák
2022: 124 掲載の図表 3.1.1。本章の図 3-7 も参照のこと）。サボー＝モルヴァイら
は小さな子ども（最年少の子どもが 4 〜 10 歳）をもつ母親らが失業する確率は、
その他の社会全体と比較して大きく異ならないが、労働市場への参加をとりや
める確率は 3.2％高いと推計している（Szabó-Morvai/Vonnák 2022）。ロックダ
ウンにともなう失業のリスクに加えて、学校教育がオンライン化したことによ
り、子どものケアのために女性が就労・求職をとりやめている例が多く見られ
るということだと考えられよう。
　このような検討から、労働市場ならびにこの分野の施策につき、以下の 2 点
をまとめることができるだろう。第 1 に、コロナ危機による雇用の減少・失業
の増加は一時的なものにとどまりハンガリー経済への長期的な打撃とはなって
おらず、また感染拡大時期には雇用維持を目的とした支援策もとられた。しか
し、その支援策には取りこぼしもあったということが指摘できよう。第 2 に、
新型コロナウイルスの感染拡大という危機に際して、若干の危機対応は行なわ
れたものの、「就労にもとづく国家」や国際競争力の強化というオルバーン政
権の基本的な方針に、（一時的であれ）変更というほどのことは見られなかった。
　次に、家族政策について見ていこう。

4　コロナ危機下のハンガリーの家族政策

　前著（柳原 2020）では、2010 年以降のオルバーン政権（第 2 期）のもとでのハンガリーにおける家族政策について、2019 年 2 月に発表された「家族保護アクション・プラン」に焦点をあてつつ、おおむね以下のようなことを述べた。

　第 1 に、「伝統的な家族の役割を尊重」しているかという点について、労働市場における需要の逼迫時に育児関連給付の就労制限が緩和されていることなどから、伝統的な家族の役割の尊重というよりは労働市場の状況をふまえたプラグマティックな調整を行なっていると言えると指摘した。

　第 2 に、普遍的な給付が低水準にとどまることから、「貧困対策としての家族政策からの乖離」という要素が間違いなく存在していることを指摘した。

　第 3 に、2019 年 2 月に発表された家族保護アクション・プランについて、制度面では 2010 年代の他の改革の延長線上にあり、これまでの方針を強化するものであると指摘した。そして、寛大ではあるが、追加的な支出の大部分がこれまでの施策でも恩恵を受けた中・高所得者層に向かっていることを指摘し、次世代を育成する国民全体を統合する仕組みにはなっていないと指摘した。

　第 4 に、中・高所得者層に受益層を実質的に絞り、また普遍的な給付は低水準に留めおいて就業を促進するという施策は、「就労にもとづく国家」を推進するオルバーン政権の戦略に沿った措置とみなすことができると指摘した。

　前著（柳原 2020）の執筆後、前著で示した主要な家族政策の制度体系そのものはほとんど変化していない。後述するインフレの進行による給付の実質価値のさらなる低下を除けば、コロナ危機下においてオルバーン政権の家族政策は、基本的に拡充のみが実施されていると言ってよいだろう。以下では、2021 年末まで家族問題の担当大臣であった（そして現在、ハンガリーの大統領となっている）ノヴァークらの共編著（Novák/Fürész (eds.) 2021）におもに依拠しながら、コロナ危機下で導入された主要な施策を紹介しよう。

　第 1 に、2020 年 3 月の非常事態宣言後の初期の対策の一環として、育児休業中の給付金である育児給付（gyermekgondozási díj: GYED）や育児手当

（gyermekgondozást segítö ellátás: GYES）の受給期間が非常事態宣言中に切れた場合、宣言終了時まで給付を継続するという措置がとられた。雇用に余剰が発生し、雇用維持のための措置をとっている最中に復職しなければいけないという状況は、育児休業からの復職者の雇用の不安定化に直結するおそれがあったため、この措置は肯定的に評価できよう。

　第 2 に、2021 年 7 月から、出産手当金（csecsemögondozási dij: CSED）の給付水準（日額）が休業前所得の 70％から 100％へ引き上げられた。[13] これは、母親がコロナ危機下において、他の労働者と比べていかなる金銭的打撃もこうむらずに、若者らが家族をもうけることをねらって実施された。CSED 受給中は社会保険料の支払いが免除されているために（個人所得税は控除される）、就労時よりも可処分所得は増えることになる。

　第 3 に、2022 年より、25 歳未満の若者への個人所得税が減免されることになった。所得が平均賃金額を超えない場合は、個人所得税が免除されることになった。平均賃金額を超える部分については、通常どおり課税される。若者の所得税負担を減少することで就労への意欲を高め、また可処分所得の増加により晩婚化に歯止めをかけることがめざされている。

　第 4 に、2023 年より、25 歳以上 30 歳未満の母親に対しても第 3 の措置と同じ条件で、個人所得税が減免されることとなった。

　第 5 に、2021 年の高い経済成長を受けて（平均賃金額に対する所得税額まで）同年に支払われた個人所得税が、2022 年に子育て家計に還付された。2021 年 6 月、オルバーン首相は 2021 年の経済成長が 5.5％を超えた場合にこの還付を行なうと発表し、同年の経済成長が 6％を超える見通しとなったため、実施が決定した（結果は 7.4％であった）。政府は、経済の回復により得られた税収の増加分を用いてこの還付を実施した。

　また第 6 に、住宅取得支援の枠組み（családi otthonteremtési kedvezmény: CSOK）のさらなる強化がある。2021 年初より、CSOK を利用して新しく建設された住居を購入する際にかかる付加価値税（VAT）の税率が 27％から 5％に

───────────

＊13　引き上げにより、受給者の過去 180 日間の賃金を平均した額の 100％が、出産 4 週間前もしくは出産時から 24 週間、給付されることとなった。

減税された。また家族自身のもつ資金により建設される場合は、その5％の
VATさえも払い戻しされる制度が導入された。その他、リノベーションに対
する支援なども拡充された。

　このように、家族政策に対しては、コロナ危機下においてもいっそう大きな
資源が投入されている。「家族に優しい」を標榜する現政権は、過去の経済危
機の時期に家族向けの施策を削減した社会党主導の中道左派の前政権をくり返
し批判しており[*14]、その意味においても、このコロナ危機下で家族政策を後退さ
せることはありえなかったであろう。

　次節では、オルバーン政権の家族政策の実績と著者なりの評価を示したい。

5　オルバーン政権による家族政策の評価

　コロナ危機下の影響もあり、2022年の年間の出生数が80万人を割り込んだ
ことを契機のひとつとして、わが国においても少子化対策があらためて注目を
集めている。望む数の子どもがもてない理由として、子どもの教育費や若者の
賃金水準などの金銭的側面がクローズアップされ、その軽減の方策として、ハ
ンガリーのオルバーン政権の家族政策が少子化対策の一例として紹介される機
会が増えた。いくつかのメディアがハンガリーの事例を取り上げたほか[*15]、2023
年2月にはわが国の主要な政党の一部が勉強会などを行なったようである[*16]。著

---

*14　たとえばノヴァークら（Novák/Fürész (eds.) 2021）においても、社会党主導の前政権の
　　　任期である2002〜2010年について「反家族の試み──緊縮的措置の時代」との見出し
　　　で論じられている。

*15　大手新聞の記事に限っても、「読売新聞」（電子版）2023年2月6日付Webコラム「少子
　　　化「対策」を本物の「政策」へ…ハンガリーに学び、原因療法に踏み出せ」、「産経新聞」
　　　（電子版）2023年4月7日付「3人産めばローン免除　ハンガリーの異次元少子化対策」
　　　などと報じられた。毎日新聞は「少子化考」と題した特集でハンガリーも取り上げ（2022
　　　年1月27日付電子版）、この連載をもとにした毎日新聞取材班（2022）のなかでもハン
　　　ガリーに1章を割いている。この毎日新聞取材班（2022）のハンガリーの章は、政府側・
　　　野党側、現政権の家族政策で受益する層、しない層の見解・体験をバランスよく取り上
　　　げており、このテーマを考えるにあたって必読の書であると思われる。

者の目から見て、メディアやそれを元にしたインターネット上の書き込みには、ハンガリーの家族政策についてあまり適切に取り上げられていないものも散見されるため、この点につき、著者の理解を示しつつ、オルバーン政権の家族政策をあらためて評価してみたい。

（1）　オルバーン政権の家族政策の基本方針

　オルバーン政権の家族政策の諸プログラムは、総体として考えた際にそこから滲み出るメッセージを述べれば、「若くから異性と法的な結婚をして、女性はできるだけ多く（3人以上）の子どもを産み、かつできるだけ早期に労働市場に復帰して、できるだけ長期間働きつづける」ことを、大きな経済的インセンティブを付けて強く奨励するものであると言える。このことにまず留意が必要であろう。

　このように言える根拠としては、たとえば若い世代の結婚を税制や学生ローン返済減免などで支援していること、いくつかの支援プログラムが法的な結婚を前提としていること、給付水準が高いGYEDを親が育児休業を2年以内で切り上げても代わりに祖父母が受給可能としたこと、無拠出制の最大3年のGYESの給付の価値を低水準のままにとどめていること、3人子どもを産むとローンの返済免除や補助額の大幅な増加など大きな金銭的メリットを得ること、4人以上子どもを生んだ女性の（その後も働きつづけた場合に）労働に関する所得に対する個人所得税が免除されることなどが挙げられる。

　これは、ハンガリー経済・社会がかかえる問題、すなわちスキルの高い（就労の継続によるスキルアップ）労働者の不足や、若者の結婚・育児に対する金銭的なハードルの緩和による晩婚化・晩産化[17]といった問題への対応を行ない、

113

「本当に望む（あるいはそれ以上の）人数の子ども」をもちやすくしていると肯定的に評価することもできる。しかし、一方で、人口を増やすこと、労働力として経済・国家に貢献することの両立を女性に強く求めるものであると、否定的にも評価しうる。

　また、「異性との法的な結婚」を支援の条件としている制度が含まれることにも議論はあるだろう。同性カップルが養子をもつ場合や事実婚の場合には、不利になるケースや支援されないケースがあるということである。2020年12月に成立した基本法の第9次改正により「母は女性で、父は男性である」との一文が基本法の基本原則に付加され、それにより同性カップルが養子をもつことはできなくなった。民法および児童保護法も改正され、独身の親についても、特別な状況においてのみ、かつ家族問題担当相の承認がある場合にのみ養子縁組ができることとなった（伊藤 2022）。すなわち、同性カップルの一方が養子をもつことも困難となった。2014年以降に婚姻数が顕著な上昇傾向を見せているが（柳原 2020：140に掲載の図表5-4を参照）、これも法的な結婚に経済上のメリットを設けたことの影響の現われだと思われる。その結果として、嫡出子比率も上昇している。

　2021年6月に国会で可決された通称「反LGBTQ＋法」[18]が、性的マイノリティの人びとを差別するものであるとして、EUなどとの関係において問題になっているが[19]、この家族政策も、「男女間の法的な結婚」以外の多様な寄り添い方や、性的マイノリティの人びとの家族形成を阻害・制限している側面がある、あるいはそのような政権の考え方が実行している「家族に優しい政策」であるということには留意が必要であろう。

　また、この家族に対する大きな資源の配分は、移民の導入による人口規模の維持を選択しなかった結果であるということにも、留意の必要はあるだろう。

＊18　正式名称は「小児性愛犯罪者に対する厳罰化に関する、ならびに子どもの保護に係るいくつかの法律の修正に関する」2021年第79号法である（辻河 2022）。

＊19　詳細を取り上げた日本語文献として、伊藤（2022）、辻河（2002）がある。

(2)　合計特殊出生率の上昇は家族政策だけの成果ではない

　次に、合計特殊出生率の上昇についてである。合計特殊出生率は、2011 年の 1.23 から 2019 年に 1.49、2020 年に 1.56、2021 年には 1.59 へ上昇（2022 年は 1.52 へ減少）[20]した。この 2011 年からの数値からの上昇をオルバーン政権の家族政策あるいは少子化対策の成果とみなすのは一見自然に見えるが[21]、あまり妥当ではないだろう。

　ひとつには、2011 年という比較対象の特殊性の問題がある。2011 年の 1.23 という数値はリーマン・ショックに端を発する経済危機の波及による、経済低迷期のものである。前述の図 3-3 で示したこの時期の非常に高い失業率からもその経済の低迷の影響の大きさの一端が分かるであろう。すなわち、合計特殊出生率 1.23 への下落自体が、経済要因による一時的な減少（子どもをもつことを諦めた、延期した）という要素が少なからずあることに留意が必要である。そのため、2011 年以降の数値の回復には、この延期分の解消という要素も含まれるし、家族政策というよりは経済の回復によって上昇した部分も含まれているだろう。

　もうひとつは、合計特殊出生率算出上の特性である。ハンガリー人口問題研究所のカピターニら（Kapitány/Spéder 2019）が指摘するように、出産に適した年齢の女性の数の急速な減少により、合計特殊出生率が上がっているという側面が存在している。

　2011 年以前の合計特殊出生率の水準としては、2001 年から 10 年間の数値で順に、1.31、1.30、1.27、1.27、1.30、1.34、1.31、1.35、1.32、1.25 である[22]。経済危機が波及する以前は 5 年間 1.3 を超える水準であり、この 1.3 前後の水準

＊20　ハンガリー中央統計局ウェブサイト［22.1.1.1］https://www.ksh.hu/stadat_files/nep/en/nep0001.html（2023 年 5 月 5 日閲覧）。

＊21　たとえば、ジャーナリストの大門小百合による駐日ハンガリー大使へのインタビュー記事（大門 2023）も、事前知識がなければそのように読めてしまうだろう。

＊22　ハンガリー中央統計局ウェブサイト［22.1.1.1］https://www.ksh.hu/stadat_files/nep/en/nep0001.html（2023 年 5 月 5 日閲覧）。

からの増分をオルバーン政権の家族政策の実質的な成果とするほうがよりフェアなように考えられる。同様に、2020 年の 1.56、2021 年の 1.59 という合計特殊出生率の数値には、2019 年 2 月に発表され一部のプログラムが実施開始された寛大な「家族保護アクション・プラン」への短期的な反応が少なからず含まれており、過大評価すべきではないだろう。もちろん、これらをふまえても、オルバーン政権下での家族政策により合計特殊出生率が実際に大幅に上昇していることは事実であり、その意義は非常に大きいと評価できる。それでも、このような点につき留意しておくことは必要であろう。

(3) 注目された制度は、出生率上昇にあまり貢献していない

また合計特殊出生率の回復については、メディアなどで取り上げられていた各種の制度や政策のうちの多くと関連が弱いという点も、付言しておく必要があるだろう。たとえば「育児休暇が 3 年間有給」については、育児休業中の給付・手当である GYED と GYES は（多少の給付条件の変更はあれども）ともに社会主義時代からある制度であり、オルバーン政権下に限ってとくに合計特殊出生率回復に貢献したというようなことはない。むしろ育児休業取得に対する最大 3 年間の給付は、3 歳までは母親が育児休業をとって育児するべきという考え方をかつて浸透させ、3 歳未満の乳幼児を預ける保育園の整備も遅らせ、女性の職場復帰・（とくに地方での）再就職を阻害し、女性の就業率を低水準にとどめ、ひいてはハンガリー経済の成長・強化を妨げる大きな要因となっていた。若い女性の就業率が低いことは現在でも問題として認識されており、たとえば OECD は、良質で安価な保育の機会の増加や育児休業の期間の短縮を推

---

* 23　出所を確認できた、関西テレビ「報道ランナー」（2022 年 6 月 6 日放送）の表現をそのまま用いた。2023 年 5 月 5 日現在も YouTube で視聴可能である。https://www.youtube.com/watch?v=Au9gIzb_0zY
* 24　たとえば、2006 年に 3 歳以上の子どもが通う幼稚園数 4524 に対し、3 歳未満を預ける保育所数は 543 だった（柳原 2011）。2019 年の数値では幼稚園数 4608 に対し（ハンガリー中央統計局『ハンガリー統計年鑑 2019』）、保育所数は簡易的な規格のものも含んで 918 であった（ハンガリー中央統計局『福祉統計年鑑 2019』）。

奨している（OECD 2021）。

　オルバーン政権の意図することも、母親の早期の労働市場への復帰・再統合である。期間 3 年の GYES は、（後述するように）給付水準の実質価値がきわめて低くなった（双子・障がい児などでなければ月額 2 万 8500 フォリント＝約 1 万 870 円）うえに就労制限が撤廃されており、「就労しながら受給する」、あるいは「育児のため休業しても生活をとうてい賄えない」給付と化している。給付水準が高い期間最大 2 年の GYED も、親が休業を途中で切り上げた場合に祖父母が代わりに受給可能となったことなど、親が短期の休業で職場復帰しキャリアを継続し、代わりに就労能力（employability）が下がった祖父母が育児をすることを推奨しているような意図が見受けられる[25]。家族重視をうたうオルバーン政権が GYED、GYES の受給期間の短縮を行なうことは政治的には難しいと思われるが、少なくとも現在の制度状況からは、「育児休暇が 3 年間有給」はオルバーン政権の家族政策の方向性から外れていると言わざるをえない。

　その他の施策にも注意が必要である。同様に取り上げられていた「子どもを 4 人以上育てた女性は、その後の生涯にわたって労働に関連する所得に関して、個人所得税が免除される」措置は、2020 年 1 月から導入された。「3 人以上の子どもを育てる家族が 7 席以上の大型車を新車で購入する際に、返済の義務がない 250 万フォリント（自動車価格の最大 50％）の補助金が提供される」プログラムは、2019 年 7 月に導入された。「体外受精の全額補助[26]」は、2020 年に発表された措置である。前 2 者が含まれる 2019 年 2 月の「家族保護アクション・

---

*25　ハンガリーでは、女性は合計 40 年の就労（育児休業期間は最大 8 年間算入可能）で法定退職年齢前でも早期退職、ペナルティのない老齢年金受給が可能になるが、ノヴァークらの共編著では、この制度で早期退職した 60 歳前後の女性が孫の世話を行なうことで、子どもの数が増えうることを示唆している（Novák/Fűrész (eds.) 2021：125）。

*26　回数・年齢制限や卵子提供者の制限が設けられていること、生殖医療への国民のアクセスを改善するという名目で私立病院での体外受精を禁止しすべてを国営化したことによる待ち時間の長期化、などの問題が報告されている。https://www.europeandatajournalism.eu/eng/News/Data-news/Assisted-reproduction-in-Hungary-has-a-success-rate-of-2（2023 年 5 月 5 日閲覧）

プラン」の発表以降、婚姻数は一時的に増加し、2020 年の出生数も増加した。そのため、これら制度の 2020 年の合計特殊出生率への影響は部分的には存在すると判断できるが、2019 年までの合計特殊出生率の上昇に、これらの施策の貢献は施策の導入時期からしてほぼ認められないだろう。また、「生活費などにも自由に使える学生ローンについて、出産したら返済が減免される」プログラムは 2018 年から実施されているが、これも含めて、これらの政策の出生率への影響は、2023 年時点でもまだ十分に判断できないとするのが妥当であろう。

(4)　オルバーン政権における家族政策のシフトとその影響

　部分的にはすでに前著（柳原 2020）において述べていることだが、コロナ危機下・危機後の知見もふまえてあらためて述べておこう。ハンガリーにおいて、家族政策は年金制度と同様に、社会主義時代、国民の歓心を買うための制度でもあり、国民の生活を保障するための重要な制度のひとつであった。財政難などもあり、体制転換後の混乱期には家族政策の諸給付はその実質的価値が守られないなど問題もはらんでいたが[27]、それでも諸制度からなる現金給付中心の制度を維持していた。

　オルバーン政権は、これらの現金給付の制度の枠組みそのものは基本的に残しつつも、その重要性を大きく変化させた。まず重要なことは、税控除の仕組みの大幅な拡充である。図 3-5 は、オルバーン政権に交代以降の、家族向け給付と税控除の配分について示したものである。まず、就労状況に左右されない、普遍的な給付への支出総額は、コロナ危機前までは漸減傾向であり、コロナ危機下の 2020 年と 2021 年には 1 割ほど増額されている。とはいえ、2010 年の消費者物価を 100 とすると、2021 年には約 132 になっていること（図 3-6 を参照）をふまえるなら、実質的には減価している。他方、GYED、CSED などが該当する、就労にもとづく給付は、賃金の伸びに牽引される形で伸びている。そして、税控除の重要施策化が非常に顕著である。ほとんど周辺

　＊27　詳細は、柳原（2011）第 5 章を参照のこと。

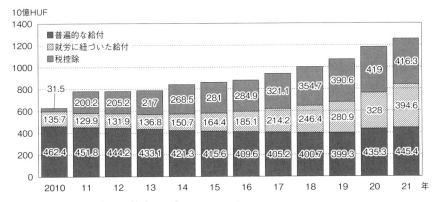

図3-5　家族向け給付と税控除の配分（雇用状況別）

出典）Novák/Fürész（eds.）（2021: 110）より著者作成。

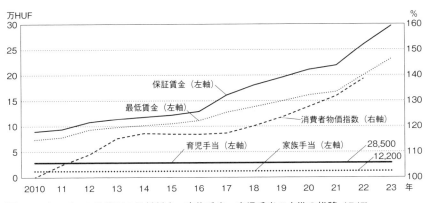

図3-6　オルバーン政権下の最低賃金、家族手当、育児手当の水準の推移（月額）

出典）最低賃金、家族手当、育児手当：「Mi Mennyi」パンフレット（各年版）https://www.kormanyhivatal.hu/
　　　download/7/f3/68000/Mi%20mennyi%202023-ban.pdfなど、
　　　消費者物価指数：ハンガリー中央統計局ウェブサイト [1.1.1.1] https://www.ksh.hu/stadat_files/ara/en/
　　　ara0001.html（2023年5月4日閲覧）より著者作成。
注）保証賃金とは、中等教育以上の教育を受けた不熟練労働者ではない労働者の最低賃金。
　　家族手当は、子ども1人の場合の金額。
　　消費者物価指数（右軸）は2010年を100としている。

　的な存在であった税控除の仕組みが、いまや家族向けの支援政策の柱のひとつ
とも言える中心的な制度となっていることが容易に見てとれるだろう。就労に
もとづく給付、税控除への支出割合の大きなシフトは、「就労にもとづく国家」
の方針の強い表れであるとみなすことができよう。

表3-2　子どもの年齢にもとづく主要な家族支援の諸制度

子どもの年齢	出産前	0（誕生）	1	2	3	4	5	6	7	8	…	18(23)
就労にもとづく支援		家族向け税控除										
出産時一時金		←出産一時金【定額】										
家族への月毎の支援		家族手当（育児支援）【定額】				家族手当（就学支援）【定額】						
就労を制限して育児する親などへの支援　出産前に就業者の場合		出産手当金 CSED【比例】	育児給付 GYED【比例】		育児手当 GYES【定額】	育児支援 GYET（3人以上を育児する家族のみ）【定額】						
就労を制限して育児する親などへの支援　出産前に非就業者の場合		育児手当 GYES【定額】										

出典）柳原（2020）に修正・加筆。

注）【比例】の給付は、出産・育児休業前の所得に給付額が比例する。

　　【定額】の給付は、所得に関わらず一定である。

就労促進的な制度であるだけで、就労できない層、低水準の所得しかない層も生活の保障に足りる水準の給付を得られているのであれば問題はそれほど大きくないが、実態はそうではない。前著でも指摘したが、これには、家族手当、GYES など、非拠出制の給付額の改定が行なわれず、物価上昇にともない、それらの給付の実質価値が大きく低下していることが影響している。図3-6 は、オルバーン政権下の最低賃金と、家族手当・GYES の2つの給付の水準の推移を示したものである。2種類ある最低賃金は、過去 13 年間にほぼ3倍となっている。物価上昇もこの間、2022 年までで約 1.4 倍となっており、これら最低賃金の実質価値が上昇していることもわかるだろう。他方、家族手当と GYES はまったく改定がなされていない。オルバーン政権は、旧来の家族政策の諸給付の制度体系は維持しつつも、就労に紐づかない、非拠出制の定額の給付の価値の維持をほぼ放棄しているのである。

　表3-2 は、主要な家族支援の制度を示したものである。このうち、後ろに「定額」を付した給付は、その額が老齢年金の最低額（以下、最低老齢年金）に紐づけされていたり、事前の賃金に比例するのではなく、法律で決められた定額の水準により決定されていたりする給付である。最低老齢年金は多くの給付の給付水準が紐づけられた重要な給付であるが、2008 年以降、すなわちオルバーン政権下では一度も改定がなされていない。

表3-3　家族関連給付の平均額

（単位：HUF）

年	出産手当金 (CSED)	出産一時金	育児給付 (GYED)	育児手当 (GYES)	育児支援 (GYET)	家族手当	支出合計の対 GDP 比
2010	107,912	66,066	81,356	30,388	28,466	24,442	2.1
2011	110,572	65,853	83,959	30,929	28,993	24,528	2.0
2012	114,940	65,949	91,050	30,640	28,612	24,491	1.9
2013	122,276	65,230	96,661	30,687	28,530	24,257	1.8
2014	127,708	65,901	104,547	31,180	28,636	23,674	1.7
2015	134,260	65,973	110,896	31,883	28,615	23,902	1.6
2016	147,140	65,959	118,607	31,880	28,423	23,849	1.6
2017	150,752	65,871	130,087	31,278	28,164	23,678	1.5
2018	168,392	66,002	142,084	31,248	28,179	23,681	1.4
2019	180,880	66,086	157,265	31,179	28,167	23,636	1.4
2020	203,476	66,071	172,185	31,545	28,300	23,676	1.4
2021	267,036	65,816	183,119	31,285	28,223	23,753	1.3

出典）ハンガリー中央統計局ウェブサイト［25.1.1.7］https://www.ksh.hu/stadat_files/szo/en/szo0007.html（2023年5月6日閲覧）、支出合計の対GDP比については、ハンガリー中央統計局ウェブサイト［25.1.1.5］https://www.ksh.hu/stadat_files/szo/en/szo0005.html（2023年5月6日閲覧）より著者作成。

注）出産手当金：受給者1人あたりの日額を28倍して月額の水準の参考とした。
　　出産一時金：出産1回あたり。
　　GYED、GYES、GYED：受給者1人あたりの月額。
　　家族手当：1家族あたりの月額。

　育児関連給付の制度別の平均受給額を示したものが、表3-3である。母親が出産前の2年間のうち365日以上就業して社会保険料拠出を行なっていた場合に、産前産後休業・育児休業の際に利用できる制度がCSEDとGYEDである。この2種類の給付の平均受給額は賃金の伸びに連動する形で、2010年から2021年にかけて、それぞれ約2.47倍、約2.25倍になっている。受給者の過去180日間の賃金を平均した額という同じ算定ベースを用いるこの2つの制度の給付額の推移の違いは、前述したようにCSEDの水準が2021年に引き上げられたこと、GYEDに月額上限が設けられていること、そして前著で取り上げた、高等教育機関で就学中あるいは卒業後間もない母親に適用されるDiplomás GYEDの給付実績がGYEDのデータに含まれるためであろう。

　他方で、その他の保険料拠出、すなわち就労を前提としない給付の平均額はわずかな変化しかない。給付条件は基本的に変化していないため、このわずか

な変化は双子の出産や、障害をもつ子どもの養育、家族内の子どもの数など、増額要件を満たすケース比率の変動によるものと考えられる。

　前著で紹介した2017年のデータでは、CSEDとGYEDの2種類の給付で、表3-3で示した諸制度の支出合計の約35％を占めていたが、2021年のデータでは約48％と増加している。[*28] この、就労と結びついた給付への支出の増加と、就労を前提としない給付の停滞の傾向は、すでに図3-5でも国の支出の側面から確認したが、受給者1人あたりの給付の平均額から見ても同様のことが確認できる。オルバーン政権下において、就労を前提としない給付は、それだけでは生活できない、ますます補助的な性質のものへと変化していると言ってよいだろう。2023年現在、前著（柳原 2020：注25）で紹介したような、「子どもを多くもつことにより、就労せずとも家族関連給付で生活が成り立つ」というような議論が起こる余地は、実質的になくなっていると言える。

　このように、所得が高い者ほど活用できる税控除への支出の重点のシフト、加えて、現金給付における就労を前提としない部分の実質的な価値の維持放棄は、就労への強力な圧力となっている。「子どもをもつのであれば支援するが、たくさんもうけるべき、そしてキャリアも追求しながら働きつづけるべき」。オルバーン政権の家族政策は総体としてそのようなメッセージを発しているように読める。就労できていない、あるいは低所得者層にとって不利な状況への変化が、実際の目に見える形の制度改正を経なくても進行しているのである。

（5）　就労なくして十分な支援は受けられない

　強く就労を促進するような家族政策がどのような影響をもたらしたか。いくつかの観点から見てみよう。図3-7は、25～49歳の女性の就業率の推移を示したものである。この年齢層の女性全体としての就業率の傾向は、合計特殊出生率と同様、2011年に底を記録したあと、コロナ危機に入るまでほぼ一貫して上昇傾向にあることがわかるだろう。全体における就業率に関して言え

＊28　ハンガリー中央統計局ウェブサイト［25.1.1.5］https://www.ksh.hu/stadat_files/szo/en/szo0005.html（2023年5月6日閲覧）

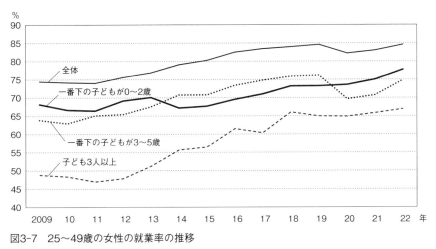

図3-7　25〜49歳の女性の就業率の推移

出典）ハンガリー中央統計局ウェブサイト［20.1.1.35］https://www.ksh.hu/stadat_files/mun/en/mun0025.html
（2023年 3 月26日閲覧）。

ば、コロナ危機時に一時的な低下は見られるものの、この 10 年超の期間で就業率は約 10 ポイント増加した。最大 3 年間の GYES など過去の寛大な家族政策もその一因である女性の就業率の低さは、かなり改善されていると言える。なかでも大きな変化を見せているのは、3 人以上の子どもがいる女性であり、この期間に約 15 ポイントの上昇を記録している。

　養育する子どもの年齢で見てみると、0 〜 2 歳の子どもを養育するグループについては、2014 年以降、コロナ危機の影響も少なく就業率は上昇をつづけている。これは、育児休業を取得して CSED あるいは GYED（子どもが 2 歳まで）を受給している母親たちが多く、休業者も就業者としてカウントされるためであろう。コロナ危機時には GYED ならびに GYES の受給期限が延長されたこともあり、就業率が下がる要素が少なかったと言える。他方、一番年下の子どもが 3 〜 5 歳のケースでは、2020 〜 2021 年に就業率が大きく低下している。これは、先に述べたように、保育施設の閉鎖などが実施された際に、子どもの世話をするため退職せざるをえなかった層が、一定数いたものと推測される。しかし、2022 年にはこの集団においても就業率は大きく改善している。

　これらの結果を、就労促進的な雇用政策の成果とみなすか、就労をともなわない給付のみでは多子家族世帯の生計が成り立たなくなった結果とみなすか

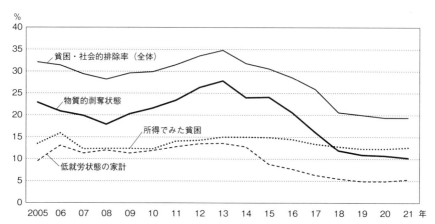

図3-8　貧困・社会的排除率の推移

出典）2014年まで：柳原（2020：図表5-2）
　　　2015年以降：Eurostat [SDG_01_10] [SDG_01_20] [SDG_01_31] [SDG_01_40]（2023年5月5日閲覧）より著者作成。

は、見る者によって評価が異なるかもしれない。しかし、子どもを生みつつも就労をつづけてほしいというオルバーン政権の期待に沿った結果であることだけは、指摘することができるだろう。

　図3-8は、前著でも示した貧困・社会的排除率の推移を、コロナ危機下における2021年まで示したものである。所得で見た貧困と、低就労状態の家計に属する者の割合がわずかに増えているが、基本的には大きな変化はなく、2013年から2018年にかけて大きく改善した物質的剥奪、低就労状態の家計の両方の基準が改善された水準にとどまっている良好な状況を記録している。「低就労状態の家計」指標の大きな改善の背後には、やはり「就労にもとづく国家」の概念にもとづく就労促進の方針の影響が見られる。

　他方で、この就労を強く推進する社会は、就労できない世帯を十分に保護できていない。OECDのOECD Income Distribution Databaseにもとづく、子どもがいる世帯の貧困率を見ると[29]、執筆時点で利用できた最新の2017年の

　＊29　少なくとも1人の子ども（0〜17歳）がいる、大人が就労年齢（18〜65歳）にある世帯における貧困率。貧困基準は、各国における税・社会移転後の等価可処分所得の中央値の50％。OECD Income Distribution Database, https://www.oecd.org/els/soc/CO_2_2_Child_Poverty.xlsx（2023年5月10日閲覧）

データで、子どもがいる世帯全体の貧困率が 8.8％、就労している世帯の貧困率 7.8％に対し、就労していない世帯の貧困率は 90.7％であった。参考までに、日本の唯一利用可能な 2018 年のデータは、それぞれ 13.1％、12.7％、47.2％であった。日本のデータは就労貧困の問題が強く示唆されるものであり、これも大きな問題をはらんでいるが、就労できていない世帯の貧困率は抑制されている。ハンガリーの場合は、図 3–8 とも合わせて考えれば、子どもいる世帯の貧困がそれなりに抑制されている一方で、何らかの事情で就労ができないケースの深刻さを物語っている。

6　ハンガリーの家族政策から抽出しうる日本への含意

　2022 年 4 月、コロナ危機の続くハンガリーにおいて、体制転換から数えて 9 回目の国会議員選挙が実施された。左派・右派の野党 6 党が団結して統一首相候補をたて、オルバーン首相率いる連立与党の選挙連合に挑むという構図であった。一時は与党フィデスと野党の選挙連合の世論調査における支持率が拮抗するような場面もあったが、蓋を開けてみれば、2010 年の選挙以降で 4 度連続となる、全体の 3 分の 2 を超える議席を獲得する圧勝であった。オルバーン首相は「月からもブリュッセルからも見える大勝利」と自らの勝利をうたった[30]。同選挙直前の 2022 年 2 月 24 日に始まったロシアによるウクライナ侵攻に対して、ウクライナの領土の一体性の保持を支持しながらも、オルバーン首相は「ハンガリーは戦争に参加しない」という自国中心主義的な態度をとった。これが戦争に巻き込まれることを恐れた国民からの支持を得たという側面もあるだろう。ともあれ、この大勝には、ハンガリーの家族政策に対する支持も一定程度は貢献しているであろう。
　本章では、ハンガリーのコロナ危機における雇用・家族分野への影響と、ハンガリーがオルバーン政権のもと展開している家族政策が、表面的な政策の羅列を超えて、どのように理解できるのかについて述べてきた。

＊ 30 「Hungary Matters」2022 年 4 月 4 日付午前版。

　第2節においては、ハンガリーの政府のコロナ危機への対応について、ごく簡単にまとめた。コロナ危機への対応策そのものには特筆すべきものが見られないことを指摘したうえで、危機時においてもワクチンや医療機器の入手においてロシア・中国との強固な関係を保ったこと、非常事態宣言のあり方が国内外の批判を受けたことなどを留意すべき点として挙げた。

　第3節では、雇用分野におけるオルバーン政権のコロナ危機への対応を取り上げた。雇用保護の施策も行なわれたが、「就労にもとづく国家」や国際競争力の強化というオルバーン政権の基本的な方針を一時的にせよ大きく逸脱するようなものではなかったことを指摘した。

　第4節では、家族政策分野におけるオルバーン政権のコロナ危機への対応を取り上げ、コロナ危機下においても、いっそう大きな資源が投入されていることを示した。

　第5節では、わが国のメディアなどにおけるハンガリーの少子化対策の取り上げ方の不適切と思われる点を指摘しつつ、前著（柳原 2020）を掘り下げる形でデータを示しつつハンガリーの家族政策の再評価を行なった。オルバーン政権の家族政策は、コロナ危機下においても特別な方針の変更がなく、「若くから異性と法的な結婚をして、女性はできるだけ多く（3人以上）の子どもを産み、かつできるだけ早期に労働市場に復帰して、できるだけ長期間働きつづける」ことを、大きな経済的インセンティブを付けて推奨するものであり、「就労にもとづく国家」をいっそう押し進めるものであることを示した。そしてその結果、「就労できない」層を中心に雇用でも家族政策でも取りこぼしが起きていることを指摘した。この取りこぼしの層に、低所得ほか種々のリスクに脆弱なグループ、地方居住者、ロマなどが多く含まれていることを考えれば、手放しで評価できるものではない。大事な問題ではあるが、地域的な検討やマイノリティを視野に入れた検討までは本章では取り組めなかった。将来の課題としたい。

　わが国の少子化対策を考えるにあたり、このようなハンガリーの家族政策から、何を学ぶことができるだろうか。著者の見解をいくつか挙げて、本章の結びとしたい。

　第1に、インセンティブの付け方には、注意すべきところがあるだろう。ハ

ンガリーの場合、子どもを3人もつかどうかで、受けられる給付・補助の金額が大きく変わる。税控除は控除される所得税額が、月額で子ども1人あたり、子どもが1人の場合1万フォリント、2人の場合は2万フォリント、3人の場合は3万3000フォリントと、子ども1人と3人では控除される税額にして約10倍の違いがある。住宅購入支援のプログラムCSOKにおいては、たとえば新築物件の購入・建設の場合、子どもが1人では補助を受けられず、子ども2人の場合は260万フォリント、3人以上の場合は1000万フォリントとなる。子どもが1人増えれば、世話にかかる手間もコストも人数分以上に増加する、という側面はたしかにあるだろう。3人以上の子どもをもってほしいと政権側が強いインセンティブづけをすることは理解でき、またインセンティブづけそのものは必要だと著者も考えているが、あまりに急激な給付・補助額の変化は適切とは言えない。程度問題となるが、これだけ補助額に違いがあると、インセンティブの大きさが、「子どもをより多くもつべき」との家族・社会でのプレッシャーの強さにも転化しうるだろう。不妊治療の無償化もなされているため、逃げ道がなくなっていると考えることも可能である。実際、そのような報道もなされている。[31]

　第2に、類似の問題として、子どもをもたない人びとも含めた社会統合の観点からの制度の調整が必要であろう。選別的な給付は少ない予算を効果的に支援にあてられるが、税・保険料など負担しつつもその支援の恩恵を受けられない人びととのあいだの軋轢を生みやすい。たとえば毎日新聞取材班（2022）は、持ち家比率の高いハンガリーにおいて、CSOKの拡充の結果として住宅価格が高騰しており、家を買えない低所得者層、子どもが複数人おらず補助を受けられない家族にくすぶる不満を紹介している。普遍的な税・社会保険料の軽減などとのバランスを意識すべきかと思われる。

　第3に、わが国の少子化対策を考えるにあたって、ハンガリーの家族政策の一部をそのまま利用することは適切とは言えない可能性が高い。日本における

---

*31　たとえば以下のThe Guardianの記事にそのような記述がある。'Baby machines': eastern Europe's answer to depopulation. https://www.theguardian.com/world/2020/mar/04/baby-bonuses-fit-the-nationalist-agenda-but-do-they-work（2023年5月6日閲覧）。毎日新聞取材班（2022）もそのような懸念に触れている。

高等教育の学費が典型例だと思われるが、日本とハンガリーにおいて子育てにかかる支出構造、消費する時間、さらに言えば働き方なども大きく異なり、「より多くの子どもをもつ」のに障害となりうる支出・負担も異なる。本章の課題を超えているが、ここを明らかにしないままでの外国の制度の導入の議論は、あまり益の多いものとはならないだろう。

　責任のある政府が、国民の規模という意味で、国を維持しようとさまざまな施策を実行するのは当然の責務であろう。権威主義的な政権運営や、野党やEU を敵視するようなプロパガンダ、性的マイノリティの人びとへの攻撃など、オルバーン政権には大きな問題があることは事実である。しかし、家族政策のプログラムのみを抜き出して論じることが許されるのであれば、移民による解決策ではなく、結婚や、家族がより多くの子どもをもつことを、大きな金銭的インセンティブを付けて奨励するものであり、その他の社会保障分野における方針、すなわち福祉への依存の削減や就労促進なども含めて、多くの問題をはらみつつも非常に参考になる事例ではあるだろう。しかし、これだけ家族に傾斜した大胆な分配を行ないつつも、現在の合計特殊出生率の水準は、人口置換水準を目標と考えれば、効果は確認できるものの目標はなお遠いし、出生率の向上が長期的に持続するかもわからない。ここに挙げた 3 つの示唆以外にも考慮すべき問題は多々あると思うが、すぐに効果が出るものではないだけに、わが国においても「まずはできることに迅速に取り組む」姿勢が必要であるように思われる。

参考文献

伊藤知義　2022「ハンガリー『反 LGBT 法』と『ヨーロッパ的価値』」『中央ロー・ジャーナル』18（4）：47-78。

家田修　2021「ハンガリー――我々は今，民主主義と戦争の間にいる」植田隆子編著『新型コロナ危機と欧州――EU・加盟 10 カ国と英国の対応』文眞堂、202-227 頁。

大門小百合　2023「3 人産んだらローンが帳消し、4 人産むと所得税免除――ハンガリー大使に聞いた本当に"異次元"な少子化対策」プレジデントオンライン、https://president.jp/articles/-/66232（2023 年 5 月 7 日閲覧）。

辻河典子　2022「『子どもの保護』の名の下に――ハンガリーの『反 LGBTQ ＋法』とヨーロッパ政治」『ワセダアジアレビュー』24：31-36。

毎日新聞取材班　2022『世界少子化考』毎日新聞出版。

三木幸治　2022『迷える東欧――ウクライナの民が向かった国々』毎日新聞出版。

柳原剛司　2011『体制転換と社会保障制度の再編』京都大学学術出版会。

―― 2014「危機後のハンガリー政治経済の変容とその評価」『ロシア・ユーラシアの経済と社会』978：2-17。

―― 2015「危機下における国家の再構築と社会政策の変化――ハンガリー」福原宏幸・中村健吾・柳原剛司『ユーロ危機と欧州福祉レジームの変容――アクティベーションと社会的包摂』明石書店、227-249頁。

―― 2016「ハンガリーにおけるパブリック・ワークの現状と課題」『松山大学論集』28（4）：445-473。

―― 2018「ハンガリーにおける 2018 年国会議員選挙とオルバーン政権の経済政策」『松山大学論集』30（4-1）：133-159。

―― 2020「オルバーン政権下のハンガリーの家族政策」福原宏幸・中村健吾・柳原剛司編『岐路に立つ欧州福祉レジーム――EU は市民の新たな連帯を築けるか？』ナカニシヤ出版、133-162頁。

山本直　2023『オルバンのハンガリー――ヨーロッパ価値共同体との相剋』法律文化社。

Bazsalya, B. and Molnár, Gy. 2022. Public work during the crisis. In Szabó-Morvai, I., Kónya, I. and Krekó. J. (eds.), *The Hungarian Labour Market 2020: The Covid-19 Pandemic, Centre for Economic and Regional Studies.* Institute of Economics. pp.200-209.

Boza, I. and Krekó, J. 2022. What happens to Jobseekers after being Registered? In Szabó-Morvai, I., Kónya, I. and Krekó. J. (eds.), *The Hungarian Labour Market 2020: The Covid-19 Pandemic, Centre for Economic and Regional Studies.* Institute of Economics. pp.194-199.

Dupcsik, C. and Toth, O. 2014. Family Systems and Family Values in Twenty-First Century Hungary. In Rajkai Zs. (ed.), *Family and Social Change in Socialist and Post-Socialist Societies: Change and Continuity in Eastern Europe and East Asia.* Brill. http://real.mtak.hu/21720/1/Family%20system%20Hungary.pdf（2023 年 5 月 20 日閲覧）

Kapitány, B. and Spéder, Zs. 2019. Fertility. In J. Monostori, P. Öri and Zs. Spéder (eds.), *Demographic Portrait of Hungary 2018.* Hungarian Demographic Research Institute, pp.49-66.

Krekó, J. and Varga, J. 2022. Job Retention Wage Subsidies during the Pandemic in Hungary. In Szabó-Morvai, I., Kónya, I. and Krekó, J. (eds.), *The Hungarian Labour Market 2020: The Covid-19 Pandemic.* Centre for Economic and Regional

Studies, Institute of Economics, pp.190-193.

Makay, Zs. 2019. The Family Support System And Female Employment. In Monostori, J., Őri, P. and Spéder, Zs.（eds.）, *Demographic Portrait of Hungary 2018.* Hungarian Demographic Research Institute, pp.85-105.

Novák, K. and Fürész, T.（eds.）2021. *Family-Friendly Decade 2010-2020.* Mária Kopp Institute for Demography and Families（KINCS）.

OECD 2019. The OECD SOCX Manual 2019 Edition. https://www.oecd.org/social/ soc/SOCX_Manuel_2019.pdf（国立社会保障・人口問題研究所 社会保障費用統計プロジェクト訳『OECD SOCX マニュアル 2019 年版――OECD 社会支出データベース作成の指針』https://www.ipss.go.jp/ss-cost/j/kokusai-manual/OECD%20 SOCX_Manuel_2019-J.pdf）

OECD 2021. OECD Economic Surveys: Hungary, July 2021.

Szabó-Morvai, Á. and Vonnák, Ds. 2022. The Impact of Lockdown on Mothers. In Szabó-Morvai, I., Kónya, I. and Krekó, J.（eds.）, *The Hungarian Labour Market 2020: The Covid-19 Pandemic.* Centre for Economic and Regional Studies, Institute of Economics, pp.123-127.

Szikra, D. and Öktem, K. G. 2023. An illiberal welfare state emerging? Welfare efforts and trajectories under democratic backsliding in Hungary and Turkey. *Journal of European Social Policy* 33（2）：201-215.

統計

ハンガリー中央統計局（Központi Statisztikai Hivatal）https://www.ksh.hu（2023 年 5 月 7 日閲覧）

Magyar Statisztikai Évkönyv 2019（『ハンガリー統計年鑑 2019』）

Szociális Statisztikai Évkönyv 2019（『福祉統計年鑑 2019』）

ユーロスタット（Eurostat）https://ec.europa.eu/eurostat（2023 年 5 月 7 日閲覧）

MISSOC データベース https://www.missoc.org/（2023 年 5 月 7 日閲覧）

第Ⅱ部

コロナ危機下の
所得保障制度の役割

第4章

ドイツにおける
市民手当導入とコロナ・パンデミック
——所得保障はどう変わるか——

嵯峨嘉子

1　ドイツ社会国家と最低所得保障制度

　ドイツでは2003年、いわゆるハルツ改革により、公的扶助制度および労働市場政策において大規模な改革が実施された。公的扶助制度は、稼働能力の有無、具体的には一般労働市場で1日あたり3時間以上の労働が可能かという基準により、2つの制度に大別されることとなった。稼働能力を有する者に対しては、従来の失業手当（税・無拠出）と公的扶助部分を統合し、求職者基礎保障制度（社会法典第2編）で対応し、稼働能力を有しない者に対しては、社会扶助（社会法典第12編）で対応することとなった。従前の給与額が反映される失業手当を受給していた者は、失業手当が公的扶助制度に統合されることによって従前の給与水準と切り離され、最低生活保障水準にとどまることとなった。2000年代以降に進められたこれらの改革については、ドイツ社会国家における従来の「保守主義」および「社会民主主義」路線から、自由主義化へ向かったと指摘されている（近藤 2009）。

　求職者基礎保障法の近年の改革は、制度へのアクセスが困難な若者への支援（第9次改正法）、失業期間や受給期間が長期にわたる者への社会保険加入義務を有する雇用による支援（第10次改正法）など、好況の恩恵を受けられない層に対する支援への方向性を強め、全体の利用状況は減少傾向にあった。

2　コロナ・パンデミックに対する政策対応

　ドイツでは、2020 年 3 月 9 日に感染者が 1000 人を超え、3 月 12 日には社会
的接触を避けるなどのガイドラインが発表された。3 月 16 日の 8 時からは、
感染症が拡大していたフランス・オーストリア・ルクセンブルク・スイスとの
国境を閉鎖した。EU を象徴する EU 域内の自由移動を定めたシェンゲン・シ
ステムの適用を、地理的に欧州の中心に位置し多くの隣接国を有するドイツが
一方的に停止したことは、大きな衝撃を与えた（森井 2021）。

　雇用・社会保障関連の政策対応としては、3 月 13 日に、2008 年のリーマン・
ショック時に大量失業を防いだ経験をもつ操業短縮手当に関する法律が制定さ
れた。企業が経済的要因などによって一時的に労働時間短縮（操業短縮）を行
ない従業員の雇用維持を図ることが目的であり、従業員の手取り収入の減少分
の 60％（扶養義務がある子を有する場合は 67％）が補償される（泉 2020a）。これ
については、対象となる従業者 30％以上を 10％以上に緩める、社会保険料（使
用者分）を連邦雇用庁負担とする、手当対象者に派遣労働者を追加するなどの
要件緩和も行なわれた。

　2020 年 3 月 27 日には、「社会保護パッケージ」（新型コロナウイルス感染症パ
ンデミックによる市民の社会的・経済的困窮の緩和を目的とする全 11 条の条項法）
を制定し、社会法典第 2 編、第 3 編、第 12 編などの改正、社会サービス事業
者投入法（SodEG）の制定がなされた（泉 2020a）。これにより、社会法典第 2
編、第 12 編へのアクセスの簡素化（資産調査の一時停止、実際の家賃支払い額を
自動的に認定）が実施された。コロナ危機下における社会法典第 2 編の対応は、
布川（2022）において詳しい紹介がなされている。社会法典第 2 編第 67 条に
おいて「新型コロナウイルス感染症にもとづく社会保障利用のための手続き簡
素化」を新たに規定し、原則として申請から 6 カ月間は資産を考慮しない、ま
た、住居費および暖房費についても申請から 6 カ月間は実費を支給するなどと
いった対応が取られた（布川 2022）。

　つづいて「社会保護パッケージⅡ」（コロナ・パンデミックを克服するための社

会的措置法）（2020年5月28日）では、操業短縮手当の増額がなされた。すなわち、50％以上労働時間を短縮して操業短縮手当を受給している者には受給4カ月目からさらに10％上乗せし、従前手取りの70％（子どもがいれば77％）の手当を支給することとした。しかも、7カ月目からはこれが80％（子どもがいれば87％）に引き上げられ、追加収入の機会も拡大した（職種を問わず以前の月収と同額まで追加収入が認められた）。これは2020年末まで適用され、失業手当の受給資格も延長された（失業手当の受給資格が2020年5月1日から12月31日までに満了する失業者には3カ月の延長が認められた）。また、貧困世帯の子どもに対する無償の昼食提供が保育所や学校の閉鎖中にも継続された（泉 2020b）。パンデミックの継続にともなって、「社会保護パッケージⅢ」（成人に対する基礎保障の一時給付規定および社会保障給付のアクセスの緩和策の延長、社会サービス事業者投入法改正）が制定された（2021年3月17日）（泉 2021）。

　ドイツは2008年のリーマン・ショックに際して、操業短縮手当を活用することにより大量失業を防いだ。その経験を活かし、コロナ危機下でも同様に操業短縮手当の活用がなされた。松本（2022）によれば、2008年リーマン・ショック時に操業短縮手当が活用された産業はおもに製造業であり、操業短縮労働者の4分の3は男性だった。これに対してコロナ危機下では、宿泊・飲食サービス業での活用が多く、操業短縮労働者全体に占める女性の割合は最大46％と世界経済危機時の2倍相当とされている（松本 2022）。コロナ危機がとりわけ女性労働者の多いサービス業に打撃を与えた状況が示されている。操業短縮手当の申請者数（月別）を見ると、最も多い2020年4月時点で、800万人を超えており、過去にない大幅な利用申請増があったことがわかる（図4-1）。しかし、操業短縮手当は社会保険加入義務のある雇用に従事する者を想定しており（コロナ危機下では例外的に派遣労働者も認めた）、手当のみでは生活困難な低賃金労働者や、操業短縮手当の対象とならない個人事業主、失業者などについては、従来の要件を緩和し、公的扶助制度で対応することとなった。

　相対的貧困率（所得分布の中央値の60％未満）・社会法典第2編受給率・失業率の年次推移を示したのが図4-2である。失業率は2019年まで減少傾向にあったが、2020年を境に上昇傾向に転じている。貧困率は、一貫して増加傾向を示している。社会法典第2編については、コロナ危機下における影響は年

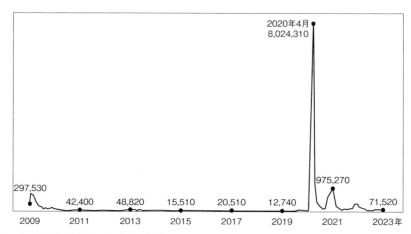

図4-1　操業短縮手当申請者数の推移

出典）連邦雇用エージェンシー（BA: 2023）統計より。

単位では必ずしも明らかではない。第2編の受給者の動向を年単位ではなく月
単位で見ると、ロックダウンなどの感染拡大期の影響が月単位で制度利用の動
きに現われていることがわかる（図4-3）。

　社会法典第2編受給者は、2018年8月には600万人を切り、近年漸減傾向
にあった。2020年3月以降、前述した資産調査の要件緩和などの措置を受け、
2020年4月の受給者数は、前月対比16万8000人増と即時の対応を見せた。
この点は、国全体の感染状況やロックダウンなどの感染対策の相違も当然ある
が、コロナ危機に対して生活保護利用者の動向がほぼ反応を見せなかった日本
と対照的である。図4-3では、2022年5〜6月にかけて、受給者は44万人
増と急激な増加となっている。この背景には、統計から国籍などは必ずしも明
らかではないが、ロシアのウクライナ侵攻の影響があると推測される。ウクラ
イナから逃れてきた人に対しては、2022年5月に法改正がなされ、2022年6
月1日から社会法典第2編および第12編の受給権を有することとなった。
2023年1月以降は、第2編の新制度にあたる「市民手当」の受給が可能であ
る。ウクライナからの避難民の80％は女性で、うち65％は未成年の子どもと
同居している（BMAS 2022）。2022年8月時点で、54万6000人が基礎保障を
受給していると報道されている（Tagesschau 2022）。

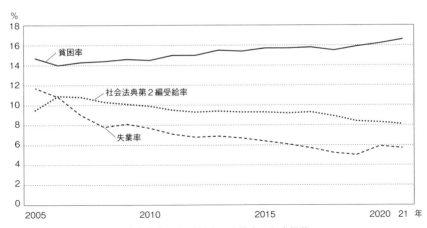

図4-2　相対的貧困率・社会法典第2編受給率・失業率の年次推移

出典）Der Paritätische Gesamtverband（2021），BA各年データより著者作成。

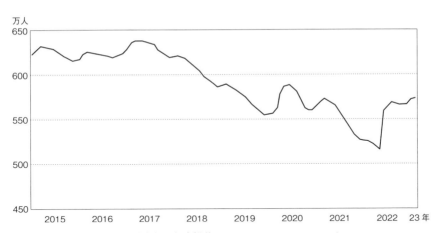

図4-3　社会法典第2編受給者数の年次推移（2015年1月〜2023年2月）

出典）BA（2023b）より著者作成。

3　コロナ・パンデミックの影響

(1)　連邦政府による第 6 次貧困・富裕報告書

　連邦政府はシュレーダー政権（SPD）時代の 2001 年に、第 1 次貧困・富裕報告を初めて公表した。貧困および富裕に関する議論をタブー化することをやめ、客観化することがめざされたとされる。報告書は、政権任期の 4 年ごとに公表することになっている。

　第 6 次貧困・富裕報告書は、コロナ・パンデミックの真っただ中の 2021 年に公表された（Bundesregierung 2021）。相対的貧困率を属性別に見たものが表 4-1 である。2020 年のパンデミック以降の数値はデータの時期的限界により明らかではない。報告書では複数のデータにもとづいた相対的貧困率が用いられているが、たとえば、EU-SILC（欧州所得・生活状況調査）にもとづいた相対的貧困率を見ると、直近の 2018 年のデータでは、全体が 14.8％と過去 10 年のなかで最も低い数値となっている。性別では、男性より女性が高い。年齢別では、18 〜 24 歳（18.8％）、65 歳以上（18.0％）が高くなっている。世帯類型では、ひとり親世帯（27.1％）、単身（31.3％）の高さが目立つ。失業者では 73.7％ときわめて高い。この点については失業手当および社会法典第 2 編の受給金額の妥当性が課題として挙げられる。貧困線（所得分布の中央値の 60％）の金額は、2018 年で月額 1176 ユーロと年々増加している。全体の貧困率は、前述したとおり減少傾向にある一方で、貧困ギャップ[*1]は 23.2％と拡大傾向にあり無視できない。持続的貧困[*2]も 10％前後を推移しており、固定化された貧困層が一定割合存在することが確認される。

　次に所得移転の貧困削減効果（所得移転がない場合を仮定して算出）を示した

---

*1　本報告書で算出されている「貧困ギャップ（Armutslücke)」は、貧困線に対して不足している金額の平均額と貧困線とのギャップを示したものである（Bundesregierung 2021: 481）。

*2　過去 3 年間のうちの 2 年間にわたって貧困の状態にある場合を指す。

表4-1　ドイツにおける相対的貧困率の年次推移

年	2008	2010	2011	2012	2013	2014	2015	2016	2017	2018
全体	15.5	15.8	16.1	16.1	16.7	16.7	16.5	16.1	16.0	14.8
性　　　別										
男性	14.7	14.9	14.9	15.0	15.9	15.9	15.2	15.0	15.2	13.9
女性	16.3	16.8	17.2	17.2	17.4	17.4	17.8	17.1	16.8	15.7
年　　　齢										
18 歳未満	15.0	15.6	15.2	14.7	15.1	14.6	15.4	15.2	14.5	12.1
18 〜 24 歳	21.1	19.0	20.7	18.5	20.6	21.1	21.0	21.4	20.6	18.8
25 〜 49 歳	14.1	14.6	14.4	14.9	15.5	14.7	14.4	13.9	13.9	12.3
50 〜 64 歳	16.7	18.5	18.6	19.4	18.7	19.9	17.7	17.2	16.4	16.1
65 歳以上	15.0	14.2	15.0	14.9	16.3	16.5	17.6	17.0	18.2	18.0
世帯類型										
単身	29.3	32.3	32.4	31.9	32.9	33.1	32.9	32.1	30.4	31.3
ひとり親	37.5	37.1	38.8	35.2	29.4	33.7	32.5	33.2	33.8	27.1
カップル世帯	12.4	10.8	10.9	11.4	11.5	12.3	11.9	11.3	12.2	10.9
カップル＋子 1 人	9.8	9.8	10.6	11.1	11.5	10.1	10.7	8.3	8.2	6.6
カップル＋子 2 人	7.7	8.7	7.7	8.5	10.9	8.7	7.8	8.4	8.1	8.5
カップル＋子 3 人以上	13.6	16.2	12.8	13.7	14.0	14.7	18.2	19.5	16.7	10.6
稼得活動別										
稼得活動	6.8	7.7	7.8	8.6	9.9	9.7	9.5	9.1	9.1	8.0
失業中	61.9	67.8	69.3	69.2	67.4	69.0	70.5	70.6	69.4	73.7
年金者	14.9	14.0	15.1	15.0	16.7	17.0	18.0	17.5	18.7	18.4
居住状況別										
持ち家あるいは家賃負担なし	8.0	8.3	8.2	8.5	9.7	8.4	9.0	8.8	8.5	7.9
賃貸	25.2	25.6	26.1	25.6	25.2	26.4	25.3	24.6	24.6	22.6
中央値の 60%（月額）	929	952	980	979	987	1033	1064	1096	1136	1176
相対的貧困ギャップ	21.5	21.4	21.1	20.4	23.2	22.0	20.7	20.9	22.0	23.2
持続的貧困率	8.1	10.4	10.4	10.6	9.5	11.3	10.5	11.6	10.5	10.6

出典）Bundesregierung（2021: 477）.

ものが表4-2である。18歳未満、子どもが複数いる世帯の削減効果が高く、それらは、先述の貧困率の相対的低さにも関連していると推測される。一方で、男性に比べ女性の削減効果が低いこと、また、ひとり親世帯の削減効果も一定割合あるものの（47.4％）、依然として貧困率は高く、改善の余地が大きくあること、さらに失業者の削減効果は14.8％にとどまっていることが課題として見られる。

　ドイツ経済は2020年、国内総生産マイナス4.9％と過去10年で最も厳しい景気後退を経験している。本報告書では、用いられるデータの範囲から、コロナ・パンデミックの影響を必ずしも把握しきれているわけではないが、限定的ではあるものの、その影響について言及がなされている。

　2020年夏に実施した社会経済パネル（SOEP）にもとづく調査では、回答者の経済状況の変化を尋ねている。経済状況の変化は回答者の75％が「変わらない」あるいは「増えた」と回答したものの、残りの回答者である25％は、「収入の減少があった」と回答している。さらに、所得を五分位別に見ると、第5五分位では、「所得の減少があった」と回答した割合が20％であったのに対して、最も下位の第1五分位階層では所得減少を経験した者が40％弱を占め、パンデミックの影響は、より低い所得階層に強く表われていることが把握されている（Bundesregierung 2021：41）。回答者の社会保障給付の利用状況は、操業短縮手当は全回答者の10％、社会法典第2編2％、失業手当Ⅰ（失業保険）は1％であった（ebd.: 43）。操業短縮手当申請や失業手当の期間延長に関する申請処理において、最も多いときで通常の16倍にあたる職員数が投入されることにより、たとえば操業短縮手当については、平均して5.9日で処理されるという迅速性を見せた（ebd.: 245）。

　2020年夏にドイツ高等教育科学研究センター（DZHW）が実施した調査では、学生の21％がパンデミックによる所得の減少を経験し、また、親の所得の減少を経験している割合は32％であった。両方とも経験している学生は6.2％を占め、このグループは大学中退のリスクがあるとされた（ebd.: 43）。年単位で受給者の推移を見ると、2020年にドイツでは約8世帯に1世帯が社会法典第2編よる給付を受けた。2016年と比較して、ドイツ全体で1ポイント弱低下していた。ドイツの東西地域別に見ると、ドイツ東部では2016年から

表4-2　所得移転における貧困削減効果

年	2008	2010	2011	2012	2013	2014	2015	2016	2017	2018
全体	35.7	37.1	33.7	34.0	33.2	33.5	34.8	33.2	33.3	36.2
性　　別										
男性	36.6	38.4	35.5	34.8	34.0	34.3	36.4	34.8	34.5	37.4
女性	34.8	35.4	32.3	33.3	32.6	33.1	33.3	32.4	32.3	34.9
年　　齢										
18歳未満	50.8	52.7	50.6	51.6	50.0	53.4	52.8	50.6	53.4	59.8
18〜24歳	32.2	37.9	31.5	35.8	32.2	31.3	34.0	31.0	30.2	28.8
25〜49歳	38.4	39.7	37.4	36.9	35.7	38.5	39.0	37.4	36.2	41.4
50〜64歳	39.3	37.7	36.9	34.7	37.0	33.2	35.2	35.8	37.4	35.3
65歳以上	6.8	7.8	5.7	6.9	5.8	5.7	6.4	6.1	5.2	6.3
世帯類型										
単身	14.8	14.3	12.9	11.9	11.6	10.5	12.0	10.6	10.6	11.1
ひとり親	38.0	39.6	33.3	38.0	41.4	35.4	41.0	41.7	41.3	47.4
カップル世帯	24.8	29.4	27.8	26.0	27.7	26.3	25.2	27.1	21.8	23.8
カップル＋子1人	47.6	51.0	41.8	42.8	43.9	43.3	45.7	47.1	47.4	55.4
カップル＋子2人	59.0	56.7	60.3	56.6	44.9	57.1	62.9	56.3	58.7	57.7
カップル＋子3人以上	62.4	62.4	66.4	60.7	63.4	61.0	57.5	52.4	58.4	72.6
稼得活動別（前年の主な活動）										
稼得活動	44.1	45.0	40.4	38.9	36.7	39.2	41.0	40.8	38.8	41.4
失業中	26.2	20.2	19.5	20.6	23.1	20.0	22.1	21.0	21.5	14.8
年金者	14.6	16.2	11.4	12.7	10.0	9.1	9.0	9.0	7.8	8.7
居住状況別										
持ち家あるいは家賃負担なし	39.4	42.2	40.8	40.9	35.3	39.6	38.3	37.4	39.3	38.5
賃貸	31.9	32.9	29.1	30.6	32.2	29.5	32.2	30.7	30.0	32.8

出典）Bundesregierung（2021:483）.

2020 年にかけて社会法典第 2 編の割合は 13.4％から 10.7％に、ドイツ西部では 8.2％から 7.8％に低下した（ebd.: 101）。

(2)　民間支援団体パリテーティッシュ連合会の貧困報告書

　パリテーティッシュ連合会[*3]の報告書によれば、ドイツ全体では、通常であれば 2000 カ所を超えるターフェルン（Tafeln: 食糧配布所）を 160 万人以上が利用していた。しかし、ボランティアの多くが感染リスクの高いグループの高齢者であったために、半分が閉鎖された。社会法典第 2 編の要件緩和については肯定的に評価しているものの、すでに制度を利用していた人びとにとって得られるものはほとんどなかったと批判されている。公的扶助受給者に対してFFP マスクなどの現物給付がなされたことに対して、政府による現金給付への忌避感があったとも指摘されている（Der Paritätische Gesamtverband 2021）。

4　パンデミック下のジョブセンターで何が起きたか

　Kirchmann らは、パンデミックを受け、社会法典第 2 編の実施機関であるジョブセンターの閉鎖および対面相談の制限が現場におよぼした影響についてまとめている。感染拡大の影響を受け、2020 年 3 月から 2021 年夏まで、ジョブセンターで利用者と職員で行なわれる対面での相談も停止することになった。対面での相談は特別な事情がある場合に限定された（Kirchmann u.a.2022）。
　ジョブセンターの、とりわけ相談部分への影響は次のとおりである。まず、保健所における業務の増大を受けて、ジョブセンターの職員が行政支援の一環として保健所の業務を兼務した。また、社会法典第 2 編の給付は、日本の生活保護ケースワーカーのように、1 ケースあたり 1 人のケースワーカーが担うの

＊3　社会福祉・保健分野でサービスを提供している民間福祉団体で、労働者福祉団、ドイツ・カリタス連盟、ドイツ赤十字、ドイツ・ディアコニー事業団、ユダヤ中央福祉機関とあわせて、ドイツにおける主要な社会サービスを提供する福祉 6 団体のひとつである。

ではなく、給付担当の職員と相談部分を担う職員——「ケースマネージャー（Fallmanager）」と呼ばれる——とに分かれている。センター内部では、とくに最初の1カ月は、給付の増大に対応するため、相談部門から給付部門への一時的な配置転換が行なわれた。職員自身の隔離や療養、および保育所や学校の閉鎖によって、人員不足をくり返し経験することとなった。また、ジョブセンターの職員どうしの接触機会、ならびに利用者との接触機会が減少することとなった。

　従来の対面型での相談が制限されたことを受け、多くが電話を用いた相談に置き換えられることとなった。電話を用いた相談は、ジョブセンター内での相談時よりも利用者に安心感を与え、会話に積極的に関与するようになった者もいた。電話の前にメールや郵便であらかじめ相談日を予約することも、重要なポイントとして挙げられた。電話による相談の肯定的な効果も見られた一方で、パンデミック以前からコンタクトが難しいグループ、たとえば健康上課題を有する利用者などはより困難が増した。ジェスチャーや表情が見えない対話も行き詰まりを見せた。電話を用いた相談は、補完的な役割を果たしたものの、従来実施されていた相談部分のすべてを代替することは難しいことも確認された。

　そもそも電話でのコンタクトが実質不可能なグループも存在した。プリペイドカード電話の残高がない者などである。手続きのオンライン化や行政の簡素化の恩恵を受ける人びともいた一方、ホームレス状態にある者などは制度利用の際に、民間支援団体の相談所の職員などに頼らざるをえなかったことも報告されている（Busch-Geertsema/Henke 2020）。

　ドイツにおいては、住所不定の状態であっても、現金給付を受給することが可能である。ただし、支給額は1カ月分ではなく、1日分の支給を行なうという運用をとっていた。連邦雇用エージェンシー（BA）は、2020年4月1日付で次のような指示を発出している。それは、ホームレス状態の者（Obdachlose）に対しては、それまで1日払いだった現金給付を、ドロップインセンター（民間支援団体運営）への訪問なしでも1カ月単位まで可能にするというものである。指示を受けた各地域、実施機関の運用はさまざまである。もちろん、1カ月間の給付によって給付の手間は省略化されることとなったが、銀行口座を有

しない者は依然として1日単位で支給を受けなければならなかった。

これまでの実践現場では、民間支援団体が運営するドロップインセンターなどで受け取ることが可能だったが、そこも閉鎖されると以前のように受け取ることが不可能になった。

たとえばハイデルベルクの相談所では、ジョブセンターと取り決めを行ない、3日分の給付を受け取ることとした事例が報告されている（ebd.: 25-26）。

給付のオンライン申請を可能にしたのは、そこから漏れ落ちる人びとについて、従来から実質的な相談部分を担っていた民間支援団体の役割があったことを忘れてはならない。ネット環境と機器をもたない者が申請方法を直接尋ねることのできる支援者の存在、あるいは銀行口座を有しない者に対しても柔軟な対応を行なう民間支援団体の存在がなければ可能ではなかっただろう。

対面での相談が減少したことによって、制裁はどのように変化したのだろうか。

25歳以上の受給者で、あっせんされた就労や職業訓練等への参加を重大な理由なく拒否した場合、初回で基準需要額の30％減額、1年以内にくり返しの制裁を受けると、2回目で60％、3回目で100％の減額になる。25歳未満の若者は、25歳以上の者より厳しい要件になっており、1回目の制裁から基準需要額の100％が減額される。さらに、くり返しの制裁は、住宅暖房費の減額までおよぶ。相談日に来所しない等の報告義務懈怠（32条）の場合は、年齢にかかわらず1回目は10％の減額となる。

2019年11月5日、連邦憲法裁判所は、社会法典第2編受給者に対してなされた制裁について違憲判決を出した。判決では、給付額30％程度の減額は立法者の裁量として認めたものの、くり返しの制裁の場合60％以上の減額については基本法に反するとした（嵯峨 2020）。

Bernhardらは、違憲判決以降、ジョブセンターにおける制裁の運用実務がどのように変化したのかをインタビュー調査から明らかにしようとしている（Bernhard u. a. 2022）。月別の制裁件数の推移を見ると、違憲判決後、2019年11月以前は、1カ月あたり約7万件の制裁が新たに課されていた。その4分の3は報告義務懈怠である。しかし、判決後、制裁は明らかに減少し、12月には4万2000件、2020年1月には2万5000件となった。以後さらにパンデミックの影響を受ける（図4-4）。

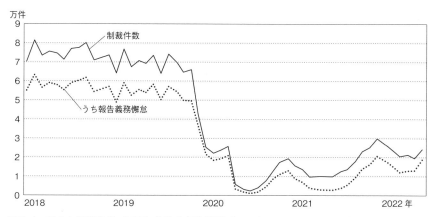

図4-4　新たな制裁件数（月別）件数の年次推移（2018年 1 月〜2022年 6 月）
出典）Bernhard u. a.（2022）

　Bernhard らは、2021 年 2 月から 2022 年 2 月までの 1 年間、ジョブセンター
職員 26 人に制裁の運用についてインタビューを実施した。コロナの制約もあ
り、インタビューの大半は電話あるいはビデオ方式でなされた。第 1 段階とし
て、2 つのジョブセンターにおいて探索的なインタビューが実施された。さら
に、組織形態、制裁率、人口密度などから、タイプ別に 3 つのジョブセンターか
ら対象者が選ばれた。インタビューの対象となる 26 人は、さまざまな業務分
野、たとえば職業あっせん、給付処理、不服申し立て、受付といった異なる業
務部署から選ばれた。

　パンデミック第 1 波のときには、ジョブセンターの一時的な閉鎖もあり、
2020 年 3 月から 5 月までは制裁も断念された（Beckmann u.a. 2021）。2020 年 7
月からは、ふたたび制裁を科すことが可能になった。2021 年 12 月には、制裁
はふたたび増加傾向を示しているが、それでも判決前よりは明らかに少ない。

　パンデミック前は、相談者や利用者との約束は対面方式が約 90％を占めて
いたが、これは 2021 年初めには 10％に減少し、電話でのコンタクトに置き換
わった。それにより利用者との信頼関係の構築に苦労することとなった。同時
に、電話での“要請”の影響も弱くなった。電話での会話においては、「法的
結果の教示（Rechtsfolgenbelehrung)」をともなう統合協定が締結されない。法
的結果の教示は制裁にとって必要な前提条件であるため、電話での相談に置き

換わったことで制裁の機会が減少することとなった。回答者の1人は、相談の約束が減れば減るほど、報告義務懈怠も減少すると回答している（Bernhard u. a. 2022）。電話での相談への置き換えは、ジョブセンター職員と利用者との関係性における協働と統制のバランスにも影響をおよぼすこととなった。

5　連立政権における連立協定

2021年9月26日に実施されたドイツ連邦議会選挙の結果、社会民主党（SPD）が僅差で第一党となった。これにより、16年続いたメルケル政権からショルツ政権へと政権交代がなされた。社会民主党、緑の党、自由民主党（FDP）の連立政権となり、そのシンボルカラー（それぞれ赤、緑、黄色）から、「信号連立政権」とも言われている。

2021年11月24日に連立協定が結ばれた。社会保障関連では、従来の求職者基礎保障に代えて、市民手当（Bürgergeld）が提案されている。市民手当という概念は1970年代に用いられ始め、その後FDPやキリスト教民主同盟（CDU）において「市民手当／負の所得税」といった形で登場する。SPDの文書で初めて登場したのは、当時アンドレア・ナーレスが党首だった2019年の党綱領改訂である（Opielka/Strengmann-Kuhn 2022）。連立協定で提案された「市民手当」は、人間の尊厳を尊重し、社会参加が可能であること、デジタルで簡便なアクセスが可能であるものとされる。また、受給開始後の2年間は、資産の算定なしに給付し、住宅費の妥当性を認める（SPD u. a. 2021）。利用者とジョブセンターとのあいだで締結される「統合協定」に代えて、「参加協定（Teilhabevereinbarung）」が利用者と協働で締結されることとした。制裁に関しては、連邦憲法裁判所の判決を受けて、住宅費を制裁対象から外すこと、25歳未満の者を同等に取り扱うことなどを挙げた。若者については、制裁を科す場合、コーチング（社会法典第2編16h条による）をともなうこととした。

子ども関連給付（Kindergrundsicherung）については、社会法典第2編、第12編などとまとめて一括化が提案されている。

表4-3　市民手当における基準需要額

(月額：ユーロ)

基準需要段階		2023 年 1 月 1 日	対前年比
1	成人の単身者、ひとり親	502	+ 52
2	成人のパートナー	451	+ 47
3	25 歳未満（親元にいる者）	402	+ 42
4	14 ～ 18 歳未満	420	+ 44
5	6 ～ 14 歳未満	348	+ 37
6	6 歳未満	318	+ 33

出典）Winkel/Nakielski（2023）

6　市民手当の導入

(1)　新制度の概要——ハルツⅣから何が変わるか

　連立政権において提案された市民手当法（社会法典第 2 編第 12 次改正法）は、2023 年 1 月 1 日から段階的に実施される。旧制度では、稼働能力を有する者には失業手当Ⅱを、その者と同一の需要共同体の稼働能力を有しない世帯員に対しては社会手当を支給していたが、新制度では、その区別なく、どちらも市民手当（Bürgergeld）を受給することになる。基準需要額は表 4 - 3 のとおりである。基準額は、需要段階ごとにそれぞれ 33 ～ 52 ユーロ増額する。

　市民手当法の特徴は、行政手続きの簡素化による住宅費および資産調査の一定期間の廃止である。住宅費について受給開始後 12 カ月（待機期間）は、現在負担している実費がジョブセンターから支給される（ただし、暖房費については、適切な範囲内で支給される）。住宅の広さや家賃額の高さは問題とならない。12 カ月の経過後は、住宅の適切性が確認される。自治体ごとに設定された住宅費の上限額が適用される。たとえば、単身世帯の場合、45 あるいは 50 平方メートルで、1 平方メートルあたり 10 ユーロで計算し、月額最大 450 ユーロが家賃の上限額となる。資産額についても、最初の 12 カ月間（待機期間）は 4 万ユーロまで資産保有をしたまま制度利用が可能である。需要共同体の世

帯員ごとに、1万5000ユーロが控除される。自ら使用している居住面積および持家については、12カ月の経過後も、居住面積140平方メートル、住宅130平方メートルまでの保有が認められる。住宅費および資産については、給付を受けていない期間が3年以上あれば、新たに1年間の待機期間が適用される（Winkel/Nakielski 2023）。市民手当に名称変更した2023年1月以降、制度利用者は増加傾向にあり、要件緩和および旧制度名称にともなうスティグマの解消の効果が出ていると推測される。

(2)　制裁規定の見直し

　制裁規定に関しては、すでに連邦憲法裁判所違憲判決による制裁規定の見直しが迫られたこともあり、市民手当法実施に先行して実施されている。
　2022年7月1日には、「制裁猶予法（社会法典第2編第11次改正法、"Sanktionsmoratorium"）」が実施された。その内容は、1年間は制裁停止をするというものである。ただし、新制度が始まるまでの移行期（2022年7月からの1年間）であり、職業あっせんや職業訓練の紹介を拒否した場合の制裁は停止されるが、ジョブセンターとの相談日などに来所しなかったなどの報告義務懈怠の場合、10％の給付額削減はそのまま継続する。当初は、新制度施行前2022年末までとなっていたが、当法施行後1年間となった。市民手当法実施後も当面は、制裁猶予法の運用が継続する。市民手当法においては、制裁規定にかかわる条文から「制裁（Sanktion）」という文言は廃止され、「給付の減額（Leistungsminderungen）」という表現に変更された。ただし、制裁による減額という表現が1カ所のみ残っている（第42条）。
　制裁規定は、義務違反および報告義務懈怠については制裁規定（条文上は、給付の減額という表現）が残るものの、義務違反（第31条）および報告義務懈怠（第32条）については、くり返した場合の減額上限は30％であり、住宅費および暖房費については減額されないこととなった。これまで批判のあった25歳未満の若者に対する厳しい制裁規定も廃止されている。
　就労あっせん優先の廃止も評価できる。即時の就労がめざされるのではなく、より高い職業スキルを身に着けるため、職業訓練につくことが可能である。

　社会的労働市場（第 16 条 i）に関して言えば、長期受給者を社会保険加入義務のある雇用で受け入れた場合の雇用主への補助の期限が撤廃され、期限なしとなった。

　改革 2 段階目の 2023 年 7 月以降には、従来の統合協定（Eingliederung）に代わって協働計画（Kooperationsplan）が導入される予定である。ジョブセンターと利用者とともに理解しやすい用語でもって作成される。協働計画の作成のための初回相談には、法的効果の教示義務を含まないものとされる。雇用エージェンシーは、協働計画で決められている取り決めが守られているかどうか定期的に確認する（Winkel/Nakielski 2023）。

　ロックダウンによるジョブセンターの閉鎖や感染対策としての接触機会の減少は、現場の相談場面の変容ももたらした。対面での相談から電話での相談に置き換わり、利用者とケースマネージャーとの直接的なコンタクト機会の減少は、結果として、制裁の機会も抑制することとなった。制裁規定の大幅な緩和（「制裁」という文言の廃止）は、連邦憲法裁判所違憲判決の影響も当然あるが、コロナ・パンデミックという外的要因により、新たな法制定を待たずに、現場の運用が先取りして変化したともいえる。

(3)　児童手当、住宅手当などの増額

　最低生活保障制度の要件緩和および増額のみならず、児童手当や住宅手当など、社会手当部分の充実が同時に進んでいることも、この間のドイツ社会保障制度の特徴として評価したい。児童手当は、2022 年時点で、第 1 子および第 2 子が 219 ユーロ、第 3 子 225 ユーロ、第 4 子以降が 250 ユーロだった。2023 年 1 月以降、子どもの数による 1 人当たりの金額の差異をなくし、子ども 1 人あたり一律 250 ユーロとした（Winkel/Nakielski 2023）。住宅手当については、2023 年 1 月 1 日から「住宅手当プラス」とし、手当額をこれまでの 180 ユーロから 370 ユーロへとほぼ倍増させ、受給人数の約 60 万人から 200 万人への拡大を見込んでいる。これにより、高騰している暖房費への対処および気候変動に対応する住宅改修の促進を予定している（BMWSB 2023）。

　コロナ・パンデミックへの対応としてとられた公的扶助制度の要件緩和や制

裁規定の見直しは、一時的な対応にとどまらず、2021年に新たに誕生した政権において、2023年1月1日から市民手当（社会法典第2編）という恒常的な制度として継続することとなった。ドイツはかつて失業手当を廃止し、公的扶助制度での制度改革を実施したが、コロナ・パンデミック、政権交代の流れを受け、公的扶助制度の要件緩和のみならず、最低賃金の増額や児童手当、住宅手当などの社会手当の増額など、社会手当もあわせて手厚くする方向（「社会民主主義」路線）へと進んでいると評価できる。

参考文献

泉眞樹子　2020a「ドイツ　新型コロナウイルス感染症対策関連法」国立国会図書館調査及び立法考査局『外国の立法』283(2)：4-7。

──　2020b「ドイツ　新型コロナウイルス感染症対策関連法（その2）」国立国会図書館調査及び立法考査局『外国の立法』284(1)：12-15。

──　2021「ドイツ　全国規模流行の継続、第3次コロナ税制支援法、社会保護パッケージⅢ、計画保証法の継続、コロナ関連選挙候補者定立規則」国立国会図書館調査及び立法考査局『外国の立法』287(2)：2-5。

近藤正基　2009『現代ドイツ福祉国家の政治経済学』ミネルヴァ書房。

嵯峨嘉子　2020「ドイツにおける最低生活保障制度（社会法典第2編）の動向」福原宏幸・中村健吾・柳原剛司編『岐路に立つ欧州福祉レジーム──EUは市民の新たな連帯を築けるか？』ナカニシヤ出版、41-59頁。

布川日佐史　2022「ドイツ求職者基礎保障の手続きと簡素化と市民手当」『現代福祉研究』22：131-154。

松本尚子　2022「危機下における大量失業を防ぐ政府の展開──ドイツでの操業短縮手当の拡張」『社会政策』14 (2)：82-92。

森井裕一　2021「ドイツ──EUにおける役割の重要性」植田隆子編著『新型コロナ危機と欧州──EU・加盟10カ国と英国の対応』文眞堂、112-131頁。

BA (Bundesagentur für Arbeit) 2023a. https://statistik.arbeitsagentur.de/DE/Navigation/Statistiken/Interaktive-Statistiken/Kurzarbeitergeld/Kurzarbeitergeld-Nav.html (17. 3. 2023).

──　2023b. Eckwerte der Grundsicherung SGB II (Zeitreihe Monatszahlen ab 2007), (31. 3. 2023).

Beckmann, F./Heinze, R.G./Schad, D./Schupp, J. 2021. Klima der Angst oder Respekt auf Augenhöhe? Erfahrungen von Hartz IV-Beziehenden mit Jobcentern im Zuge der Corona-Pandemie. *Sozialer Fortschritt* 70 (10-11)：651-669.

Bernhard, S./Röhrer, S./Senghaas, M. 2022. Auf dem Weg zum Bürgergeld: Die Sanktionspraxis nach dem Urteil des Bundesverfassungsgerichts und in Zeiten von Corona. *Sozialer Fortschritt* Bd. 2022, Online First: 1-17.

BMAS (Bundesministerium für Arbeit und Soziales) 2022. Erste umfassende repräsentative Befragung von Geflüchteten aus der Ukraine. https://www.bmas.de/DE/Service/Presse/Pressemitteilungen/2022/erste-repraesentative-befragung-von-gefluechteten-aus-der-ukraine.html (26. 3. 2023).

BMWSB (Bundesministerium für Wohnen, Stadtentwicklung und Bauwesen) 2023. Wohngeld-Plus: Sorgenfreier wohnen. Berlin. https://www.bmwsb.bund.de/SharedDocs/topthemen/Webs/BMWSB/DE/wohngeld-plus/wohngeld-plus-artikel.html (31. 3. 2023).

Bundesregierung 2021. Lebenslagen in Deutschland: Der Sechste Armuts- und Reichtumsbericht der Bundesregierung.

Busch-Geertsema, V./Henke, J. 2020. Auswirkungen der Covid-19-Pandemie auf die Wohnungsnotfallhilfen. Hg. von Bundesministerium für Arbeit und Soziales, Berlin, 2020. Forschungsbericht 566.

Der Paritätische Gesamtverband 2021. Armut in der Pandemie (Der Paritätische Armutsbericht 2021).

Kirchmann, A./Maier, A./Schafstädt, C. 2022. Die Beratung im Jobcenter in Zeiten der Corona-Pandemie. *Sozialer Fortschritt* 71: 859-869.

Opielka, M./Strengmann-Kuhn, W. 2022. Bürgergeld und die Zukunft des Sozialstaats. *Wirtschaftsdienst* 102 (2): 95-99.

SPD u.a. 2021. Mehr Fortschritt wagen. Bündnis für Freiheit, Gerechtigkeit und Nachhaltigkeit. Koalitionsvertrag 2021-2025 zwischen der Sozialdemokratischen Partei Deutschlands (SPD), Bündnis 90/Die Grünen und den Freien Demokraten (FDP), Berlin.

Tagesschau 2022. Was Ukraine-Flüchtlinge erhalten. Stand: 27.09.2022, https://www.tagesschau.de/inland/innenpolitik/fluechtlinge-ukraine-153.html (26. 3. 2023).

Winkel, R./Nakielski, H. 2023. Sozialgesetze und Sozialleistungen: Was sich im Jahr 2023 alles ändert, *Soziale Sicherheit*, 1/2023: 8-39.

第5章

オランダにおける
コロナ危機対策と最低生活保障

——パンデミックは福祉国家をどのように変化させたか——

廣瀬真理子

1　コロナ危機とオランダ政府の対応

　2020 年に始まった新型コロナウイルス感染症（COVID-19）の世界的流行は、公衆衛生や医療、看護・介護サービスのみならず、生活の維持が困難になった人びとの所得保障についても各国に深刻な影響をもたらした。近年の福祉国家改革において、国際競争力を高めて経済の安定をめざしてきたオランダでは、労働市場に非正規労働者の比率が高いことが特徴であるが、同感染症の蔓延は、それらの人びとの仕事や生活にどのような影響を与えたのだろうか。

　以下ではまず、政府による新型コロナウイルス感染防止策と、仕事と経済面での緊急支援策について見ることから始めよう。

(1)　感染防止のための緊急措置

　オランダ国内で最初に新型コロナウイルスの感染者が確認されたのは、2020年2月末であった。当初は、感染防止策として、衛生面での助言と社会的距離（1.5 メートル）の確保、ならびに可能なかぎり自宅で生活することが基本に据えられた（Antonides/van Leeuwen 2020: 2）。

　しかし、2週間後には、全国規模のロックダウンを行なわざるをえない状況となった。その目的は、感染者数を最小限にとどめて死亡者数を減らすことであったが、同時に、経済活動をできるかぎり損なわないようにすることも念頭

に置かれていた（ibid.: 5; Bennaars 2020: 324）。

　2020年3月中旬に始まった最初のロックダウンは、上からの命令や硬直的なルールによって人びとの行動を制限するのではなく、マルク・ルッテ首相自らがマスメディアをとおして一般市民に、「成熟した人間としての行動をとるように」と呼びかける方法で実施された。

　「インテリジェント・ロックダウン」と名づけられたこの感染防止のための緊急措置は、周辺諸国の厳格な規制が盛り込まれたロックダウンに比べて、かなり緩和された内容が注目を集めた。たとえば、マスクの着用義務はなく、外出禁止令も発出されず、新型コロナウイルスの感染拡大に対して、市民はもっぱら自己責任によって身を守るように促された。その背景には、政府が厳しいルールを設けて人びとの行動を規制しようとすると、かえって市民からの反発が強まる、というオランダ社会独特の軋轢への懸念があったと言われている。

　同感染防止策は、2020年5月上旬より段階的に学校や施設などの閉鎖を解除する方向へと進んだが、夏の後半からふたたび感染者数が急増して、同年10月には、飲食店の閉鎖や夜間のアルコール類の販売を禁止する「部分的ロックダウン」が行なわれた。さらに、同年末にはマスクの着用が義務化され（違反した場合には罰金制）、外出禁止令を含む「ハード・ロックダウン」の措置に発展した。つまり、当初緩やかであったオランダのロックダウン規制は、時間とともに厳しさを増して、周辺諸国の規制と足並みを揃えるかたちになったと言えよう。

　2021年2月にいったん緩和されたものの、夏には感染防止のための措置が再導入され、秋にはマスクの着用がふたたび義務化されるなど、その後も緩和と引き締めがくり返された[*1]。そして2021年の年末にかけて実施された夜間営業を対象とする「イブニング・ロックダウン」は、年を越えてもつづけられた。しかし、2022年3月になり、政府は、ワクチンの接種率が高まったことや、コロナウイルスとの共存を図りながら経済活動を平常時に戻せると判断し

　＊1　ロックダウン規制が厳しくなり夜間の外出禁止令などが発出されると、政府が懸念したとおり、それに対する抗議行動が国内の都市や各地域で起こった。都市部を中心に過激な抗議行動も行なわれ、2022年の春頃まで断続的に展開されたことが、マスメディアによって報じられた。

たことから、感染防止策をほぼ全面的に解除すると宣言した。

(2)　仕事と経済の緊急支援策

　以上のような新型コロナウイルスの感染防止策と背中合わせに、政府は2020 年 3 月より、雇用と営業を守り、経済活動をできるだけ平常に戻す目的で、「緊急事態下の仕事と経済のパッケージ」を導入した（Bennaars 2020: 325; Cremers 2021: 5）。

　その内容は、「事業主と従業員を対象としたプログラム」と、「従業員を雇用していない自営業者を対象としたプログラム」に大別されるが、前者には、従業員の雇用を守るための事業主への助成金のほか、起業家への特別融資と保証の支援、また課税猶予（税の申告や納税時期の延期）などの措置が置かれた。また、後者には、受給条件を緩和した自営業者への最低生活保障支援や、営業資本を支えるための貸付金などが導入された。そのほか、各種の支援給付の対象から漏れているフレキシブル雇用契約を結ぶ労働者（以下フレキシブル労働者と言う）に対して、一時金支給も行なわれた。[*2]

　以下では、それらのなかから主な制度として、事業主を対象とした従業員の賃金補填制度と、自営業者を対象とした所得補填のための緊急支援策について紹介しよう。

　＊2　コロナ禍の影響で経済的に困窮しても、給付金や失業保険などの社会保障給付の対象にならない労働者に対して、政府は 2020 年 6 〜 7 月に、被用者保険（・就労事業）運営機関（UWV）を窓口として、「フレキシブル労働者のための臨時橋渡し給付金（Tijdelijke Overbruggingsregeling voor Flexibele Arbeidskrachten: TOFA）」を支給した。同給付は、ひと月 550 ユーロの定額給付金が 3 カ月間支給されるものであった。しかし、給付条件となる申請前後の収入基準に合わないケースが多く、申請者数 2 万 3000 人のうち、約半数が受給できない結果となったことが報告されている（Molleman 2021: 22; Cremers 2021: 5）。パートタイム職に従事する多くの若者や学生を含むフレキシブル労働者は、この支援措置が行き届かなかったことにより、コロナ禍対策の緊急措置から排除されたかたちになったと指摘する声もある（Molleman 2021: 27）。

従業員の雇用維持のための助成金

事業主と従業員を対象とした緊急支援措置として、「従業員の雇用維持のための臨時橋渡し措置（Tijdelijke Noodmaatregel Overbrugging voor behoud van Werkgelegenheid: NOW）」（以下、NOW と略記）が設立され、2020 年 3 月より施行された。

売上高が 20％以上減少した事業主は、従業員の賃金に充当するために本助成金を申請できる。その申請条件として最も重視されたのは、従業員へ賃金の支払いをつづけることと、助成金の受給期間中に従業員を解雇しないことである。そのほか、フレキシブル労働者も本助成金の対象となったことから、不定期に弾力的な時間帯で就労するオンコール労働者にも賃金を支払うことが事業主に義務づけられた[*3]。

同助成金は、売上高の損失が大きいほど、財政的支援の額も増える仕組みとなっており、売上高が 100％失われた場合、賃金コストの 90％が支給される（上限額あり）。また、その支給期間は原則 3 カ月であるが、状況により延長が可能となる。同助成金は、「被用者保険（・就労事業）運営機関（Uitvoeringsinstituut Werknemersverzekeringen: UWV）」により運営されている。

2020 年 3 月から 2021 年 9 月までの同助成金の申請件数は約 41 万 5000 件であり、対象となった従業員は約 635 万人と報告されている。初回（2020 年 3 〜5 月）の申請件数が 14 万件で最も多く、対象従業員数も 265 万 4000 人に上り、被雇用者人口の 3 割近くを占めたと言われる（Employment Committee/Social Protection Committee 2022: 28）。また、本事業には 2020 年に 132 億ユーロ、2021 年に 77 億ユーロが支出されたことが報告されている（IMF 2021: 11）。

＊3　フレキシブルな雇用契約を結ぶ労働者について、法律上の定義は置かれていないが、オランダ中央統計局は、有期雇用契約または弾力的労働時間契約労働者を統計上、フレキシブル労働者としている。その種類は、有期雇用で固定労働時間契約（無期雇用への転換が見込まれる場合）、有期雇用で固定時間労働契約（1 年以上／ 1 年未満）、オンコール契約、臨時派遣契約、弾力的労働時間契約（無期雇用／有期雇用）に分けられている。また、雇用関係はないが、従業員を雇用していない自営業者も統計上は、フレキシブル労働者に加えられる場合がある（CBS 2023a: 1; 廣瀬 2020：90-95）。

自営業者のための臨時支援措置

　他方、コロナ危機の影響を受けた自営業者の所得減少の補填と営業の継続を支援する目的で、2020 年 3 月に、「自営業者のための臨時橋渡し措置（Tijdelijke Overbruggingsregeling Zelfstandig Ondernemers: TOZO)」（以下、TOZO と略記）が設立された。TOZO には生活費をまかなう「所得支援給付金」と、営業資本のための「貸付金」の 2 種類がある。

　通常、自営業者が経済的に困窮した場合の所得保障は、一般の公的扶助制度のなかに設立されている「自営業者のための公的扶助（Besluit bijstandverlening Zelfstandigen: BbZ)」を申請できるが、緊急措置として導入された TOZO は、その申請から給付までの条件を緩和するとともに、手続きも簡素化された。たとえば、当初は資産調査や配偶者の所得調査は行なわれず、営業の可能性についても審査をせずに給付が行なわれる仕組みであった。

　TOZO の対象となるのは、オランダ国籍を有しているか、永住許可が認められており、合法的にオランダに居住する 18 歳から法定の退職年齢までの、従業員を雇用していない自営業者である。申請条件には、所得が最低生活水準を下回っていることや、1 年以上自営業者として就労している場合、給付額の最高額を受けるためには前年に 1225 時間以上就労していることなどが必要である。他方、最近開業した場合は、2020 年 3 月 17 日までに会社を設立して、営業を行なっていることが条件となる。また、TOZO の運営責任は、公的扶助制度と同様に基礎自治体に置かれているため、申請者は、居住地の基礎自治

＊4　自営業者についても法律に定義が置かれていないが、オランダ中央統計局の定義では、自営業者とは自己採算とリスクのために働く人であり、自己の所有する会社もしくは事業を行なう人とされており、従業員の有無により分類されている。従業員を雇用している自営業者とは、伝統的な商店などを独立して営んでいる人びとを指す。他方、従業員を雇用していない自営業者は、"zelfstandige zonder personeel" の頭文字をとって "zzp" と表記されるが、いわゆるフリーランサーと呼ばれる人びとである。それらの人びとは、原材料を提供したり製品を販売したりする自営業者（Zzp-producten）と、IT 業務やデザインなど専門的なサービスを提供する自営業者（Zzp-eigen arbeid）に区分されている（CBS 2023b: 1)。本章でいう自営業者は、特別に記述しないかぎり、従業員を雇用していない自営業者（zzp）のことを指す（CBS 2023b: 1)。

体に申請を行なうことになる。

　「所得支援給付金」の額は、本人および同一世帯の世帯員の所得状況によって決まるが、単身者世帯の場合は月額 1050 ユーロまでであり、カップルまたはカップルと子どもによる世帯は、月額 1500 ユーロまでとなっている。支給期間は原則 3 カ月であるが、事情により延長が認められる。

　また、営業資金としての「貸付金」は、1 万 157 ユーロまでのローンを組むことが可能とされる。この貸付金は返済義務をともなうが、利率はコロナ危機以前よりも低額に設定されており、返済期間の猶予も認められているため、平常時の場合よりも営業実績の状況に配慮した対応になっている。そのほか、TOZO は当初、他の EU 加盟国で事業を行なっている自営業者には適用されない規則となっていたが、この範囲が拡大され、オランダに居住する自営業者が別の EU 加盟国で営業を行なっている場合には給付金、その逆の場合には貸付金の対象となるように改正された（Molleman 2021: 27）。

　TOZO の受給者数は、既存の自営業者のための公的扶助制度（BbZ）の受給者数と合わせて、2020 年 3 月から 2021 年 6 月までのあいだに 207 万 8000 人に上ったことが示されている（Employment Committee/Social Protection Committee 2022: 31）。また、その支出額は、2020 年には 27 億ユーロ、2021 年には 9 億ユーロと報告されている（IMF 2021: 11）。

仕事と経済の緊急支援策に対する評価と課題

　新型コロナウイルスの感染拡大がピークを越えたという政府の判断と、経済・社会を平常時に戻す目的から、以上の雇用と経済のための緊急パッケージは 2021 年 10 月より段階的に廃止されることになった。

　今回の緊急支援策を振り返って、2008 年の財政危機の際に比べて、より多くの措置が講じられ、迅速に整備されたことが評価されている。また、EU 加盟国のなかでオランダは、コロナ危機でも相対的に低い失業率（3 ～ 4％台）を維持してきたことも注目されている。しかし、他方で検討すべき課題も残された。

　コロナ危機の初期から労働市場の分析を行なっていた労働法研究者のハネッケ・ベナースは、次のような点を課題として挙げる（Bennaars 2020: 327, 330-331）。

　第 1 に、従業員の雇用維持のために導入された NOW は、企業の業績や安定性により、申請にあたって企業間に格差が生じたことを指摘する。つまり、収益があり納税に寄与するような企業は助成金を受けやすく、季節により売上高に差が大きいような企業は申請しにくい、というような問題である。

　第 2 に、NOW は、フレキシブル労働者も離職させずに賃金を支払いつづけることを前提にした支援プログラムである。しかし現実には、とくにコロナ危機の初期（2020 年 3 ～ 4 月）に、雇用契約が終了となった労働者が少なくなかったことを問題とする。

　第 3 に、そのような場合に、正規職の労働者であればほぼ失業給付が受けられるが、不定期に職務に従事するオンコールなどのフレキシブル労働者や自営業者などは、失業保険制度に加入していない（または加入対象ではない）などの理由で給付が受けられないことを深刻な問題として指摘する。

　第 4 に、自営業者のための臨時給付（TOZO）の導入については、営業資金の「貸付」を申請する場合、政府も自営業者団体も、必要に迫られた場合にのみ申請するように促している点を挙げて、返済義務をともなう貸付金の性格に注意を向けている。

　そのほかにも、周辺諸国と比較して、これらの緊急対応措置が、労働法や社会保障法などの既存の法を改正することなく、別途、臨時措置を設立して行なわれた点にオランダの特徴があると言う。また、周辺諸国では育児休業期間の延長など、就労と子育ての両立支援策も緊急支援策に含められていた点を挙げて、とくに女性のパートタイム労働者の比率が高いオランダでは、子育て支援策に追加的措置が導入されなかった点にも言及している。

　今回の緊急支援策を分析してベナースは、正規職に比べて、フレキシブル労働者と従業員を雇用していない自営業者が、劣悪な労働環境に置かれがちなうえに、社会保障給付からも切り離されている場合が少なくないことから、期間の定めのない雇用契約をより多く復活すべきであると主張する。そして、その前提として、雇用契約の種類にかかわらず、誰もが社会保障制度にアクセスできる環境を整備すべきであることを強調する。

2　オランダの労働市場と最低生活保障制度

(1)　コロナ危機と労働市場の変化

　2008年の経済危機以降、オランダの労働市場では、有期雇用、臨時派遣、オンコールなどのフレキシブル労働者が増加したが、なかでもオンコール労働者と、従業員を雇用していない自営業者が急増したことがその特徴と言える。

　コロナ危機の影響で2020年にいったん5.5％に高まったオランダの失業率は、半年ほどでふたたび低下して3〜4％台で推移するようになった。しかし、年齢別に見ると大きな差があり、若年層（15〜24歳）の失業率は、2020年第2四半期以降の約1年間、10〜12％の2桁台がつづき、その後も他の年齢層に比べると高い水準にある。

　図5-1は、オランダの労働市場における雇用形態別の就業者数について、前年と比較した増減状況を、2020年から2022年末まで四半期ごとに示したものである。「正規労働者」と「フレキシブル労働者」と「自営業者」に3区分された労働者のなかで、2020年のコロナ危機の初期には、正規雇用と自営業に比べてフレキシブル労働者の減少幅が大きかったことがわかる。

　当時、コロナ危機によってとくに減収を迫られたのは、建設業、宿泊・レストラン・カフェ業と文化・支援サービス業であったと報告されているが、それらの分野には、移民の背景をもつ人びとを含む未熟練の若年労働者が相対的に多く従事していたことも明らかにされている。2020年第2四半期以降につづいたロックダウンとも重なり、フレキシブル労働者の雇用への影響が大きく現われた様子がうかがえる（Bussink/Vervlie/ter Weel 2022: 7-10）。

　翌2021年には、激減したフレキシブル労働者の数も回復を見せたが、その後、自営業者のカテゴリーなかで、従業員を雇用していない自営業者がさらに増えたことに注目が集まった。その数は、2022年第3四半期に前年比で12万7000人の増加となり、総計で約120万人（就業人口の約12％）となった（CBS 2022: 1）。コロナ禍という事情もあり、この時期に増加が目立ったのはおもに

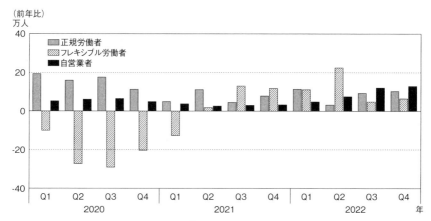

図5-1　オランダにおける雇用形態別就業者数の推移（15～75歳）

出典）CBS（2023c: 1）より著者作成。

医療・介護分野で、職種としては、医師、心理療法士、ソーシャルワーカーと、そのほかの医療専門職であったことが報告されている（CBS 2022: 3）。

（2）　所得保障制度

自営業者の位置づけ

　フレキシブル労働者や自営業者は、正規の被用者と比較して景気変動の影響を直接受けやすいだけでなく、万一、病気になったり怪我を負った場合や、高齢期に引退するときなどに、経済生活が不安定になる可能性が大きい。そのため、最低生活を維持するための所得保障制度が不可欠であると言えよう。では、オランダでは、それらの人びとは、どのような所得保障制度にアクセスできるのだろうか。以下では、自営業者への所得保障のあり方に焦点をあてて見ていこう。

　歴史を簡単に振り返ると、オランダの所得保障制度は、隣国ドイツのビスマルクの影響を受けて、社会保険制度を中心に据えた仕組みを創設することから出発した。しかし、第2次大戦後の福祉国家の整備期には、イギリスのベヴァリッジ報告を参考にして、全住民を対象とした最低所得保障制度の構築をめざ

　す方針を選択した。その際に、社会保険制度の拠出・給付関係については、ベ
ヴァリッジ案を踏襲せずに、所得格差を考慮した「所得比例拠出・均一給付」
の仕組みを導入したことで、より所得再分配効果の高い制度が構築されたとい
う特徴が見いだせる。

　現行制度においても、拠出制の社会保険制度と、無拠出制の社会給付・公的
扶助制度の２層構造により、社会的セーフティネットが形成されている。そし
て基本となる社会保険制度はさらに、全住民を対象とする国民保険制度と、被
用者のみを対象とする被用者保険制度に分かれて、それぞれリスク別に制度が
設立されている。

　国民保険制度には、一般老齢年金制度（Algemene Ouderdomswet: AOW）、
一般遺族年金制度（Algemene nabestaandenwet: AnW）、長期医療介護制度（Wet
langdurigezorg: Wlz）、一般児童手当制度（Algemene Kinderbijslagwet: AKW）が
設立されている[*5]。他方、被用者保険制度には、失業保険制度（Werkloosheidswet:
WW）、傷病給付制度（Ziektewet: ZW）、就労能力に応じた障がい保険制度（Wet
werk en inkomen naar arbeidsvermogen: WIA）が設立されている。

　自営業者は、国民保険制度への強制加入の対象であるため、老齢年金（AOW）
と遺族年金（AnW）のほか、長期医療・介護費用を賄うための医療保険制度
（Wlz）の対象となる。また、子育て中であれば、18歳未満の子どもに対して
児童手当（AKW）が支給される。しかし、雇用関係がないため、失業や傷病、
障がいのリスクをカバーする被用者保険制度の対象にはなっていない[*6]。

　欧州法・社会保障法の比較法研究者であるヘイスベルト・フォンクは、オラ
ンダの社会保険制度における非正規労働者の保護のあり方の課題として次の点
を挙げる。つまり、制度の対象となる被用者とそうでない人びとの区別があい

　　＊5　ここで特記すべきは、全住民に加入を義務づけている基礎的医療にかかる費用を賄うた
　　　めの健康保険制度（Zvw）が、2006年に社会保険から民営化されたことである。つまり、
　　　オランダでは基礎医療については民間保険により、「皆保険制度」の実現をめざしたので
　　　ある。また、児童手当制度は、1989年より完全に税財源となり、無拠出の社会手当と呼
　　　ぶべき制度であるが、同法の条文に被保険者という文言が残されていることから、オラ
　　　ンダでは現在も児童手当は国民保険制度のなかに位置づけられている（Pennings 2017:
　　　69-70）。

まいである点、被用者保険制度により保護されるリスクが一般の自営業者には適用されない点、また、年金は基礎部分のみの支給であり、被用者の多くが加入する上乗せ年金制度が自営業者にはない点などを問題としている（Vonk 2021: 158-160）。

自営業者の傷病・障がいのリスクへの対応

前述した課題のなかにも挙げられたが、オランダの傷病・障がいのリスクに対する所得保障は被用者のみを対象としている。しかし、かつては自営業者のために障がい年金制度が設立されていたことがある。1975 年に、国民保険制度に「一般障がい給付制度（Algemene arbeidsongeschiktheidswet: AAW）」が創設され、それまで被用者保険制度のみに設立されていた障がい保険制度とは別に、全住民を対象とする制度が確立されて、非正規労働者や自営業者も加入できるようになった。

しかし同制度は 1998 年に、「自営業者のための障がい保険制度（Wet arbeids ongeschiktheidsverzekering zelfstandigen: WAZ）」と「若年障がい者のための障がい給付制度（Wet arbeidsongeschiktheidsvoorziening jonggehandicapten: Wajong）とに分割されたあと、「自営業者のための障がい保険制度（WAZ）」が 2004 年に廃止されたという経緯がある。それ以後、自営業者の傷病・障がいのリスクは、各自で民間保険に加入するなどして備えなければならなくなった。ただし、自営業の女性の妊娠と出産に関する制度（Zelfstandige en Zwanger: ZEZ）は公的に保障され、最低 16 週間の産前・産後休暇が保障されている。給付は前年度の所得に沿って支給されるが、最低賃金レベルまでの保障にとどまる（MISSOC 2022: 7-9; Beuker/Pichault/Naedenoen 2019: 158）。

表5-1 は、オランダの正規被用者と、失業者と、従業員を雇用していない

---

* 6　フレキシブル労働者と、従業員を雇用していない自営業者は、コロナウイルスに感染しやすいカテゴリーに属していても、正規従業員に比べて、社会保障制度による保護が少ないことが指摘されている（Cantillon/Seeleib-Kaiser/van der Veen 2021: 333）。他方で、音楽家や芸術家やスポーツ選手など、一部の独立した職業の人びとには、社会保障法上の被用者概念を拡大して、被用者保険制度の対象になることが認められている（Houwerzijl/Zakic/Bekker/Evers 2022: 378）。

表5-1　雇用状況別に見た傷病・障がいに対する所得保障の方法

	傷病発生時	傷病発生後2年まで	傷病発生後2年以降
正規被用者	使用者による継続支給	就労能力に応じた障がい保険制度（WIA）	
失業者	傷病給付制度（ZW）	就労能力に応じた障がい保険制度（WIA）	
従業員を雇用しない自営業者	傷病給付制度（ZW: 任意加入）	就労能力に応じた障がい保険制度（WIA: 任意加入）	
	民間障がい保険（AOV: 任意加入）		
	パン基金		

出典）Dekker/Mevissen/Oostveen（2018: 31, Figure 7）より著者作成。

自営業者のそれぞれの傷病と障がいのリスクに対応する保障の仕組みを現行制度に沿って整理したものである。

　同表によれば、正規の被用者には、傷病が発生してから2年間、使用者の責任で従前賃金の70％が支給される。もし2年後以降もその状態がつづいた場合には、「就労能力に応じた障がい保険制度（WIA）」を通じて、障がいの度合いに応じた給付を受けることになる。

　また、失業中の元従業員の場合は、傷病の発生時から2年間、被用者保険（・就労事業）運営機関（UWV）を通じて傷病給付制度（ZW）から従前賃金の70％の給付を受給できる。その後も障がいを有する状態がつづいた場合、就労能力に応じた障がい保険制度（WIA）から障がいの度合いに応じた給付を受けることになる。

　他方、自営業者については、傷病給付制度と就労能力に応じた障がい保険制度に任意加入するか、または民間保険に加入するか、それとも「パン基金」に参加するかの選択肢が示されている。しかし、被用者保険制度への任意加入は、自営業を開始する前に被用者保険に加入していることが条件となっていたり、起業から制度に加入するまでの期間が限定されていることもある（MISSOC 2022: 6; Dekker/Mevissen/Oostveen 2018: 19）。

　多くの自営業者は、民間障がい保険（Arbeidsongeschiktheidsverzekering: AOV）または、自営業者どうしの相互扶助の仕組みとして設立されたパン基金に加入して、リスクに備えることになろう。政府は現在、自営業者を対象に、民間障がい保険（AOV）への加入を義務づける方針を示している

(Government of the Netherlands 2021: 11)。また、自営業者のあいだではパン基金に関心が高まっており、実際に加入者数と基金の数が急速に増えている。

　そこで、以下では、新たなセーフティネットづくりとして注目を集めているパン基金の概要について紹介しておこう。

自営業者の相互扶助──パン基金の設立

　「ブロードフォンズ（Broodfonds）」は、パン基金という意味の相互扶助団体の名称であるが、従業員を雇用していない自営業者が、傷病により休業を余儀なくされた場合に、自営業者の仲間のあいだで生活を支えあう団体として、2006 年にオランダで設立された。そのきっかけは、前述したように、2004 年に国民保険制度のなかの自営業者のための障がい保険制度（WAZ）が廃止されたことである（Bread Funds UK 2017: 4）。それ以降、自営業者は、傷病と障がいのリスクに備えるために個々に民間保険に加入せざるをえなくなったのだが、保険料がかなり高額になることが問題であった。

　そこで、一部の自営業者たちが自らで、毎月の積立金をもとにした相互扶助ネットワークとしてパン基金を協同組合の形態で設立した。その目的は、単に被用者保険制度の傷病給付を代替した現金給付を行なうのではなく、メンバー間で、お互いの顔が見える交流ができることも意図しており、居住地に近い場所に 20 人から 50 人までのグループを編成して同基金を運営することが決められている。

　パン基金に参加が認められる自営業者の条件は、1 年以上自営業をつづけており、月額 750 ユーロ以上の利益があり、同基金のメンバーになったあとも自営業で働きつづける予定でいることとされる。運営事務局への登録を経て、既存のグループに参加してもよいが、自らグループを立ち上げることもできる。メンバーになるには最初の手続きの際に 225 ユーロの初期費用を支払い、その後メンバーとなってからは毎月 12.5 ユーロの運営経費を支払う。また、パン基金への寄付（拠出金）と給付専用の銀行口座を開設する。そして、月額 33.75 ユーロから 112.5 ユーロのあいだで 8 段階に区分された固定の寄付額のいずれかを選択して、その金額を毎月その銀行口座に貯蓄していく仕組みとなっている。

　もしメンバーの誰かが傷病を負ったときは、その他のメンバー全員の個々の口座から給付金がそれぞれギフトとして送られる。自分が傷病を負った際には、納めた寄付額のレベルに対応する給付を受け取ることになるが、その金額は、月額 750 ユーロから 2500 ユーロまでが 8 段階に分けられている。このギフト（給付金）の支給期間は被用者保険制度の傷病給付と同様に、最長 2 年間となっている。また、基金を脱退するときは、銀行口座に積み立ててある預託金が返金される（Oostveen 2018: 1-2）。コロナ危機の影響とは断定できないが、最近、国内各地域でパン基金がその数を増やしており、2023 年 3 月現在、全国に 644 基金が設置され、参加者数は 2 万 9500 人と報告されている（Broodfonds 2023: 1）。

　その活動を肯定的に見る人は、パン基金のよさを、小規模の連帯とメンバー間の相互の信頼関係に見いだす。また、民間保険会社との保険契約に比べて費用がかからない、という現実的な評価もある（Dekker/Mevissen/Oostveen 2018: 19; Oostveen 2018: 1-2）。また、同基金を新しい連帯のかたちとして期待する人びとがいる一方で、かつて存在していたギルドに類似した相互扶助のイメージを抱く人びともいる（Vonk 2021: 157）。他方で、資金の安定性や、多くのメンバーが同時に脱退した場合の基金の存続可能性、また、傷病が 2 年以上つづいた場合の生活保障のあり方などについて懸念する声がある。

（3）　自営業者の「社会的セーフティネット」

　次に、オランダの社会的セーフティネットの第 2 層に位置づけられる、全住民を対象とした公的扶助制度と、自営業者のために設立された 2 種類の手当について紹介しよう。いずれも無拠出で税を財源とする制度であり、基礎自治体により運営されている。

　2015 年の改正により、新たに「参加法（Participatiewet: PW）」を根拠法にして施行された公的扶助制度は、旧制度を改正しただけでなく、「社会雇用法（Wet Sociale Werkvoorziening: WSW）」と「若年障がい者のための障がい給付制度（Wajong）」の一部を統合して再編された制度である。かつては社会権にもとづいて、現金給付により最低生活を保障することが中心に据えられていた公

的扶助制度は、現在では「参加制度」の名称が示すように、現金給付を行なうよりも社会・労働市場へ参加を促すことが重視されている。

　もちろん生活に困窮した場合には現金給付が行なわれるが、その条件は以前に比べて厳しさを増しており、社会保険の給付が受けられない場合や、その他の生計費を確保する手段がない場合に限られるほか、申請手続きの過程で資産調査が行なわれ、所得や預貯金や資産が一定水準以下である場合にのみ支給対象となる。給付額は、最低賃金額を基準にしており、年齢と世帯状況によって決められる。

　同制度はまた、地方分権化過程の重要なステップとしても位置づけられている。基礎自治体は、財政支出についてより多くの責任を課されるようになり、同制度を実施するための財政手段は地方政府予算となった（OECD 2023: 93）。

　他方で、公的扶助行政が基礎自治体の裁量にゆだねられると、中央政府からの補助金の引き締めによって、受給者数を減らすことが基礎自治体の財政面でのメリットになることを懸念する声がある。また、政策の優先順位も基礎自治体に任せる部分が大きくなり、対象者別の支援事業の内容に地域格差が拡大していることが問題となっている。さらに、労働市場復帰の優先政策により、職が見つからない公的扶助受給者を、地域の利益になるような無償労働に誘導することも問題として指摘されている（Knijn/Hiah 2019: 12-13）。

　前述したが、参加制度のなかに一時的に生活が困窮した自営業者の最低生活を保障するための公的扶助制度（BbZ）が設立されている。対象となるのは、従業員を雇用していない自営業者であり、年間 1225 時間以上就労しており、一般の公的扶助水準を下回る所得しかない場合に、公的扶助水準までの給付が期間を限定して支給される（Oostveen 2019: 12）。現金給付の代わりに無利息の貸付を申請する選択もあり、所得制限の上限を超える預貯金などを保有している場合には、貸付のみとなる。

　また、収入が一定以下で就労が困難になった高齢の自営業者を対象にして、「高齢と部分的就労不能の自営業者に対する給付制度（Wet Inkomensvoorziening Oudere en gedeeltelijk arbeidsongeschikte gewesen zelfstandingen: IOAZ）」が 1987 年より設立されている。同制度は、55 歳以上で、収入が低下したことなどから自営業を廃業する予定の人をおもに対象とした給付であるが、公的年金

支給開始までの経済生活をつなぐ意味がある（Cantillon/Seeleib-Kaiser/van der Veen 2021: 329）。一般の公的扶助と異なる点は、申請の際の資産調査において、考慮される資産が少なくなり、給付が受けやすいことである（MISSCO: 2022: 23）。

3　ウィズ・コロナの時代に向けた課題

(1)　労働市場改革への新たな視点

　2008年の財政危機以降も、政府は労働市場改革として雇用創出を刺激して人びとの労働市場への参加を促進するために、労働市場をよりいっそう柔軟にする方針を進めた。同時に、財政負担を減らす目的で社会保障制度が次々と引き締められる方向に改正された（Bekker/Mikkel 2019: 153）。競争力を高めて国家予算のバランスをとる政策に沿って、労働市場改革が行なわれていたと言えよう。

　しかし、2018年11月に政府が設置した労働規制に関する委員会（委員長であるハンス・ボルストラップの名前を付けてボルストラップ（Borstlap）委員会とも呼ばれる）は、広範にわたる調査を行ない、2020年1月に最終報告書を発行したが、そのなかでオランダの労働規制システムが時代に合っていないことを指摘した。そして政府に対して、労働をとり巻く環境（雇用、社会保障、税、自己開発など）に関する規制を抜本的に計画し直すべきであると勧告した[7]。

　同委員会の報告書は、その後の労働市場改革にさまざまな議論を呼び起こした。もはやフレキシブル雇用契約を奨励すべきときではない、という同委員会のきっぱりとした態度や、多様な雇用契約をよりシンプルにして、財政上また社会保障上の取り扱いを同等にする改革案のほか、障がいのリスクからすべての労働者を守るために新しい強制保険を設立すべきという提言などが注目され

---

*7　同委員会は、正規従業員の雇用契約の柔軟性を高めることや、フレキシブル労働者を雇用することが事業主にインセンティヴを与えないような規制、また、生涯教育を充実させることなどを勧告の柱に挙げている（OECD 2023: 94）。OECD も同委員会の見解に沿って、オランダの労働市場の課題について言及している（OECD 2019: 3-5）。

た（Vonk 2021: 166-167）。2022 年より引き続き政権を担ったルッテ首相のもとでスタートした新政府においても、同委員会の勧告の一部を改革計画として連合協定のなかに含めた労働市場改革が実施されている。

(2)　基礎自治体の新たな試み

　中央政府は、社会福祉行政の財政面での最終責任を担うが、実際には 2015 年以降、基礎自治体が政策と施行の裁量を大きく拡大した。積極的労働市場政策は、地域ごとに被用者保険（・就労事業）運営機関（UWV）が実施する公共職業紹介サービスと基礎自治体とのあいだで、役割分担が行なわれている。つまり、前者の機関は、もっぱら短期の失業者と疾病や障がいを有する人びとに焦点をあてた業務を担い、後者の基礎自治体は、長期失業者と経済的に非稼働な状態にある人びとを対象にした支援を行なう。

　基礎自治体が行政区を越えて労働市場政策を調整できるように、オランダでは州および基礎自治体の行政区とは別に、国内に 35 の労働市場圏域が設定されている。2020 年、政府はそれらすべての労働市場圏域に「地域移行チーム（Regional Mobility Teams: RMT）」を導入したが、それはコロナ危機の始まりにおいて設定された、政府の大規模計画の一部であったと言われる[8]。

　同チームは、基礎自治体と公共職業紹介サービスと教育機関と労使の協力体制により、失業の危険を背負いそうな労働者に転職を支援するサービスを提供している。たとえば、職業や産業部門を切り替えられるような追加訓練などを通じて新しい仕事への移行を支援している。そのほかにも、各労働市場圏域には、「地域就労会社（regionaal werkbedrijf）」が設置されており、そこでも類似の協力体制によって、機会均等の創出のための協定の実現などをめざす活動を行なっている（OECD 2023: 106）。

＊8　「地域移行チーム」は、コロナ危機への対応策として 2020 年 11 月に創設された。基礎自治体が編成するこれらのチームのおもな役割は、職を失いそうな人や、コロナ禍が原因で失業した人びとに対して支援を行ない、職業紹介所につなぐことである。同チームは、全世代の人びとへの支援を行なうが、青少年層はとくに優先的に重視する対象となっている（OECD 2021: 30）。

これらの取り組みの課題として、労働市場圏域における活動は、サービス提供者のあいだでは協力体制の構築につながるが、地域レベルでの政策のつながりに欠ける点が問題とされている。また、基礎自治体は、市民の労働市場への参加の促進とともに、生涯教育の充実にも力を入れているが、現実には教育・訓練が、急速に変化する技術への労働市場のニーズを反映できていない点もあり、継続して学ぶ受講生がきわめて少ないことも課題となっている（Bekker/Mikkel 2019: 152）。

4　福祉国家改革の動向

以上、コロナ危機に直面したオランダの福祉国家について、労働市場に焦点をあてて、とくに最近増加傾向にあるフレキシブル労働者と自営業者の生活と就労と労働市場をつなぐ社会保障のあり方について検討を加えた。最後にその論点をまとめておこう。

(1)　コロナ危機への政府の対応

オランダでは新型コロナウイルス感染防止のための緊急措置として、当初は、「インテリジェント・ロックダウン」と名づけられた比較的穏やかな措置がとられたことが特徴であった。それと並行して導入された「仕事と経済の緊急支援策」について、本章では、事業主を対象に支給された従業員の賃金補填制度と、自営業者に対する所得補填のための緊急支援策とについて概要を紹介したうえで、緊急支援策に対する評価および課題を示した。

EU加盟国のなかでオランダはコロナ危機にあっても相対的に低い失業率（3〜4％台）を維持してきたことが評価されており、また、2008年の財政危機のときに比べて、より多種の緊急措置を迅速に準備できたことも評価された。

しかし、他方で課題も残された。とくに、NOWの目的が、従業員への賃金補助をとおして雇用の維持を図ることをめざしたものの、現実にはコロナ危機の初期に雇用契約が終了となったフレキシブル労働者が少なくなかったことに

注目すべきである。また、それらの労働者のなかで、失業保険制度に加入していない（または加入対象でない）ため、所得保障給付が受けられない労働者が少なからず存在したことも深刻な問題と言えよう。

(2)　所得保障制度の課題と相互扶助組織の活動

労働市場では、コロナ禍の初期から特定の産業部門に従事するフレキシブル労働者の減少幅が大きく、とくに若年層の雇用が不安定になった様子がうかがえた。その後、従業員を雇用していない自営業者が増加していることが明らかにされたが、自営業者は被用者保険への加入資格がないことから、失業のほか、傷病や障がいのリスクからも保護されていない点が深刻な問題となっている。

興味深いのは、傷病のリスクに対応するために自営業者が自らで立ち上げた相互扶助組織である「パン基金」への関心が最近高まり、加入者が急速に増加していることである。それは単に傷病給付を置き換えるだけでなく、居住する地域で基金のメンバーどうしでお互いの顔が見える交流を図ることも目的とされている。もともと、民間非営利組織がイニシアティヴをとってきたオランダの地域単位の社会福祉行政や活動には、長い歴史がある。「パン基金」の評価には時を待たねばならないが、その活動に関する議論は、賛否両論を含めて、これからの社会的支援策の公私関係について検討するうえで注目する価値があると言えよう。

(3)　社会的セーフティネットと労働市場改革

社会的セーフティネットとして、一般的な公的扶助制度と、自営業者のために設立された2種類の手当について検討した。2015年の改正により公的扶助制度は、給付よりも労働市場への復帰がさらに重視されるようになり、ますます自己責任を強調する制度となった。最近、公的扶助制度のなかに設立された「自営業者を対象とした公的扶助制度（BbZ）」も、給付と貸付の2本立てのしくみを用意して申請者に向きあっている。

それに対して、1980年代に設立された「高齢と部分的就労不能の自営業者

に対する給付制度（IOAZ）」は、税を財源とした手当により、自営業を廃業する予定の中高年齢者に対して、一般老齢年金の支給開始までの最低所得を保障している。あくまで就労促進をめざす現行の公的扶助制度と、かつて、中高年者の労働市場復帰が容易でない実態をふまえて設立された社会給付制度が共存するオランダの社会保障制度には、新旧のセーフティネットの「合理性」の違いが垣間見えて、興味深い。

　また、2020年に発表されたボルストラップ委員会の最終報告書が、最近まで労働市場を柔軟にすることを政策方針としてきた政府とは逆の見方を示したことも注目に値する。つまり、今後の雇用・労働市場改革において、フレキシブル労働者をなるべく増やさずに、雇用形態をシンプルにして、財政制度上や社会保障制度上で雇用形態別の差を生み出さないようにするという改革案や、障がいのリスクからすべての労働者を守るために新たな社会保険制度を設立すべきという提言などが、福祉国家の再評価にもつながる重要な検討課題となっている。

　そのほか、地方分権化の文脈における基礎自治体の行政区を越えた活動も、これからの労働市場政策に密着して議論を呼び起こすものと考えられる。労働市場圏域での活動のバリアとなっている地域レベルでの政策のつながりの欠如と、時代のニーズに遅れているといわれる生涯教育の活性化に基礎自治体がどのような取り組みを見せるのか、引きつづき注目を要する。

参考文献

廣瀬真理子　2020「オランダにおける最近の非正規雇用の増加と社会保障改革」福原宏幸・中村健吾・柳原剛司編『岐路に立つ欧州福祉レジーム——EUは市民の新たな連帯を築けるか？』ナカニシヤ出版、84-104頁。

Antonides, G./van Leeuwen, E. 2020. Covid-19 crisis in the Netherlands:"Only together we can control Corona". *Mind & Society* 20: 201-207. https://doi.org/10.1007/s11299-020-00257-x（2022年12月5日閲覧）

Bekker, S./Mikkel, M. 2019. The European flexicurity concept and the Dutch and Danish flexicurity models: How have they managed the Great Recession?. *Social Policy and Administration* 53(1): 142-155.

Bennaars, H. 2020. Covid-19 and labour law in the Netherlands. *European Labour Law Journal* 11(3): 324-331.

Beuker, L./Pichault, F./Naedenoen, F. 2019. Comparing the national contexts. In R. Semenza/F. Pichault（eds.）, *The Challenges of Self-Employment in Europe: Status, Social Protection and Collective Representation*. Cheltenham: Edward Elgar, pp. 140-177.

Bread Funds UK 2017. *Bread Funds: self-organised, self-employed and in control*. London: Bread Funds UK.

Broodfonds 2023. *Een solidair vangnet voor ondernemers*. Broodfonds. https://www.broodfonds.nl/（2023 年 3 月 2 日閲覧）

Bussink, H./Vervliet, T./ter Weel, B. 2022. *The Short-Term Effect of the COVID-19 Crisis on Employment Probabilities of Labour Market Entrants in the Netherlands*. IZA Institute of Labor Economics.

Cantillon, B./Seeleib-Kaiser, M./van der Veen, R. 2021. The COVID-19 crisis and policy responses by continental European welfare states. *Social Policy and Administration* 55（2）: 326-338.

CBS 2022. *Aantal zzp'ers gegroeid naar 1.2 milijoen in derde kwartaal van 2022*. Centraal Bureau van Statistiek. https://www.cbs.nl/nl-nl/nieuws/2022/50/aantal-zzp-ers-gegroeid-naar-1-2-miljoen-in-derde-kwartaal-van-2022（2023 年 1 月 15 日閲覧）

―― 2023a. *Wat zijn flexwerkers?* Centraal Bureau van Statistiek. https://www.cbs.nl/nl-nl/dossier/dossier-flexwerk/wat-zijn-flexwerkers-（2023 年 1 月 15 日閲覧）

―― 2023b. *Wat zijn zzp'ers?* Centraal Bureau van Statistiek. https://www.cbs.nl/nl-nl/dossier/dossier-zzp/wat-zijn-zzp-ers-#:~:text=Tot%20het%20totaal%20van%20zelfstandigen,al%20ondernemer%20zonder%20personeel%20was（2023 年 1 月 15 日閲覧）

―― 2023c. *Meer flexcontracten met zekerheid, maar ook meer zzp'ers*. Centraal Bureau van Statistiek. https://www.cbs.nl/nl-nl/nieuws/2023/07/meer-flexcontracten-met-zekerheid-maar-ook-meer-zzp-ers#:~:text=Meer%20flexwerkers%20met%20uitzicht%20op%20vaste%20baan&text=Het%20aantal%20oproep%2D%20en%20invalkrachten,een%20omvang%20van%209%20duizend（2023 年 3 月 1 日閲覧）

Cremers, J. 2021. Job retention scheme in Europe: The Netherlands. *ETUI Working Paper*. https://research.tilburguniversity.edu/en/publications/job-retention-schemes-in-europe-the-netherlands（2023 年 3 月 10 日閲覧）

Dekker, F./Mevissen, J./Oostveen, A. 2018. *Case study-Gaps in access to social protection for self-employed without employees in the Netherlands*. Brussels: European Commission.

Employment Committee/Social Protection Committee 2022. *Monitoring Report on the Employment and Social Situation in the EU Following the Outbreak of the COVID-19 Pandemic (Winter2021-2022 Report)*. Brussels: European Commission.

Government of the Netherlands 2021. *National plan: State of play in the Netherlands on social protection in the light of the Council Recommendation on Access to social protection for workers and the self-employed*. Government of the Netherlands.

Houwerzijl, M./Zakić, N./Bekker, S./Evers, M. 2022. In-work poverty in the Netherlands. In L. Ratti (ed.), *In-work poverty in Europe: Vulnerable and Under-Represented Persons in a Comparative Perspective*. Alphen aan de Rijn: Kluwer Law International, pp.193-239.

IMF 2021. *Policy Responses to COVID-19*. IMF. https://www.imf.org/en/Topics/imf-and-covid19/Policy-Responses-to-COVID-19 (2023 年 1 月 10 日閲覧)

Knijn, T./Hiah, J. 2019. *Coping with the Participation Act: Welfare experiences in the Netherlands*. Utrecht: ETHOS.

MISSOC 2022. *Social protection for the self-employed: Netherlands*. Brussels: European Commission.

Molleman, S. 2021. *ESPN Thematic Report: Social protection and inclusion policy responses to the COVID-19 crisis The Netherlands*. Brussels: European Social Policy Network.

OECD 2019. *OECD Input to the Netherlands Independent Commission on the Regulation of Work* (Commissie Regulering van Werk). Paris: OECD.

── 2021. *OECD Economic Surveys Netherlands*. Paris: OECD.

── 2023. *Policy Options for Labour Market Challenges in Amsterdam and Other Dutch Cities*. Paris: OECD.

Oostveen, A. 2018. Netherlands: Social protection for the self-employed through "bread funds". *ESPN Flash Report* 4. Brussels: European Commission.

── 2019. *ESPN Thematic Report on In-work poverty: The Netherlands*. Brussels: European Social Policy Network.

Pennings, F. 2017. *Social Security Law in the Netherlands*. Alphen aan den Rijn: Kluwer Law International.

Vonk, G. 2021. Extending Social Insurance Schemes to "Non-Employees": The Dutch Example. In U. Becker/O. Chesalina (eds.), *Social Law 4.0: New Approaches for Ensuring and Financing Social Security in the Digital Age*. Baden-Baden: Nomos, pp.147-169.

第6章

スウェーデンにおける
所得補償と就労支援政策

──普遍的福祉国家制度は市民の暮らしを守るのか──

太田美帆

1　コロナ危機とスウェーデン社会

　スウェーデンでは 2020 年 1 月に新型コロナウイルスの最初の患者が報告さ
れ、同年 3 月から本格的に流行が始まった。日本の小中学校に相当するス
ウェーデンの基礎学校では、2 月中旬から 3 月上旬にかけて 1 週間のスポーツ
休暇があり（県ごとに実施時期が異なる）、例年、多くの子どもたちが家族とと
もに国内外でスキーを楽しむ。ウイルス解析結果によると、2 月下旬から 3 月
初旬にかけてイタリアとオーストリアからもたらされたウイルスがスウェーデ
ン国内での感染拡大に大きな影響をおよぼした（Dyrdak/Albert 2021: 2）。
　海外旅行をした人から国内で感染が広がっていることは報道を通じて知られ
ていたが、スウェーデンの就学前学校や基礎学校では休校や遠隔教育の措置は
とられなかった（高校と大学は 2020 年 3 月にオンラインに移行した[*1]）。またテレ
ワークが可能な職場ではテレワークが推奨され、2020 年 3 月 11 日に疾病手当

＊1　2021 年 1 月に感染が拡大した際に、さらなる感染拡大を防ぐため、公衆衛生庁の勧告に
　　より政府は、設置者が他の感染拡大防止策を十分に講じられない場合には基礎学校の高
　　学年（中学校に相当）は遠隔教育という選択肢をもつことができるとした。その際、生
　　徒には必要な道具と給食が提供されなければならないとした（Folkhälsomyndigheten
　　2021）。
　　　2021 年 1 月には多くの基礎学校高学年が遠隔教育を行なったが、同年 2 月には教室を
　　使った教育に戻った学校が多かった（Barnombudsmannen 2021: 28-29）。

の待機日をゼロとするなど感染拡大防止の措置がとられたものの、他の西欧諸国とは異なり、スウェーデン政府はロックダウンを行なわなかった。これは移動の自由を含む基本的人権、教育や就労の機会の保障など従来からスウェーデン政府が重視してきたことを尊重し、できるかぎり日常生活をつづけるという方針をとったと考えることができる。

　しかし当然のことながら、パンデミックの時期に国内の感染者数は増加し、飲食店や観光業をはじめとして民間サービス業を中心に多くの産業が打撃を受け、失業者数が増加した。またスウェーデンでは2010年代半ばに多くの難民を受け入れていたため、それらの人びとの労働市場への統合もすでに課題となっていた。そのためスウェーデンではコロナ危機と難民危機の両方からもたらされる問題に同時に取り組む必要があった。

　スウェーデンは1940年代以降、積極的労働市場政策と連帯賃金制度を組み合わせることにより、完全雇用を基礎とする福祉国家制度を形成してきた。その結果、スウェーデンの労働市場は他のEU諸国と比べて高い就業率と、高賃金・高技能職が多く低賃金・低技能職が少ないという特徴をもつ（Arbetsmarknadsekonomiska rådet 2018: 126）。医療・福祉、教育を質量ともに十分に提供することにより質の高い労働者を確保することができ、質量ともに十分な労働者がいるから医療・福祉、教育の財源や人材を確保することができるというように、普遍主義のもとで両者のよい循環が形成されてきたといえる。

　しかし難民危機やコロナ危機は短期間のうちに社会の構成員や生活様式を変え、労働市場に大きな影響をおよぼした。これら2つの危機は完全雇用の前提を覆す長期失業者の増大をもたらす可能性があるという点で重大である。

　本章の目的は、コロナ危機下でスウェーデン政府がこれら2つの危機からもたらされる労働市場の問題にどのように対処したのかを、所得補償と就労支援をとおして明らかにすることである。

2　労働市場の変化

(1)　失業率の推移

　図 6-1 は、スウェーデンと OECD 諸国の失業率の変化を示している。ス
ウェーデンでは 2019 年度下半期からすでに失業率が上昇していたが、コロナ
危機下で失業率は急増した。2021 年時点でスウェーデンの失業率は 9.0% であ
り、これは 1990 年代の失業率に迫る水準である。その後、スウェーデンの中
央統計局によると失業率は 7.5%（2022 年）に下がった。スウェーデンでは
1980 年代までは完全雇用をめざす積極的労働市場政策のもと失業率は約 2% で
推移していたが、1990 年代の不況時に約 10% にまで高まり、その後は以前の
水準まで下がらず、OECD 諸国の平均と同様、5% 台から 8% 台で推移していた。
　コロナ危機のもと、医療や福祉など一部では労働力需要が高まったものの、
多くの分野で労働力需要は減少した。2020 年 3 月と 4 月の 2 カ月でホテル・
レストラン、旅行、運輸、販売などを中心に 7 万人弱が解雇予告を受けた。そ
の後、夏にかけてより広い分野で多くの人が解雇予告を受けた。しかし秋には

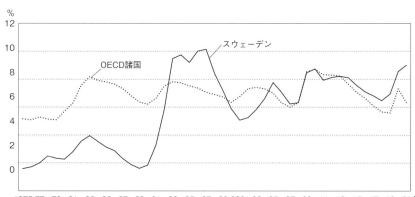

図6-1　失業率の推移（1975〜2021年）
出典）OECD（2022a）より著者作成。

政府の緊急対策などを援用しながら経済活動は回復し、それにともない失業者数は安定化した。職業紹介所によると、同年秋には、依然として失業者として新規登録する者は多いものの、予想以上に多くの人が就労や教育へ移行したという（Analysavdelningen 2021a: 4-5）。

(2)　長期失業者の急増

スウェーデンでは 1990 年代初頭に生じた経済不況を機に、失業者に占める長期失業者の割合が増加した（表 6-1）。1990 年代後半に景気は回復したものの、失業期間 6 カ月以上の失業者の割合は約 3 割と高止まりしている。コロナ危機後に失業期間が 6 カ月以上の失業者の割合はさらに高まり、とりわけ失業期間が 1 年以上の失業者の割合が高まった。[*2]

日本や OECD 諸国平均と比べるならスウェーデンでは長期失業者の割合は低く、失業期間が 1 カ月未満の人の割合が高い。しかし失業期間が長引くと個々人の受けた教育、経験、職業上のネットワークの価値が小さくなり、当人の求職意欲も減少するため、失業者の就職する可能性が小さくなる（Bengtsson 2021: 5）。そのため 1990 年代半ばを境に失業率の平均が高くなって以来、スウェーデン政府は長期失業者対策を重要な政策的課題であるとみなしている。

現実には長期失業者は近年増加しており、コロナ危機下でその傾向は強まっている。たとえばコロナ危機前には労働市場にしっかりと根づいていた人も失業期間が長期化する傾向にあり、12 カ月以上の長期失業者となる人は性別、年齢、学歴、出身国にかかわらず広がっているという（Analysavdelningen 2021b: 9）。また 2021 年に新規失業者として職業紹介所に登録される人は減ったが、それ以降も失業期間が 24 カ月以上の長期失業者は増加しつづけている（Mångs/Edholm 2022: 11）。これらのことから、完全雇用に基礎を置く福祉国家制度が機能しなくなっていく可能性がある。

＊2　現在、スウェーデンでは 25 歳未満の人は失業期間が 6 カ月以上になると長期失業者とみなされ、25 歳以上の人は失業期間が 1 年以上になると長期失業者とみなされることが多い。近年、失業期間が 24 カ月以上の失業者が問題になってきているため、本章では必要に応じて 12 カ月や 24 カ月など失業期間を併記して長期失業者を記述する。

表6-1　失業期間別の失業者の割合（1977〜2021年）

（単位：%）

		1977	1980	1990	2000	2005	2010	2015	2019	2020	2021
スウェーデン	1 か月未満	34.8	33.8	31.3	21.4	–	24.2	27.6	32.2	30.0	28.7
	1 か月以上、3 か月未満	30.9	32.5	30.3	20.5	–	23.2	23.9	22.6	25.1	17.7
	3 か月以上、6 か月未満	18.4	16.7	16.1	16.6	–	17.7	16.0	17.6	18.5	14.8
	6 か月以上、1 年未満	11.2	11.4	10.2	15.1	–	17.6	14.9	15.5	14.7	19.5
	1 年以上	4.7	5.5	12.1	26.4	–	17.3	17.6	12.1	11.7	19.3
OECD	1 か月未満	–	–	19.5	16.1	16.1	14.1	15.8	17.1	17.6	16.9
	1 か月以上、3 か月未満	–	–	20.6	21.9	22.2	22.1	23.0	26.9	29.2	23.0
	3 か月以上、6 か月未満	–	–	15.2	15.8	15.8	16.9	15.5	16.8	20.0	15.8
	6 か月以上、1 年未満	–	–	13.7	15.2	14.2	16.3	13.2	13.4	14.7	16.0
	1 年以上	–	–	31.0	31.0	31.7	30.6	32.4	25.8	18.5	28.4
日本	1 か月未満	24.4	20.0	24.8	13.4	14.1	9.9	12.6	17.4	16.9	15.0
	1 か月以上、3 か月未満	28.3	27.8	23.4	23.9	21.3	18.9	21.0	22.4	21.2	19.3
	3 か月以上、6 か月未満	18.9	16.5	12.8	15.8	15.5	15.5	15.9	13.7	18.5	14.4
	6 か月以上、1 年未満	15.7	19.1	19.9	21.4	15.8	18.0	15.0	14.3	15.3	15.5
	1 年以上	12.6	16.5	19.1	25.5	33.3	37.6	35.5	32.3	28.0	35.8

出典）OECD（2022b）より著者作成。

（3）　社会的給付の受給者の推移と就労支援

　図6-2は、社会的給付によって生計を立てている人の数と20〜64歳人口に占める割合を表わしている。社会的給付の内訳を見ると、棒グラフの下から3つのカテゴリー（失業保険、疾病給付、労働市場プログラムに起因する手当）は労働市場と結びつきの強い給付である。上から3つのカテゴリーを見ると、疾病および活動手当は従来の早期年金、経済援助は社会的扶助、確立手当は難民などの新規入国者が社会に定着するため最初の2年間に受給できる手当であり、いずれも労働市場との結びつきの弱い人々が受ける給付である。1997年以降、受給者が減少し、2008年以降、労働市場と結びつきの強い給付の割合が高まる傾向がある。

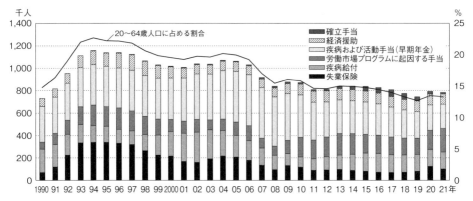

図6-2　社会的給付によって生計を立てている人の数と割合
出典）SCB（2022a）より著者作成。

　背景には他の欧米諸国と同様、「給付から就労へ」という動きがある。1997
年以降は活動手当（aktivitetsstöd）など労働市場プログラムへの参加を要件と
する手当を整理するとともに、活動手当を受給するためには就職活動の実施状
況を毎月報告する必要があるなど「ワークフェア」の色合いを強めた。また
2000年代半ば以降、失業保険の受給期間をできるだけ短くしたり、失業保険
の受給期間後の失業者の受け皿となっていた疾病給付や早期年金の受給要件を
厳しくすることにより、労働市場プログラムへ、そして就労へと人びとを促し
た（太田 2012；2015；2019）。

(4)　労働市場の分化

　失業者のなかには、就労へと促されたものの数年で失業し、就労支援プログ
ラムへ戻ってくる人が一定数存在する（太田 2015）。現在、技術革新を支える
高度な人材が求められる一方で、デジタル化が進む過程で中程度のスキルを必
要とする職が消失することや、その結果、労働市場が二極化して低スキルの職
がますます不安定化することが懸念されている（Nordic Council of Ministers
2021）。
　実際、低技能職は雇用期間の定めがあったり、雇用主が必要とするときに時

間給で働いたりするなど、不安定な雇用である場合が多い。コロナ危機におい
ても、最も大きな影響を受けたのが民間セクターで期間の定めのある雇用に就
いている人びとであり、低技能職とされる職に就いている人が解雇される可能
性が高かった（SCB 2022d）。

　スウェーデンの労働市場は、EU 諸国平均と比べて高い技能を要件とする職
が多い。現在、職業紹介所に登録されている求人情報の大部分は高校卒業を要
件としており、教育要件の付いていない求人は約 5%にすぎず、その割合は小
さくなっているという（Arbetsförmedlingen n. d.）。

　しかし EU 域内の人の移動の自由化や世界各地での紛争の激化により、ス
ウェーデンへの移民や難民が急増した。とりわけ 2010 年代以降は中東やアフ
リカ諸国からの難民の受け入れが増えたが、それは異なる言語や生活習慣をも
ち、学校教育を十分に受けていない人びとを社会に受け入れるということを意
味し、失業率上昇や長期失業者増加の一因となった（太田 2020：224-228）。

　今後、不平等の拡大や社会の分断を招かないような社会保障制度と就労支援
策が求められるが、コロナ危機は不安定雇用者の所得にどのような影響をおよ
ぼしたのであろうか。また安定的に雇用されている人と不安定な雇用に就いて
いる人では所得補償のされ方に違いはあるのだろうか。第 3 節では、コロナ危
機下における政府の所得補償政策をとおして人びとの所得がどの程度保護され
たのかを明らかにする。

3　所得補償制度の効果

　Adermon らはストックホルム大学が中心となって実施した調査データを用
いて、2020 年 3 〜 12 月に被雇用者の所得がどのような影響を受けたのかを分
析した（Adermon et al. 2022）。この調査では雇用主から被雇用者に支払われた
すべての金額を給与所得とみなし、年齢、性別、学歴、職業、収入、出身地な
どの属性ごとに 2016 〜 2019 年の平均を出し、2020 年の給与所得との変化を
算出した。また社会保障制度による所得補償を受けたあと、2019 年までと
2020 年の総所得がどのように変化したのかを分析した。ただし、労働所得が

コロナ危機下でどのように変化したのかに主眼を置いているため、資本所得を分析対象としていない。そのため総所得といっても可処分所得とは異なる。

　データの限界もある。事業主の所得の月別データがないため、この調査では自営業を含まない。年金やすべての親に支払われる児童手当などパンデミックから直接的に影響を受けない制度を除外している。第3節で述べるように就労支援のひとつとして教育が重視されているが、奨学金に相当する学習手当も含まれていない。また所得補償のなかには課税されるものも非課税のものも含まれる。

　この調査はすべての制度や社会集団を網羅しているわけではないが幅広く調査されているため、コロナ危機下で労働市場が受けた影響や社会保障制度の効果について特徴を捉えることができる。

(1)　給与所得の変化

　他の先進諸国と同様、スウェーデンでもコロナ危機の緊急対策として時短勤務手当（det statliga stödet för korttidsarbete）が支給された。これは雇用主の都合により労働時間を短縮する被雇用者の所得減少分の一部を国が所得補償することにより、雇用主が一時的で急激な不況の際に必要以上に労働者を解雇せずに済むようにする制度である。時短勤務手当のおかげで解雇される労働者数や企業の倒産件数は抑えられたと言われている（Tillväxtanalys 2021）。またスウェーデンでは被雇用者が病気のため欠勤する場合、最初の14日までは雇用主が疾病賃金（sjuklön）を支払うが、2020年4〜7月は国が企業の疾病賃金の支払い義務を肩代わりし、同年8月以降は企業負担分の一部を国が担った。

　賃金と時短勤務手当と疾病賃金を合わせて給与所得と算定した場合、Adermonらによると、2019年までと比べて2020年の給与所得は全体として2.7％減少したが、属性によって給与所得への影響は異なった。以下の4つの集団は全体の平均よりも大きな影響を受けた社会集団である。

　年齢別に見ると若年者のほうが影響を強く受けた。若年層（20〜29歳）は給与所得が3.7％減少し、中年層（30〜54歳）は2.4％、高年層（55〜64歳）は2.0％それぞれ減少した（Adermon et al. 2022: 132）。その理由として若い世

代のほうがパンデミックの影響を強く受けた産業分野で働いていた割合が高い
ことが考えられる。

　所得別で見ると低所得者のほうが強く影響を受けた。可処分所得を4つに分
けたときに、最も可処分所得の小さいカテゴリーの人は給与所得が4.3%、最
も大きいカテゴリーの人は2.1%それぞれ減少した（ibid.: 132）。

　出身国別で見るとアジア・アフリカ諸国の出身者は3.3%減であったのに対
し、スウェーデン出身者は2.4%減であった（ibid.: 132）。

　産業分野別では、パンデミックで打撃を受けた産業分野（自動車以外の販売、
交通・運輸、ホテル・レストラン、不動産、旅行、文化・余暇）で雇用されている
人は5.1%減となった。上記以外の産業分野で雇用されている人は2.1%減で
あった（ibid.: 132）。

　だがAdermonらによると、いずれの社会集団も社会保障制度により所得補
償されているという。

(2)　社会保障制度による所得補償

　スウェーデンではおもに失業、疾病、育児にともなう所得補償制度と社会扶
助など基礎的社会保障が利用された。政府は感染拡大防止、医療機関の負担軽
減、経済的保護の強化、雇用主への影響の緩和を目的に社会保障領域でコロナ
特例を導入したため（Regeringen 2022）、人びとは通常の制度とコロナ特例の
両方を使った。各制度についてコロナ危機下での特例措置を調べたところ、①
対象者を広げるための受給要件の緩和、②基礎補償額の引き上げ、③所得比例
分の補償率または支給上限の引き上げという共通点が見られた。紙幅の関係で
概要のみ説明する。

失業にともなう給付

　失業にともなう給付は失業給付（arbetslöshetsersättning）と活動手当（aktivitetsstöd）
があり、コロナ危機下ではそれぞれに従来の制度とコロナ特例が適用された。
活動手当は職業紹介所が提供している労働市場プログラムに参加している人が
受給することができる。移民や難民など新たに入国した人びとは、個人番号を

取得した日（住民登録された日）から 36 カ月のうち合計 24 カ月は職業紹介所の確立プログラム（etableringsprogrammet）を受けることができ、その参加者は確立手当（etableringsersättning）を受給することができる。ここでは確立手当も活動手当に準じるものとして失業にともなう給付に含める。

　失業給付は失業金庫（a-kassa）から拠出され、失業給付には労働要件を満たせば支払われる基礎補償と、メンバー要件を満たせば支払われる所得比例補償がある。どちらの要件もコロナ危機下で緩和された[3]。また失業してから給付が開始されるまでの待機日も通常の 6 日から感染状況により 0 日や 2 日に短縮された。これらの措置の目的は、時間給で働いている人やパートタイムで働いている人が受給しやすくすることにある。失業給付の特例は 2022 年 12 月末で終わる予定であったが、2023 年 12 月まで延長された（Alfakassan 2022）。

　基礎補償額は 1 日あたり 365 クローナから 510 クローナに引き上げられた[4]。また所得比例分の算定については、最初の 200 日間は従前の給料の 80%、それ以降は給料の 70% が支払金額の上限まで支払われる。補償率は変更されなかったが、上限額は引き上げられた。1 日あたりの上限額は通常は 200 日までは 910 クローナ、それ以降は 760 クローナであるが、コロナ特例として 2020 年 4 月 13 日から 100 日までは 1200 クローナ、101 日目からは 1000 クローナとなった。なお失業者は失業金庫の要件を満たしているあいだは失業保険と同額の活動手当を受給するが、失業期間が長期化すると支給額は下がる。支給額は従来の活動手当と同様に算出され、上限額の引き上げなどはない。

＊3　通常の労働要件は失業前の 1 年間に少なくとも 6 カ月間、月 80 時間労働をするか、合計
　　6 カ月のあいだに 480 時間の労働を行ない、その際に少なくとも月 50 時間の労働をして
　　いることが必要となる。しかしコロナ危機下の 2020 年 3 月に一時的に要件が緩和され、
　　6 カ月間、月 60 時間労働または合計 6 カ月のあいだに 420 時間の労働を行ない、その際
　　にいずれかの月に少なくとも月 40 時間の労働をしていることとなった。メンバー要件は、
　　通常は 12 カ月、失業金庫に加入していることであるが、コロナ危機下の緩和措置として
　　2020 年 3 月から 2022 年 12 月までは 1 カ月分の加入期間を 4 カ月分の加入期間とみなし
　　た。これは最短 3 カ月でメンバー要件を満たすことができることを意味していた。
＊4　2020 年以降、時期により変動はあるものの、1 クローナは約 12 円（11 ～ 13 円台）。

疾病にともなう給付

　新型コロナウイルスの感染拡大防止を図るうえで、疾病にともなう手当は重要な役割を果たした。なぜなら感染した人または感染の可能性のある人が収入を得るために体調不良をおして出勤することで感染が拡大するため、それを防ぐためには欠勤による収入減少を補う必要があるからである。

　通常は 14 日間の疾病賃金が切れたあとは疾病手当（sjukpenning）が支払われる。2020 年 2 月 1 日から 2022 年 3 月 31 日まで、新型コロナウイルス感染症は感染症法にもとづく公共に危険をおよぼす病気に指定されていた。それゆえ、罹患したため、あるいは罹患した可能性があるため自宅待機を指示された人に感染者手当（smittbärarpenning）が支給された。感染者手当は 1 日目から所得補償される。

　またコロナ危機下では政府はそれ以外にさまざまな手当を導入して所得補償の対象者を広げ、感染拡大防止を図った。たとえば 2020 年 7 月 1 日にリスク集団に対する一時的手当（en tillfällig ersättning till riskgrupper）を導入し、新型コロナウイルス感染による重症化リスクの高い人を対象に加えた。同日、特定感染者手当（viss smittbärarpenning）を導入して身近に重症化リスクの高い人がいる人を対象に加えた。これには、近親者に感染させることを防ぐため出勤を控えなければならない人、たとえば重症化リスクの高い高齢者や障がい者を介護している人などが該当する。

　所得補償としては、通常、疾病手当は最長 364 日まで従前の給料の 80％弱が支払われる。365 日目からは同 75％弱まで支払われる。待機日の手当は通常は疾病手当の 20％であるが、コロナ危機下では定額とされ、その金額は 700 クローナ（2020 年 3 月）から 810 クローナ（2021 年 1 月）へ徐々に上がった。感染者手当は給料の 80％弱までであり、1 日あたりの金額の上限は疾病手当の待機日手当と同額である。対象者として追加された人びとについても感染者手当と同様の補償がなされる。

　コロナ危機下での支給緩和措置としては、通常は疾病が開始してから遅くとも 8 日目までに医師の診断書を提出する必要があるが、新型コロナウイルスの感染拡大防止と医療機関の負担軽減のため、2020 年 3 月に診断書の提出期限を遅らせる措置をとり、2020 年 11 月以降、徐々にもとに戻した。また感染者

手当の申請時においても、医師の診断書の提出を一時免除した（ただし医師による出勤禁止の判断は必要）。

育児にともなう給付

　育児休業中の所得補償にあたる両親手当と、病気の子どもの世話をするために仕事を休むことによる所得減少を補償するための一時的両親手当がある。どちらも従前の給料の80％弱が支払われる。コロナ危機下では一時的両親手当の所得補償率は約90％になった。また、2020年7月からは子どもが重症化した場合や重症化リスクのある子どもが新型コロナウイルス感染症にかからないようにするため予防的に家で子どもの世話をするための手当が作られるなど、対象者が広げられた。一時的両親手当も疾病にともなう手当と同様、医療機関からの証明書の提出期限を何度も変更しながら医療機関の負担軽減と受給機会の確保を両立させた。

基礎的社会保障

　基礎的社会保障としては、おもに住宅手当と経済援助が使われた。

　住宅手当に関しては通常の住宅手当に加え、コロナ危機下では子どものいる低所得世帯を対象に追加的住宅手当（通常の住宅手当の約25％、上限1325クローナ）が支給されている。追加的住宅手当は2020年7月から同年12月までの予定であったが、その後、何度も延長され、現在のところ2023年6月までの予定である（Försäkringskassan 2022）。

　経済援助は日本の社会扶助に相当し、コロナ危機下で制度の変更は行なわれなかった。

　スウェーデンでは、状況に応じて制度の運用を柔軟にするものの、制度の枠組みは保つことで雇用と財政を維持しようとしている。以下ではこれらの所得補償制度の効果や利用者の傾向からスウェーデン社会の特徴を概観したい。

（3）　所得補償制度の効果

　1990年代初頭に起こった不況では、最初の3年間（1990～1993年）に就業

表6-2　産業分野別に見た給与所得の減少分に対する所得補償の内訳

	給与所得の変化(%)	給与所得の減少分に対する所得補償制度の寄与率(%)						
			分野別に見た所得補償の内訳				時限措置の影響	
			失業にともなう給付	疾病にともなう給付	育児にともなう給付	基礎的社会保障	従来からの制度	コロナ特例
影響の大きな産業分野	-5.1	47.9	37.4	8.0	0.6	1.9	32.0	15.9
それ以外の産業分野	-2.1	39.5	22.5	13.2	2.4	1.4	21.5	18.0

出典) Adermon et al.（2022: 132-134）より著者作成。

率が8.8％低下し、給与所得が約12％低下するなど（Engdahl/Nybom 2021: 23）、労働市場にも個々人の生活にも大きな影響があった。それと比べてコロナ危機では時短勤務手当などにより所得への影響は小さく抑えられた。給与所得の減少幅はコロナ危機の最初の9カ月で1人あたり平均して月額683クローナであり、これは危機前の平均所得の2.7％にあたった。また、通常の社会保障制度とそのコロナ特例による所得補償分を含めた総所得の減少幅は、月額400クローナ、約1.5％にとどまった（Adermon et al. 2022: 29）。

　危機が始まってから所得が回復するまでの期間も比較的短かった。前年までと比べた所得の減少は2020年夏が最もひどく、1人あたりの給与所得の平均月額はコロナ危機前よりも1000クローナ以上低かった。その後徐々に戻り、同年12月には前年と同水準になった（ibid.: 31）。総所得の回復は給与所得の回復よりも早く、同年12月には3月よりも高くなっていた（ibid.: 31-32）。

　人と多く接する仕事をしている人や在宅勤務できない人は、一時的両親保険、疾病保険の待機日手当、重症化リスクの高い人びとに配慮する手当、そして疾病手当によって所得補償されている（ibid.: 77）。このことから新型コロナウイルス感染症に合った措置は対象者にとって有用であったことがわかる。

　また、コロナ危機で大きな影響を受けた産業で雇用されていた人びとは給与所得が5.1％減少しており、属性別に見た場合に減少率が最も大きかった。しかし減少分の約半分（47.9％）が社会保障により補償された（表6-2）。これらの人びとは失業にともなう給付の寄与率が高く、また従来からの制度の寄与率が高い。このことから、これらの産業の被雇用者はそれ以外の産業分野の被雇用者と比べてコロナ危機下で失業した割合が高いと考えられる。

　また全体として所得階層が低いほど給与所得の減少幅が大きく、所得補償制度の寄与率が高いことから再分配がなされていることがわかる（表6-3）。

　被雇用者の出身地別に所得補償制度の内訳を見たところ（表6-4）、アジア・アフリカ諸国出身者は失業にともなう給付の寄与率が高い。他方、スウェーデン出身者は他の出身地の人と比べ、育児にともなう給付の寄与率が高く、アジア・アフリカ諸国出身者はコロナ危機前と比べて育児にともなう給付の寄与率が下がった。育児にともなう給付はおもに雇用されている人が使うため、スウェーデン出身者は相対的に保護されている雇用に就く割合が高く、アジア・アフリカ出身者は不安定な雇用に就く割合が高いと推測できる。以下では所得補償制度の利用状況をとおして、スウェーデンの特徴と思われる点を示す。

女性と育児

　先進諸国では一般的には女性のほうがコロナ危機によって所得が減少したと言われるが、スウェーデンでは男性のほうが大きな影響を受けた。男性と比べて女性のほうが医療、福祉、教育など公的サービスに従事する割合が高いため、雇用が保護されたり、所得補償制度の対象となる確率が高い。そのため女性のほうが給与所得の減少幅が小さく、そのうえ、所得補償制度による補償が大きい（表6-5）。男性は給与所得が2.7％減であるのに対し、女性は2.2％減であった。女性は給与所得の減少分のうち53％、男性は同36％が補償された。

　さらに詳細を見ると、失業保険は性別による差はほとんどないが、女性は男性よりも疾病手当の待機日の所得補償と一時的両親手当による所得補償を多く受けていた（Adermon et al. 2022: 135）。子どもの学ぶ権利と人びとの就労の権利を守るため国は原則として就学前学校や基礎学校を一斉休校にしなかったが、結果として女性のほうがコロナ危機下で病児の世話のために仕事を休む割合が高かったと推測される。

　なお家族形態ごとに見ると所得減少幅の差はそれほど大きくなかったが、所得補償される程度には違いが生まれた（ibid.: 74）。どの世帯類型であっても給与所得の減少幅は大きく違わないが、収入減少分の所得補償の割合は子どものいるひとり親世帯が63.5％と最も高かったのである。子どものいるひとり親世帯は他の世帯類型と比べてコロナ特例による所得補償の割合が高い（表6-6）。

表6-3　所得階層別に見た給与所得の減少分に対する所得補償の内訳

| | 給与所得の変化（%） | 給与所得の減少分に対する所得補償制度の寄与率（%） | | | | | | |
| | | | 分野別に見た所得補償の内訳 | | | | 時限措置の影響 | |
			失業にともなう給付	疾病にともなう給付	育児にともなう給付	基礎的社会保障	従来からの制度	コロナ特例
可処分所得1（少ない）	-4.3	78.4	53.7	16.9	-0.2	8.0	40.7	37.7
可処分所得2	-3.0	62.8	36.3	20.1	4.2	2.3	38.1	24.7
可処分所得3	-2.2	40.8	25.4	12.1	2.5	0.8	21.8	19.0
可処分所得4（多い）	-2.1	16.7	13.5	3.4	-0.3	0.1	7.8	8.9

出典）Adermon et al.（2022: 132-134）より著者作成。

表6-4　出身地域別に見た給与所得の減少分に対する所得補償の内訳

| | 給与所得の変化（%） | 給与所得の減少分に対する所得補償制度の寄与率（%） | | | | | | |
| | | | 分野別に見た所得補償の内訳 | | | | 時限措置の影響 | |
			失業にともなう給付	疾病にともなう給付	育児にともなう給付	基礎的社会保障	従来からの制度	コロナ特例
スウェーデン	-2.4	37.9	22.9	10.9	2.8	1.3	21.1	16.9
アジア・アフリカ	-3.3	70.2	52.1	15.1	-4.0	7.0	36.2	34.0
その他地域	-2.8	49.9	36.0	12.6	-1.3	2.5	28.4	21.4

出典）Adermon et al.（2022: 132-134）より著者作成。

表6-5　男女別に見た給与所得の減少分に対する所得補償の内訳

| | 給与所得の変化（%） | 給与所得の減少分に対する所得補償制度の寄与率（%） | | | | | | |
| | | | 分野別に見た所得補償の内訳 | | | | 時限措置の影響 | |
			失業にともなう給付	疾病にともなう給付	育児にともなう給付	基礎的社会保障	従来からの制度	コロナ特例
男　性	-2.7	36.4	27.4	8.0	-0.1	1.1	21.0	15.4
女　性	-2.2	53.0	28.2	17.4	4.1	3.3	27.3	25.7

出典）Adermon et al.（2022: 132-134）より著者作成。

表6-6　世帯類型別に見た給与所得の減少分に対する所得補償の内訳

| | 給与所得の変化（%） | 給与所得の減少分に対する所得補償制度の寄与率（%） | | | | | | |
| | | | 分野別に見た所得補償の内訳 | | | | 時限措置の影響 | |
			失業にともなう給付	疾病にともなう給付	育児にともなう給付	基礎的社会保障	従来からの制度	コロナ特例
子どものいない世帯	-2.6	45.1	31.6	12.0	0.8	0.7	26.1	18.9
子どものいるひとり親世帯	-2.5	63.5	30.2	14.9	3.3	15.1	26.3	37.2
子どものいる2人親世帯	-2.3	36.1	20.8	10.4	2.8	2.1	18.8	17.3

出典）Adermon et al.（2022: 132-134）より著者作成。

表6-7　コロナ危機前に就業者／非就業者であった人の総所得の減少分に対する各種所得補償

	給与所得の変化	給与所得の減少分に対する所得補償制度の寄与率（%）							
			失業給付				活動手当		
			従来制度	メンバー要件	基礎補償	上限引き上げ	従来制度	基礎補償	上限引き上げ
就業者	-2.5	42.7	14.7	1.0	0.9	4.9	4.6	0.8	0.5
非就業者	-2.8	46.0	-25.0	1.7	3.4	7.4	13.3	24.1	15.7

出典）Adermon et al.（2022: 136）より著者作成。

　子どものいるひとり親世帯は、基礎的保障、とくにコロナ特例として実施された子どものいる低所得世帯に対する追加的住宅手当の寄与が他の世帯類型と比べて大きい。追加的住宅手当の寄与率は、子どものいる2人親世帯では1.5％であるのに対し、子どものいるひとり親世帯では14.4％にのぼる（ibid.: 135）。これは子どものいるひとり親世帯にとって基礎的補償の大部分が追加的住宅手当であったことを表わす。Adermonらによると、子どものいない世帯や子どものいるひとり親世帯は2人親で子どものいる世帯と比べて通常の失業給付や活動手当、疾病手当によって所得補償される割合が高い。これはコロナにより打撃を受けた産業分野で働く人が多いため通常の失業保険が適用されることや、低収入などによりコロナ特例による給付額の上乗せの影響が少ないことが原因として考えられる（ibid.: 74）。

失業者と住宅手当

　コロナ危機前から職がなかった人の多くはコロナ危機中も失業者でありつづけた。そのため給与所得の変化そのものは平均的（2.8％減）である。そして失業にともなう給付によって所得補償される割合が40.6％と高い（ibid.: 76）。
　内訳の詳細を見ると（表6-7）、通常の失業保険による所得補償が活動手当の基礎補償額による所得補償に置き換わった。
　また追加的住宅手当が寄与する割合はコロナ危機前から失業していた人にとっては34.0％と高く、コロナ危機前に就業していた人にとって追加的住宅手当による所得補償の寄与分が0.7％であるのと対照的である。これはスウェーデンの社会保障制度の多くは賃金と比例するため、雇用されている人にとって

制度の寄与率の内訳

	疾病にともなう給付				育児にともなう給付		基礎的社会保障		
疾病手当	感染者手当	リスク集団手当	待機日手当	両親手当	一時的両親手当	経済援助	住宅手当	追加的住宅手当
3.0	0.2	0.4	8.2	-3.2	5.0	0.5	0.4	0.7
-5.8	0.1	0.7	6.6	-16.5	3.2	-12.5	-4.6	34.0

は通常の疾病手当や両親保険による所得補償の割合が高いのに対し、失業している人にとってはこれらの就労にかかわる給付の金額が減少する結果、追加的住宅手当によってカバーされる割合が相対的に高くなることを反映していると考えられる。

　失業が長期化すると基礎的社会保障のなかでも追加的住宅手当の意味が大きくなっていることから、低所得者にとって住居費への補助が重要であることがわかる。また失業者は経済援助（社会扶助）の受給よりも活動手当など労働市場プログラムへの参加に付随する制度を利用していることから、第2節で述べた「給付から就労へ」という政策がコロナ危機下でも継続されていることがわかる。

4　就労支援対策の効果

　第3節では時短勤務手当や社会保障制度とその特例による雇用保護や所得補償により、不平等の拡大が抑えられていることがわかった。しかし失業給付から活動手当への変化は失業の長期化を意味し、住宅手当の寄与率の高まりは総収入の低下やミーンズテストの必要な給付の重みが増すことを意味する。また社会集団によって育児にともなう給付の寄与率が異なることからは、保護されやすい雇用と不安定な雇用が存在する可能性が示唆される。これらの特色は社会の分断が今後広がる可能性があることを意味するが、それを防ぐためどのような就労支援対策が行なわれているのだろうか。

(1)　就労支援から見る求職者の二極化

　新型コロナウイルス感染症が流行するなか、職業紹介所は求職者との面談を
電話やオンラインでの対応に切り替えるなど新たな支援方法を模索したり、新
規失業者の急増に対応するため職員を一時的に配置転換したり、有期雇用で職
員を増員するなど対応に追われた。また当時の職業紹介所のウェブサイトによ
ると、労働市場プログラムを受けている求職者は感染拡大防止のため毎月の求
職活動報告書の提出を一時的に免除されるなど、求職活動にも影響があった。
　しかしコロナ危機下でも就労支援は行なわれ、とくに以下の３点が重視され
た。ひとつは、マッチング事業を早期に開始し、失業者１人ひとりの失業期間
を短期間化することである。失業者が労働市場とかかわりをもちつづけること
が失業の長期化を防ぐうえで重要であるため、職業紹介所は或る人が失業して
から３カ月後にはマッチング事業の利用を促す（Analysavdelningen 2021a: 9）。
マッチング事業開始後 90 日以内に就労もしくは就学に移行した人は 2020 年１
月から 10 月のあいだに 18 〜 24％であり、コロナ危機下であるにもかかわら
ず前年同期とほぼ同じであった。2020 年 10 月に就労または就学に移行した人
はマッチング事業の利用者のうち 28％にのぼり、前年同月の 20％を上回る。
その理由として、スウェーデン経済は 2020 年の夏（第２四半期の終わり）に底
を打ち秋には回復したため、雇用も回復したという点が挙げられるが、それだ
けではなく、コロナ危機で幅広い人が失業したため、労働市場に近い人がマッ
チング事業を利用した結果、就労や就学への移行がスムーズであったという理
由も指摘されている（ibid.: 12）。失業給付の受給資格要件が緩和され、多くの
人が早くから職業紹介所に登録できるようになったことは、支援の早期化と失
業期間の短縮に役立ったという（ibid.: 9）。
　２つめに重視されたことは補助金付き雇用である。これはコロナ危機前から
長期失業者対策として重点を置かれていた制度であるが、民間セクターや公共
セクターの事業者が何らかの理由で就労困難な人びとを雇う際に諸費用や賃金
の一部が公的に補助されるというものである。参加者の８割は職業紹介所に
12 カ月以上登録されている長期失業者である。2020 年に約４万人が補助金付

表6-8　学歴別の学習手当の受給者数と支給総額（2019〜2022年）

（単位：人、百万クローナ）

	受給者数				支給総額			
	2019年	2020年	2021年	2022年	2019年	2020年	2021年	2022年
高校を卒業していない人	28,956	32,394	32,987	27,918	889.5	1040.6	1025.3	876.8
	100	112	114	96	100	117	115	99
高校を卒業した人	125,200	147,058	155,826	131,850	5201.5	6483.3	6972.6	5886.5
	100	117	124	105	100	125	134	113
高卒後に教育を受けた人	355,353	394,420	419,144	400,297	24137.1	27751.6	30242.9	29425.3
	100	111	118	113	100	115	125	122

出典）CSN（2023a）より著者作成。
　注）スウェーデン国内での就学が対象。
　　　上段は実数、下段は2019年を100とした指数を表わす。

き雇用を開始したが、経済活動の停滞によりその数は前年より約１割少なかった（ibid.: 12）。

　また３つめの取り組みとして教育が挙げられる。第２節で述べたようにスウェーデンの労働市場は高度化されているうえに、気候変動など社会的課題への対応やパンデミックによる消費行動の変化により社会や労働者に求められる能力は大きく変化した。グリーン産業や医療・福祉分野での教育が重視されている。これらは職業教育プログラムとしても、高校や大学の教育プログラムとしても実施され、教育期間中も活動手当や確立手当を受けることができる。また25歳までの若年層は教育を受けることにより、給付額が増額される。

　学習支援中央委員会（Centrala studiestödsnämnden: CSN）によると、学歴別の学習手当（studiemedel）の受給者と支給総額は表６-８のとおりである。対象となる教育レベルは基礎学校、高校、それ以降の教育を含み、種類も成人教育、大学、職業教育など多岐にわたる。また25歳から60歳の失業者が基礎学校や高校レベルの教育を受ける際に約１カ月程度、受給することのできる学習開始手当（Studiestartsstöd）の受給者と支給総額は表６-９のとおりである。

　コロナ危機のもとで学習を行なう人がどの学歴の人のあいだでも一定数おり、経済活動が通常の状態に近づいた2022年には学習手当の受給者が減少したことがわかる。職業紹介所はいずれの労働者にとっても能力開発は重要であ

表6-9　学歴別の学習開始手当の受給者数と支給総額
（単位：人、百万クローナ）

	受給者数				支給総額			
	2019年	2020年	2021年	2022年	2019年	2020年	2021年	2022年
高校を卒業していない人	3,375	3,044	3,796	2,870	137.4	129.7	164.3	124.6
	100	90	112	85	100	94	120	91
高校を卒業した人	4,286	3,900	5,348	4,237	188.0	163.8	255.4	190.8
	100	91	125	99	100	87	136	101

出典）CSN（2023b）より著者作成。

ると考え、とくに高校の卒業資格を有していない人は就労能力を高めるために教育を受けることが望ましいと考えているが、受給者数の推移を見ると、高卒以上の学歴をもつ人のほうが伸びが大きい。

　以上のことから、マッチング事業では失業期間の短期間化をめざして一定の成果をあげたものの、労働市場に近い人から就職先が決まる傾向があるため、コロナ危機前から失業していた人や就職しづらい特性をもつ人は、求職者の列の後尾に回ることになるため失業が長期化する可能性が高まった。長期失業者対策である補助金付きの雇用は、コロナ危機下であっても微減にとどめることができたとはいえ、経済活動の停滞の影響を受ける結果となった。不況下で教育を受ける人はどの学歴でも増えたものの、高校卒業以上の学歴をもつ人のほうが伸びは大きかった。これらのことから、求職者のあいだで就労能力の差が広がる可能性は否定できない。

（2）　学歴と労働市場

　第2節の（4）で述べたように、今後、労働市場において技術革新により中程度のスキルの職が減少し、技術革新を進められる高度な人材や新技術に対応できる人材がますます求められるようになると予測されている。

　スウェーデンでは日本と比べて職業と教育が結びつけて考えられている。たとえばスウェーデンでは職業ごとに必要とされる教育の目安がユネスコの国際標準教育分類を基礎とする教育程度で示されている（SCB 2012: 14-15）[5]。ただし実際には労働者が受けた教育と就いている職業が厳密に対応しているわけで

表6-10　教育と職業の対応関係の目安

質要件レベル	教　育	職業の例
1	就学前学校と基礎学校（9 年間）での教育（国際標準教育分類のレベル 1 に相当）	清掃、イチゴの収穫・定植、ファストフード店の定員、街頭販売、廃品回収、新聞配達など。
2	高校卒業もしくは高校卒業後 2 年未満の教育（国際標準教育分類のレベル 2 ～ 4 に相当）	機械操縦、運輸、建設、農林水産、販売、福祉、サービス、事務など。
3	高校卒業後に 2 ～ 3 年間の職業志向の教育（国際標準教育分類のレベル 5b に相当）	サービス業の管理職、製造過程やサービスの責任者、評価・監督、医療・産業界の技術者、金融・税・社会保障などの事務、警察官、スポーツ指導者、音楽家、俳優など。
4	高校卒業後に少なくとも 3 年、通常は 4 年以上、学術的もしくは研究者養成の教育、研究者教育（国際標準教育分類のレベル 5a、6 に相当）	管理職（企業・各種組織・行政機関の事業計画、決定、調整、財政、人事の責任者）。医師、看護師、薬剤師、法律家、ジャーナリスト、司書など専門職。教育職。研究職など。

出典）SCB（2012）より著者作成。
注）質要件レベル 1 は、スウェーデンの労働市場では公教育を受けていない、もしくは低いレベルの公教育を要件とする職業とされる。

はなく、目安として使われている（表 6-10）。

　また給料は企業ではなく職業によって大まかに決まっている（表 6-11）。フルタイム換算で 2 倍以上の差があることがわかる。なお、表 6-11 には参考までに質要件レベルを追記した。

　全体の平均月給は 3 万 7100 クローナである（SCB 2022b）。しかし職業ごとに賃金は大きく異なる。月給の中央値をフルタイム換算すると、2021 年時点で月給が低い職業として家事支援員の 2 万 2800 クローナ、カフェ店員の 2 万 3600 クローナ、飲食店の調理員の 2 万 4700 クローナ、機械操縦者の 2 万 4500 クローナが挙げられる。月給の高い職業は各分野の管理職や専門医やパイロットなどの専門職でおおむね 7 万～ 10 万クローナである（SCB 2022c）。

（3）　長期失業から抜け出す職業

　職業紹介所に 12 カ月以上、失業者として登録されていた人と労働市場プログラムに登録されていた人が就職する際にどのような職に就いたかを調べたと

＊5　実際には職業ごとにさまざまな質的要件があり、公教育だけでなく経験やインフォーマルな教育をとおして求められる質を身につける必要がある（SCB 2012: 14）。

表6-11　労働者の学歴別の平均月給

（単位：クローナ）

学　歴	2019 年	2020 年	2021 年	質要件レベル
基礎教育（9 年未満）	25,700	26,000	26,600	1
基礎教育（9 年、10 年）	29,500	29,700	30,500	1
高校（後期中等教育、2 年まで）	31,900	32,500	33,200	2
高校（後期中等教育、3 年）	31,300	31,800	32,500	2
高校卒業後、3 年未満の教育	36,100	36,800	37,700	3
高校卒業後、3 年以上の教育	42,500	43,200	44,500	4
研究者教育	54,800	55,700	57,700	4

出典）Medlingsinstitutet（2022），SCB（2012）より著者作成。

ころ、准看護師、ホームヘルパー、清掃員、医療アシスタント、バス・鉄道運転手、販売員、レストランや高齢者福祉施設の職員、その他サービス労働者（ビラ配り、臨時雇用など）などが上位に挙がった。分野としては女性は医療・福祉、社会サービス、教育が多く、男性は運輸・倉庫、商業、自動車修理が多い（Bengtsson 2021: 10-11）。女性は男性と比べると就職する分野が偏っており、上位 3 つの職に就く人の割合は男性が 13％であるのに対し、女性は 20％に上る。上位 15 の職に就く人は男性が 48％であるのに対し、女性は 59％に上る（ibid. 2021: 12）。

　職業の質要件との関連では、長期失業者は質要件の低い職に就く人の割合が高い。長期失業者の就職先として上位 15 位の職業のうち、高卒後に教育を受ける必要がある職業は、女性の場合は基礎学校教員、男性の場合は企業での営業職のみが挙げられている。長期失業者は実際に受けた教育よりも低い質要件の職に就く割合が高い。たとえば高校卒業後に教育を受けた人であっても長期失業者の場合は約 45％が高卒を質要件とする職、つまり学歴の割に質要件の

*6　調査対象者は 2012 年から 2015 年のあいだに職業紹介所の登録を終えた人（25 〜 59 歳、9 万 2500 人）である（Bengtsson 2021: 7）。調査対象者の職業紹介所への登録期間別の内訳は、12 カ月以上 24 カ月未満が 80％、24 カ月以上 36 カ月未満が 17％、36 カ月以上が数％である（ibid. 2021: 8）。出生地は国内が 50％強、スウェーデン以外のヨーロッパが約 10％、残りの約 3 分の 1 がヨーロッパ外である（ibid. 2021: 7）。

表6-12　学歴別の常雇用と有期雇用の割合（15〜74歳、2022年）

（単位：千人、%）

		常雇用		有期雇用		合　計	
		実数	割合	実数	割合	実数	割合
男性	高校を卒業していない人	138.1	61.7%	85.8	38.3%	223.9	100%
	高校を卒業した人	879.2	88.0%	119.8	12.0%	999.0	100%
	高卒後に教育を受けた人	1,029.8	89.2%	124.3	10.8%	1,154.1	100%
	不明	6.4	..	..	..	8.0	..
	合計	2,053.4	86.1%	331.5	13.9%	2,384.9	100%
女性	高校を卒業していない人	69.6	44.6%	86.3	55.4%	155.9	100%
	高校を卒業した人	553.5	81.1%	128.6	18.9%	682.1	100%
	高卒後に教育を受けた人	1,270.3	87.2%	186.4	12.8%	1,456.7	100%
	不明	..		..		..	..
	合計	1,895.6	82.5%	402.7	17.5%	2,298.3	100%

出典）SCB（2023）より著者作成。

低い職に就いている。なお2018年の全国平均では高校卒業以降に教育を受けた人のうち、高卒を質要件とする職に就く割合は男女ともに20％にすぎず、女性の56％、男性の45％は学歴に見合った職、つまり高校卒業後に教育を受ける必要のある職に就いている（ibid.: 16）。

　高校を卒業した長期失業者は高校卒業を質要件とする職業に就くことで長期失業から脱することができる。たとえば医療アシスタント、保育士など医療・福祉分野の現業職の多くがこの質要件に該当する。そして高校卒業後に教育を受けると、就くことのできる職業の選択肢がさらに広がる。その一方で、高校を卒業していない人は前述のように質要件の低い職に就く割合が高い。とりわけ女性にとって選択肢は限られている（ibid.: 17）。表6-12に見られるように低学歴女性は常雇用よりも有期雇用に就く人の割合のほうが高い。

　もうひとつの問題は、質要件の低い職や医療・福祉・教育分野の現業職は有期雇用の割合が高いことである。コロナ危機で影響を受けたホテル業は現業者のうち52％が有期雇用、レストランは44％、文化・余暇は36％、小売りは32％が有期雇用である。全体の平均は20％であり、以上4つは有期雇用の割合の高い順に上位4位でもある（Larsson 2022: 11）。

　高齢者介護にかかわる社会サービス（家事支援など）や医療・福祉もそれぞれ現業者のうち25％、24％が有期雇用されており、比較的割合が高い（ibid.: 11）。スウェーデンでは高齢者施設で新型コロナウイルスの感染が頻発して問題視されていたが、介護職員などが属する労働組合（Kommunal）の調査によると、何度も感染が確認された高齢者施設のうち39％では、時間給で雇用されている職員が全体の2割以上にのぼったという（Gustafsson Hedenström 2020）。時間給で働く人は労働時間や雇用期間が短いために、常雇用の人と比べて疾病や配置転換の際に社会保険でカバーされる程度が低い。そのため体調不良であっても出勤するケースが見られた。コロナ特例として行なわれた所得補償の要件緩和はこの問題への対応という意味もあった。

　低技能・低賃金とされる職は不安定な雇用でもある。高齢者施設の場合、雇用主は常雇用ではなく時間給の労働者を雇用する理由として、職員の病欠が多いこと、職員が教育を受けているため職場に来られないことを挙げる。つまり代替要員ということであろう。その状況について地方自治体は、民間事業者に委託しているため雇用形態に口をはさむことができないという（Berglund 2021）。

　不安定雇用の増大の背景には、中道右派の政策がある。2006年から2014年まで政権をとっていた中道右派は、産業の国際競争力を高めるために高度な知識や技術を必要とする職を創出する政策を進める一方で、新たな労働市場として低技能職の労働市場を創出した。具体的には家事支援サービスなどを利用した際の税金控除（2007年）や、高齢者介護分野の民間委託を進める契機となった社会サービス分野の選択の自由システムに関する法律（2009年）の導入である。その際、国外生まれの女性を労働市場に統合することができる点がこれらの制度の利点として挙げられた（Lööf/Skånöy 2013）。

(4)　教育か、出身地域か

　長期失業者の属性として、国外生まれであることや高校までの教育を受けていないことが指摘される。国内生まれの人よりも国外生まれの人のほうが失業率は高い。そのため国外生まれというカテゴリーで考えられることが多いが、

すべての人が失業しているわけではないし、教育程度もさまざまである。そこで 2022 年の労働力調査（15 ～ 74 歳）をもとに出身地と学歴別に就業状況を確認した（図 6-3）。

　ここからわかることは、出身地域が国内であれ国外であれ、多くは就業していることである。そして男性よりも女性のほうが、相対的に学歴が就業に影響しているということである。これは長期失業から抜け出す職として男性よりも女性のほうが教育・福祉・医療の分野に偏っていることと関連しているかもしれない。男性よりも女性のほうが、国内生まれの人よりも国外生まれの人のほうが、各自の能力を評価されるためには教育が必要ということなのかもしれない。しかし少なくともこれらのグラフからは、出身地がどこであれ教育を受けることによって就労の可能性が高まっていることがわかる。また教育が就労能力の評価基準として一定の意味をもっていることがわかる。これらのことから労働市場をとおした社会統合はある程度、成功していることがわかる。

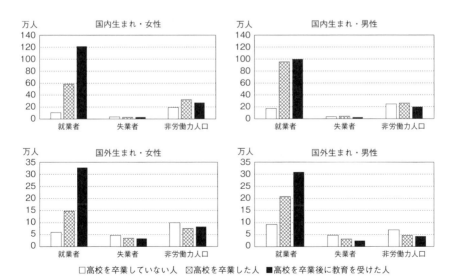

図6-3　出身地と学歴別の就業状況（15〜74歳、2022年）
出典）SCB（2023）より著者作成。

5　労働市場の分化と普遍的福祉国家制度

　スウェーデンは 2020 年 2 月 1 日から 2022 年 3 月 31 日まで、新型コロナウイルス感染症を感染法上の公共に危険をおよぼす感染症と指定したが、コロナ危機下でもロックダウンを行なわず、できるかぎり日常生活や経済活動をつづける方針をとった。そのため 2020 年下半期から経済は回復し始め、2022 年からは経済活動は通常に近づいた。

　したがって他国ほど人びとの生活は大きな打撃を受けていないと思われるが、スウェーデンでも失業者の増加や長期化が報告されている。本章では難民危機とコロナ危機のなかで、スウェーデン政府がどのように所得補償と就労支援を行なったのかを考察した。

　2020 年 3 〜 12 月に国による時短勤務手当や社会保障制度による所得補償により、被雇用者の所得は平均して 1.5％減にとどまったという（資本所得などは含まない）。しかし所得補償制度の利用のされ方を見ると、失業の長期化にともなう給付金額の低下、守られた雇用と不安定雇用の存在などが示唆された。

　就労支援政策では、失業の長期化を防ぐための取り組みが重視され、効果をあげていることがわかった。しかし他方で、短期間で労働市場に戻る人と失業が長期化する人に分かれる可能性が示唆された。また長期失業を防ぐとされる職は低技能職が多く、不安定雇用の割合が高いこともわかった。

　国外生まれの人であれ国内生まれの人であれ、教育を受けた人の就労能力が高まるという点で労働市場をとおした社会的統合にある程度成功している。現在のところ、性別や出身地にかかわらず多くの人が就労し、給付や社会サービスの担い手かつ受け手になるというスウェーデン福祉国家制度の特徴は維持されている。

　しかし雇用環境の悪化は高離職率を招き、失業と就労をくり返す人を作り出すことにもなりかねない。スウェーデン政府は産業競争力を高めるために高い知識と技術を必要とする職を創出すると同時に、個人向けのサービス業など低技能・低賃金かつ不安定な職も創出している。競争力の高い高度な労働市場は

普遍的福祉国家制度を維持するうえで不可欠である一方、福祉、医療、教育、各種サービスもまた人びとの生活を支え、豊かにすることから、社会にとって「エッセンシャル」であることがコロナ危機下で再認識された。これらの分野に就職した人が継続的に働くことのできる労働環境をつくることも、就労をとおした社会的統合により普遍的福祉国家制度を維持するうえで重要な観点となるだろう。

参考文献

太田美帆　2012「公的扶助と就労支援の連携による社会的包摂——スウェーデン」福原宏幸・中村健吾編『21 世紀のヨーロッパ福祉レジーム——アクティベーション改革の多様性と日本』糺の森書房、189-217 頁。

——　2015「社会的経済政策から見る就労支援——スウェーデンにおける長期失業者の社会的包摂」福原宏幸・中村健吾・柳原剛司編『ユーロ危機と欧州福祉レジームの変容——アクティベーションと社会的包摂』明石書店、156-177 頁。

——　2019「スウェーデンにおけるアクティベーション政策と生活保障システム」『日本労働研究雑誌』713：17-27。

——　2020「難民受け入れにともなうスウェーデンの労働市場の変化と長期失業者への就労支援——国の就労支援プログラムと労働統合型社会的企業」福原宏幸・中村健吾・柳原剛司編『岐路に立つ欧州福祉レジーム——EU は市民の新たな連帯を築けるか？』ナカニシヤ出版、209-239 頁。

Adermon, A. et al. 2022. *Coronapandemin, arbetsinkomsterna och välfärdsystemets skyddsgrad: Befolkningens inkomstutveckling under 2020*. Uppsala: IFAU.

Alfakassan　2022. Tillfälliga regler i arbetslöshetsförsäkringen. 2022/12/27. https://alfakassan.se/tillfalliga_regler_i_arbetsloshetsforsakringen/（2022 年 12 月 28 日閲覧）

Analysavdelningen 2021a. *Ett är med pandemin: Arbetsförmedlingen ställde om för att klara krisen*. Stockholm: Arbetsförmedlingen.

——　2021b. *Längtidsarbetslöshetens utveckling i spären av pandemin: Rekordhög längtidsarbetslöshet riskerar att bita sig fast*. Stockholm: Arbetsförmedlingen.

Arbetsförmedlingen n. d. Gymnasieutbildning-vägen till jobb. https://arbetsformedlingen.se/for-arbetssokande/utbildning-och-studier/utbildningsvagar/gymnasieutbildning/（2023 年 2 月 6 日閲覧）

Arbetsmarknadsekonomiska rådet 2018. *Arbetsmarknadsekonomisk rapport: Olika vägar till jobb*. Arbetsmarknadsekonomiska rådet.

Barnombudsmannen 2021. *Covid-19-pandemins konsekvenser för barn: Slutredovisning av regeringsuppdrag*（Dnr 2020-0218）.

Bengtsson, H. 2021. *Vilka yrken bryter långtidsarbetslöshet?*. Stockholm: Arbetsförmedlingen.

Berglund, H. 2021. Stora skillnader i användning av timvikarier mellan kommuner. 2021/12/9. https://www.svt.se/nyheter/inrikes/stora-skillnader-i-anvandning-av-timvikarier-mellan-kommuner（2022 年 8 月 5 日閲覧）

CSN 2023a. Studiemedel i Sverige efter Stödform, Skolform, Utbildningsnivå, Kalenderår, Kön och Antal personer, Utbetalt belopp. 2023/01/11. https://statistik.csn.se/PXWeb/pxweb/sv/CSNstat/CSNstat__SU__E__SM__SV/SUSMSVE01.px/?rxid=

―― 2023b. Studiestartsstöd efter Stödform, Skolform, Utbildningsnivå, Ålder vid årets slut, Kalenderår, Kön och Antal personer, Utbetalt belopp. 2023/01/11. https://statistik.csn.se/PXWeb/pxweb/sv/CSNstat/CSNstat__SU__E__SS/SUSSSVE02.px/table/tableViewLayout2/?rxid=1874bc3e-fef6-4c7e-b506-115ca290535c（2023 年 3 月 10 日閲覧）

Dyrdak, R./Albert, J. 2021. *Utredning av den initiala smittspridningen av SARS-CoV-2 till och inom Sverige*（*Underlagsrapport till SOU 2021:89 Sverige under pandemin*）. Stockholm: Regeringskansliet.

Engdahl, M./Nybom, M. 2021. *Arbetsmarknadseffekter av konjunkturnedgångar*. Uppsala: IFAU.

Folkhälsomyndigheten 2021. Undvik smittspridning i högstadieskolorna. 2021/1/7. https://www.folkhalsomyndigheten.se/nyheter-och-press/nyhetsarkiv/2021/januari/undvik- smittspridning-i-hogstadieskolorna/（2023 年 1 月 3 日閲覧）

Försäkringskassan 2022. Bostadsbidrag till barnfamiljer. https://www.forsakringskassan.se/privatperson/foralder/bostadsbidrag-till-barnfamiljer（2022 年 12 月 30 日閲覧）

Gustafsson Hedenström, M. 2020. Större smittspridning där fler timvikarier finns. 2020/11/18. https://ka.se/2020/11/18/storre-smittspridning-dar-fler-timvikarier-finns/（2022 年 8 月 5 日閲覧）

Larsson, M. 2022. *Anställningsformer år 2022: Fast och tidsbegränsat anställda efter klass och kön år 1990-2022*. Stockholm: Landsorganisationen i Sverige.

Lööf, A./Skånöy, A. 2013. Fem reformer för att öka jämställdheten. 2013/3/8. http://www.op.se/opinion/debatt/fem-reformer-for-att-oka-jamstalldheten（2017 年 5 月 6 日閲覧）

Medlingsinstitutet 2022. Genomsnittlig månadslön, kronor efter sektor, Yrke（SSYK 2012）, kön, utbildningsnivå och år. 2022/6/21.

Mångs, A./Edholm, J. 2022. *Perspektiv på långtidsarbetslösheten 2022: En deskriptiv analys*. Stockholm: Arbetsförmedlingen.

Nordic Council of Ministers 2021. *The Future of Work: Opportunities and Challenges for the Nordic Models. Copenhagen: Nordic Council of Ministers.*

OECD 2022a. Annual Labour Force Statistics. Summary tables: Rate of Unemployment as % of Labour Force. https://stats.oecd.org/Index.aspx?QueryId=64198#（2022年8月15日閲覧）

―― 2022b. Annual Labour Force Statistics. Dataset: Incidence of unemployment by duration. https://stats.oecd.org/Index.aspx?QueryId=64198（2022年7月25日閲覧）

Regeringen 2022. Åtgärder på socialförsäkringsområdet med anledning av coronaviruset. 2022/4/25. https://www.regeringen.se/regeringens-politik/socialforsakringar/atgarder-inom-sjukforsakringen-med-anledning-av-corona/（2023年1月4日閲覧）

SCB 2012. *SSYK 2012: Standard för svensk yrkesklassificering 2012*（*mis 2012: 2*）. Stockholm: Statistiska centralbyrån.

―― 2022a. Antalet helårsekvivalenter i åldrarna 20-64 som försörjdes med sociala ersättningar och bidrag, 1990-2021. 2022/3/30. https://www.scb.se/hitta-statistik/statistik-efter-amne/hushallens-ekonomi/amnesovergripande-statistik/hushallens-ekonomi-allman-statistik/pong/tabell-och-diagram/helarsekvivalenter/antalet-helarsekvivalenter/（2022年8月5日閲覧）

―― 2022b. Medellöner i Sverige. 2022/6/21. https://scb.se/hitta-statistik/sverige-i-siffror/utbildning-jobb-och-pengar/medelloner-i-sverige/（2022年12月28日閲覧）

―― 2022c. Medianlöner i Sverige. 2022/7/1. https://scb.se/hitta-statistik/sverige-i-siffror/utbildning-jobb-och-pengar/medianloner-i-sverige/（2022年12月28日閲覧）

―― 2022d. Tidsbegränsat anställda inom privat sektor mest drabbade under pandemin. 2022/12/6. https://www.scb.se/hitta-statistik/statistik-efter-amne/arbetsmarknad/arbetskraftsundersokningar/arbetskraftsundersokningarna-aku/pong/statistiknyhet/arbetskraftsundersokningarna-aku-20222--tema-arbetsloshetsrisker-och-jobbchanser-under-coronapandemin/（2022年12月8日閲覧）

―― 2023. Arbetskraftsundersökningen 2022. 2023/01/27. https://scb.se/hitta-statistik/statistik-efter-amne/arbetsmarknad/arbetskraftsundersokningar/arbetskraftsundersokningarna-aku/pong/tabell-och-diagram/icke-sasongrensade-data/grundtabeller-aku-1574-ar-ar/（2023年3月4日閲覧）

Tillväxtanalys 2021. *Effekter av stöd vid korttidsarbete — lärdomar från finanskrisen: En analys av möjliga sysselsättnings- och produktivitetseffekter under pandemin*（*PM 2021:09*）. Östersund: Myndigheten för tillväxtpolitiska utvärderingar och analyser.

第Ⅲ部

コロナ危機にともなう
福祉の担い手の変容

第 7 章

コロナ危機に揺れるイタリア

――分断・慈悲・友情・連帯・家族の責任――

土岐智賀子

1 アフター・コロナ期の社会状況

イタリアは、新型コロナ感染が欧州において拡大するなかで、その初期段階に甚大な被害をこうむった国のひとつであった。同国ではしかし、2020 年 3 月 7 日から北部の都市を皮切りにロックダウンが実施され、同年 3 月 9 日にはそれが全国へ拡大するなど厳しい対応をとり、その後に感染が拡大したアメリカやイギリスなどとは対照的に、感染の拡大を比較的早い段階で鎮静化することに成功している（八十田 2021）。その一方で、ロックダウンの日から約 3 年半のあいだに、政治の世界においてはたび重なる政権交代があり、社会的に安定しているとは言い難い。その動向によっては、イタリアの社会福祉政策を見ていくうえで重要な EU との関係への影響が懸念されるところである。

そこで本章ではまず、最近の政治動向を確認する。さらに就労状況のデータをもとに、パンデミックによる人びとへの影響を確認する。そのうえで、近年イタリアにおいて重要政策課題のひとつとなっている若者の移行期支援――EU の青年政策の枠組みにおける「若者保証」――について、これまでの成果と、現在取り組まれているプログラムとについて見ることにする。最後に、著者によるイタリアでの現地調査の知見をもとに、コロナ禍から現在にいたる人びとの共助の様子について紹介する。

(1)　ドラーギ首相からメローニ首相へ

　イタリアでは、コロナ禍とウクライナ戦争に端を発するエネルギー危機のな
か2回の政権交代が起きた。すなわち、2021年2月のマリオ・ドラーギ政権
誕生と、2022年10月のジョルジャ・メローニ政権への移行である。

　メローニ（1977年生まれ）はイタリアで初の女性首相であり、「イタリアの同
胞（Fratelli d'Italia）」（以下、「同胞」と略記）の党首である。

　「私はジョルジャ。一女性であり、一母であり、一クリスチャンだ」——こ
れは、メローニが自身の演説で毎回のように口にするフレーズ[*1]であるが、大統
領官邸のクイリナーレ宮殿における就任宣誓の儀式には、他の大臣の家族たち
とともに、彼女の家族であるパートナーと6歳の娘が立ち会い、新内閣の門出
を祝福した。

　新内閣は、「同胞」、マッテオ・サルヴィーニ（副首相兼、インフラ大臣）が率
いる「同盟（Lega）」、およびシルビオ・ベルルスコーニ元首相が率いる（当時）
「フォルツァ・イタリア（Forza Italia）」の3党に、若干の非政治家（実務家）
が加わった、右派の連立政権である。

　メローニはローマ出身で、彼女が幼い頃に父が家を出たことから母のもとで
妹とともに成長する。最終学歴はローマのホテル・観光業系の職業高校卒であ
り、大学には進学していない。15歳の頃からムッソリーニの流れを汲む「イ
タリア社会運動（MSI）」に加わり政治活動を始め、バール（イタリアのカフェ）
での勤務や、有名タレントのベビーシッターなどをしながら活動を続けた経歴
をもつ。この右派政権の成立は「イタリア発の女性首相」というキーワードと
ともに、世界各国、そして日本のメディアにおいても大きく取り上げられた。
たとえば、朝日新聞は社説において「『極右』と称される政治家が同国首相に
なるのも戦後初めてで、内外で警戒感も広がる」と伝えている（『朝日新聞』

　＊1　「神・祖国・家族」を標榜するメローニのメッセージは、イタリアのアイデンティティや
　　　伝統的な社会的価値観に訴えるシンプルなものであり、中井（2021）が近年の欧州にお
　　　ける排外主義およびナショナリズムの特徴として指摘する点と重なる。

2022 年 10 月 27 日）。

　一方、前内閣の首相（在任期間 2021 年 2 月 13 日～ 2022 年 10 月 22 日）のマリオ・ドラーギ（無所属、1947 年ローマ生まれ）は、父親が元イタリア銀行行員であり、本人はローマ大学経済学部を卒業したのち、米・マサチューセッツ工科大学で経済学博士号を取得している。その後、フィレンツェ大学教授、世界銀行のエクゼクティブ・ディレクター、第 7 次アンドレオッティ内閣で経済財務省総務局長、ゴールドマン・サックス副会長、イタリア銀行総裁、欧州銀行総裁を歴任した。コロナ禍・エネルギー危機という緊急事態のなかでコンテ第 2 次内閣が崩壊したことを受けて、全政党の承認を得て大統領がドラーギを首相とする実務家政権を発足させた。ドラーギは、イタリア内外において公と民にまたがる華々しいキャリアを有するスーパー・エリートである[*2]。

　このように前首相と現首相の経歴は、出生地がローマであるという共通点を除けば大きく異なる。「エリート、エスタブリッシュメント」のドラーギに対して、メローニは「一般大衆」の出身である。

　なお、ドラーギ前首相の前任者であるジュゼッペ・コンテは、元フィレンツェ大学教授・法学者である。コンテは、第 1 次（「五つ星運動（Moviment Cinque Stelle)」と「同盟」の連立内閣：2018 年 5 月～ 2019 年 8 月）と第 2 次（「五つ星運動」と「民主党」の連立内閣：2019 年 9 月～ 2021 年 2 月）の 2 期にわたって首相を務めた（就任当初は無所属。2021 年 2 月に「五つ星運動」に入党し、8 月に党首となった）。彼もまた、2018 年当時の混沌とした政治状況のなかで大統領によって指名されて首相になった人物であった。

　コロナ感染拡大が始まった当時の首相はコンテであったが、彼は、コロナ危機において厳しいロックダウンや行動制限を実施した一方で、欧州で唯一、政令によって企業による解雇を凍結するなどの国民の生活面における保障に取り組んだことにより、国民からの支持は大きかった。コンテはしかし、元首相レンツィの政治的駆け引きに端を発した 2021 年 2 月の政権崩壊により首相の座

＊ 2　メローニの経歴についてはイタリア内閣ウェブサイトならびに全国紙 *Corriere della Sera*（Gressi 2022）を、ドラーギの経歴については Britannica Online Encyclopedia「Mario Doraghi」を参照した。

を降りた（八十田 2022）。

(2)　政権交代が意味することと、EU との関係

先述のように、前首相のドラーギは第 2 次コンテ政権の崩壊を受け、2021
年 2 月に首相の地位に就いた。彼に期待されていたのは、コロナ禍とロシアの
ウクライナ侵攻の影響によるエネルギー危機とそれにともなう物価高騰[3]という
課題を抱えるイタリア社会を、国際金融界や EU との信頼関係をつくった彼の
経験とネットワークの強みを活かして救うことであった。実務家政権が連続せ
ざるをえないほどの、この政治的緊急事態 に、ドラーギは主要閣僚に実務家を
配しつつ、主要な党のほぼすべてからの入閣という布陣で臨んだ（八十田 2022）。
　そして、ドラーギ政権はそうした期待に応え、EU から莫大な復興資金を獲
得している。SDGs 目標に連関させた計画案、とくに気候変動対策に重点を置
いたそれにより、2021 年 7 月に EU 理事会で承認された復興資金の総額は約
2400 億ユーロにのぼる。
　ドラーギ政権は、2023 年春の任期満了による総選挙を見越して当分続くこ
とが期待されていた。ところが、2022 年 7 月のドラーギ氏の信任投票に際し
て、いずれもドラーギ政権内に閣僚を送り込んでいる「五つ星運動」「フォル
ツァ・イタリア」「同盟」が棄権をし、ドラーギの辞任と翌日の議会解散にい
たった。こうして第 2 次世界大戦後、67 番目の政権（30 人目の首相）が終止符
をうった。
　2022 年 9 月 22 日に行なわれた選挙結果については、メディアは投票結果と

＊3　エネルギー価格の高騰は政府の緩和策にもかかわらず家計を圧迫しており、電気とガス
　　の価格は、2022 年第 1 四半期では、前年比の前者が 119 ％、後者が 94 ％上昇した
　　（European commission 2022）。

＊4　第一党となった「五つ星運動」と議席を大幅に伸ばした「同盟」の左右両方のポピュリ
　　ズム政党が躍進した 2018 年の総選挙では、投票率が 74 ％弱だったのに対して、今回の選
　　挙では投票率は下院、上院ともに戦後最低の 64 ％未満であった。低調の要因として芦田
　　（2022）は、悪天候や選挙制度の変更と若者の投票離れにあるというイタリアの政治学者
　　ダリモンテの見解を紹介している。

ともにイタリア国民の投票行動の不調[*4]を伝え、経済・エネルギー政策や難民・移民問題といった選挙戦の論点[*5]よりも、メローニの人柄が「同胞」の勝利につながったことを報じた[*6]。

　総選挙における各政党の勢力動向について、伊藤（2022a、2022b）をもとに手短に整理すると、右派連合内における「同胞」の票は、移民への強硬姿勢で知られるサルヴィーニが率いる「同盟」と親ロシアの「ファルツァ・イタリア」が票を減らし、減らした分の票を「同胞」が獲得し第一党になった。「民主党」[*7]は大敗し、「五つ星運動」は、内部分裂によりかつての勢いは失っているものの、後述する「市民所得（Reddito di Cittadinanza）」で南部での支持が広がったことにより、「民主党」の議席に迫るほどの伸びを見せた。一方、元首相のレンツィ（民主党）が立ち上げた「イタリア・ヴィーヴァ（Italia viva）」などの中道第三極は健闘したものの伸び悩んだ。投票分析からは、「同胞」の

＊5　米国の『ニューヨーク・タイムズ』紙は、選挙中の各布陣の主な公約を以下のように伝えている。

　　　「フォルツァ・イタリア」「同盟」「同胞」の保守派連合の主な主張は、エネルギー危機と物価上昇への対策として、必需品やエネルギーへの減税とエネルギー関連のバウチャーの提供、物価上昇に合わせたEU復興基金の配分額の再交渉、フラット・タックスの導入、チェルノブイリ事故を契機に国民投票で廃止が決定された原子力開発への再投資である。そのほか、「五つ星運動」が導入し南部で絶大な支持を集めている「市民所得」の廃止と、難民・移民の入国に対して厳しく対応することなども公約に掲げられた。一方、中道左派の「民主党」は、ロシアに対する強硬姿勢を継続することを主張し、エネルギー問題については、再生可能資源の活用等を提唱している。移民関連では、イタリアで生まれた移民の子どもたちの市民権取得への道を緩和することを訴えるとともに、LGBTQの人びとへの差別に対する罰則の強化や、最低賃金の導入、所得税の削減等を掲げた。「五つ星運動」は、「市民所得」の強化と、新たにエネルギー回収基金を創設すること等を提案した。(Horowitz, Jason ほか , New York Times. 2023 年 9 月 24 日)。

＊6　『読売新聞』は、メローニの人気の背景として「前回選挙で約4％だった党の得票率をわずか4年で約20ポイント引き上げ、初の女性首相に上り詰めた。人気の理由はぶれないこと。既存の政治家の付和雷同に愛想を尽かした他党の支持者を獲得した。（中略）母子家庭で育ち、世界の男女平等度ランキングで63位と欧州最低水準のイタリアで、女性の生活苦を身をもって知る。高校を首席級の成績で卒業しながら大学に進学せず、飲食店などで働きながら政治家を目指した」と報じた（『読売新聞』2022年10月23日刊）。

躍進の背景として、もともとの支持基盤であった南部よりも北部での支持層が拡大したことと、それが社会階層や居住地域の広がりを含んだものになっていることとを指摘することができる。

　こうして、極右の「同胞」を最大勢力とする右派勢力が政権を握ることになったが、このメローニ政権に対する内外からの危惧についてはすでに述べた。しかし、新政権の主要閣僚ポストの配置や、対 EU 政策、ウクライナ支援と対ロシア制裁を見るかぎり、現状では、現在のメローニ政権では、おおむね前政権を踏襲しており、大方の見方として、現状維持の軌道にのった運営が見込まれている（伊藤 2022a）。とはいえ、新内閣の一角を占める「同盟（旧北部同盟）[8]」が 1990 年代半ばから移民・難民問題を政治争点化して以降、その対応をめぐり、イタリア国内、イタリアと EU 間の社会の隅々に亀裂を生じさせている（秦泉寺 2018；池田 2019；八十田 2017、2020）。そのほか、財政支援の条件として要求される社会保障給付の削減や公共部門の縮小をともなう緊縮政策などに対する不満が、ひいてはパンデミック発生の初期段階における EU 加盟国の対応が、イタリア市民の不信感を増幅させている（尾上 2022：序章参照）[9]。

---

*7　2023 年 2 月 26 日に党の代表選が行なわれた。新党首となったのは、大方の予想に反して、初の女性で 37 歳であるエレーナ・エステル・シュレイン（Elena Ethel Schlein、通称エリー・シュレイン）氏である。彼女の前職はエミリア＝ロマーニャ州副知事（2020 〜 2022 年）、ならびに欧州議会議員（2014 〜 2019 年）である。両親ともに大学教員（父はユダヤ系アメリカ人、母はイタリア人）であり、高校卒業までスイスで暮らしている。彼女は、自分自身がバイセクシャルであることを公表している。選挙キャンペーン中には、メローニの演説をもじり「私は一女性であり、他の女性を愛していて、一母親ではない。だからといって女性でないということではない」と演説をした（L'Indipendente 2023）。

*8　1991 年に「北部同盟（Lega Nord）」として結成されたが、2018 年の総選挙の際に「同盟（Lega）」へ改名された。

*9　2020 年 2 月末から、複数回にわたるイタリア政府から EU に対するマスクなどの医療用資材などの支援要請に対し EU 諸国は当初冷淡で、3 月の半ばの時点で支援の手を差し伸べたのはむしろ中国とロシアだけだった。また、同年 5 月にコンテ政権が訴えたユーロ共同債の「コロナ債」の発行の訴えに対するドイツやオランダの反対や、ドイツとフランスがマスクや手袋の輸出を制限した際には、イタリアの EU 離脱を望む人の割合が急増している（尾上 2022）。

　なお、「五つ星運動」が第一党になった 2018 年の総選挙の結果、2019 年 3 月に「市民所得」が導入された。これは、低所得者層に対して生活の向上、社会的包摂を目的に導入され、幾度かの法律改定によりミーンズ・テストが厳格化され、2021 年の改定では、就労によって支援金額が増額される仕組みに変更されている。しかし、2023 年 4 月現在、新政府において 2024 年の廃止が決定され、それに代わる「包摂手当（Assegno di Inclusione）」の導入が審議されている（Dall'Asén 2023）。

2　就労動向から見るパンデミックの影響

　コロナ禍は各地で労働市場の悪化をもたらしたが、さまざまな調査で、社会階層によって影響が異なることが明らかにされている。Eurofound（2020）がEU 全域で 2020 年の 4 月と 7 月に行なった調査では、若者、女性、学歴の低い層、外国籍などのマイノリティが他の社会階層に比べて困難な状況に陥ったことが報告された。欧州と北米のデータを用いた調査（Alon et al. 2021）では、コロナ禍で普及した在宅勤務による生活への影響の分析から、女性、とくに学校の閉鎖により自宅で過ごす子どもを抱える母親の生活に大きな影響が出ていることが見いだされており、子どもの有無といった家族責任の相違によってもコロナ禍の影響の多寡に違いがあることが示唆されている。

　イタリアについて、失業率からパンデミックの影響を確認しよう（表 7-1）。労働力人口（15 〜 64 歳）の失業率は 2019 年の 10.1 ％から、2020 年 9.5 ％、2021 年 9.7 ％で推移しており、予想に反して、パンデミックの渦中、失業率はむしろ減少したことが見てとれる。労働市場において不利な状況が続いている若者（15 〜 24 歳）についても、数値こそ 30 ％近くもあり、その多さが際立っているものの、2019 年 29.2 ％、2020 年 29.8 ％、2021 年 29.7 ％で、パンデミックの影響はあまり多くはないように見える。

　しかし、就労者数と非労働者数の推移に関するデータを見ると、パンデミックの影響の大きさが見えてくる（表 7-2）。2019 年に男女合わせて 2310 万 9000 人だった就業者数は、2020 年には 2238 万 5000 人となり、72 万 4000 人

の減少となっている。一方、全体で2019年に3373万人であった非労働力人口は、2020年には3448万7000人となり、75万7000人増加している。男女別に見ると、就業者数は同年で男性が1333万6000人から1298万7000人となり、34万9000人の減少に対して、女性は977万4000人から939万8000人となり、37万6000人の減少となった。一方、非労働力人口数は、男性が1423万9000人から1460万4000人となり36万5000人の増加であるのに対して、女性が1949万人から1988万2000人となり、39万2000人増加している。男性よりも女性に大きな影響がおよんでいることが見てとれる。

　さらに、イタリア統計局（ISTAT 2022b）の報告をもとに2019年から2021年について就業者の状況を確認することにする。

　2021年の就業者は、2020年の急落を回復するにはいたっていないものの、16万9000人増加しており、15～64歳の就業率では0.8ポイントの増加を記録している。

　なお、就業率の低さは、かねてよりイタリアの課題とされていた（パンデミック前の2019年は59.0％）。他のEU諸国と比較すると、2021年のEU27の就業率が68.4％に対してイタリアは58.2％であり、依然として大きな開きがある。

　就業者数について、詳しく見ると、2020年に比べ増加しているのは有期雇用者（28万人増、10.7％増）のみで、正規雇用者と自営業者は減少している。非労働になった人々の就職活動の再開とともに失業者数の増加が見られ（6万6000人、2.9％増）、失業率に注目するならば前年比の0.2ポイントの増加という状況にある。

　国籍を見ると、雇用の回復は、イタリア人よりも外国人の方が堅調である。しかし性別と地域によってその様相は異なっており、回復傾向にあるのは、女性と商工業の盛んな北部に限られている。それは外国人女性のケア・家事労働への従事者が、ミラノを中心とした北部の商工業都市に多く居住していることと関連している、としている。

　パンデミックが若者にもたらした影響に関するものとしては、フィアスキら（Fiaschi/Tealdi 2021）が2013年から2020年のISTATの四半期ごとの労働力調査をもとに分析を試みており、興味深い報告をしている。従来、教育から職業への移行期間が他国に比べて長いことが特徴に挙げられるイタリアでは、コ

表7-1 イタリアの失業率 (2019〜2021年)

(単位：%)

地域	イタリア全土												北部				中部				南部・島しょ部			
性別	男女				男性				女性				男女				男女				男女			
年	2019	2020	2021	2022	2019	2020	2021	2022	2019	2020	2021	2022	2019	2020	2021	2022	2019	2020	2021	2022	2019	2020	2021	2022
15～24歳	29.2	29.8	29.7	23.7	27.8	28.4	27.7	22.3	31.1	32.1	32.8	25.8	19.3	20.9	21.1	16.4	26.5	30.3	29.3	22.6	45.6	43.9	43.1	37.0
18～29歳	22.2	22.3	22.0	17.8	21.0	21.2	21.2	16.7	23.7	23.9	23.2	19.4	13.3	14.7	14.2	11.2	19.5	21.6	21.6	16.4	37.5	35.5	34.9	30.2
15～29歳	22.3	22.4	22.3	18.0	21.2	21.4	21.4	16.8	23.8	23.9	23.5	19.6	13.4	14.8	14.3	11.4	19.6	21.6	21.6	16.5	37.7	35.6	35.3	30.4
25～34歳	14.8	14.3	14.1	11.4	13.5	13.1	13.0	9.7	16.4	15.9	15.6	13.6	8.1	8.6	8.1	6.4	13.2	12.6	12.8	9.6	26.3	25.0	24.8	21.1
15～34歳	18.2	17.9	17.9	14.4	17.1	16.9	16.7	13.0	19.8	19.4	19.4	16.4	10.8	11.5	11.2	8.9	16.1	16.4	16.5	12.7	31.1	29.6	29.4	25.0
35～44歳	9.0	8.3	8.4	7.5	7.5	6.8	7.1	6.2	11.0	10.2	10.0	9.1	5.1	4.8	4.7	4.4	8.2	7.5	7.8	5.7	16.5	14.9	15.1	14.1
35～49歳	8.6	7.9	7.9	7.0	7.3	6.7	6.7	5.8	10.3	9.4	9.5	8.5	5.0	4.7	4.5	4.1	7.7	7.2	7.4	5.7	15.7	14.3	14.3	13.0
45～54歳	7.3	6.8	6.9	6.0	6.6	6.2	5.9	5.0	8.2	7.6	8.2	7.2	4.8	4.3	4.3	3.7	6.4	6.1	6.6	5.5	12.9	12.1	12.2	10.9
55～64歳	5.4	5.1	5.5	4.8	5.8	5.2	5.6	4.8	4.9	5.0	5.4	4.9	3.9	3.8	4.2	3.6	4.9	4.2	4.8	4.8	8.4	7.9	8.3	7.1
20～64歳	9.8	9.3	9.4	8.0	9.0	8.5	8.5	7.0	10.9	10.3	10.5	9.2	5.9	5.8	5.9	4.9	8.6	8.2	8.5	6.9	17.4	16.1	16.2	14.2
15～64歳	10.1	9.5	9.7	8.2	9.3	8.8	8.9	7.3	11.2	10.5	10.8	9.5	6.2	6.1	6.1	5.1	8.8	8.4	8.8	7.1	17.9	16.5	16.7	14.6

出典）ISTATのデータベースより著者作成。

表7-2　イタリアの労働力人口と非労働力人口（2019〜2021年）

（単位：千人）

年	労働力人口						非労働力人口				総計
	就業者				失業者	合計	15〜 64歳	14歳 以下	65歳 以上	小計	
	農業	工業	サービス	小計							
男女 2019	896	5,977	16,237	23,109	2,540	25,649	13,039	7,844	12,846	33,730	59,379
男女 2020	905	5,925	15,555	22,385	2,301	24,686	13,788	7,699	12,999	34,487	59,173
男女 2021	913	6,008	15,632	22,554	2,367	24,921	13,328	7,551	13,057	33,936	58,857
男性 2019	663	4,697	7,976	13,336	1,327	14,663	4,750	4,036	5,453	14,239	28,902
男性 2020	675	4,659	7,653	12,987	1,214	14,201	5,098	3,961	5,545	14,604	28,805
男性 2021	678	4,733	7,633	13,044	1,236	14,280	4,940	3,885	5,556	14,381	28,661
女性 2019	233	1,280	8,261	9,774	1,213	10,986	8,289	3,808	7,394	19,490	30,477
女性 2020	230	1,266	7,902	9,398	1,087	10,485	8,690	3,738	7,454	19,882	30,367
女性 2021	235	1,275	8,000	9,510	1,131	10,641	8,388	3,666	7,501	19,555	30,196

出典）ISTAT（2022a）のデータより著者作成。

ロナ禍においてさらに長期化がみいだされ、仕事を探す期間が伸長しただけではなく、在学期間の延長や教育機関に戻ることによる就学期間の延長や、就職をあきらめてしまったことによる非就業が生じている可能性[10]が指摘されている。

　次節では、国別「2022ヨーロピアン・セメスターレポート」でも重要課題のひとつとして挙げられている、若者の失業・NEET（ニート）問題と、それを克服しようとする社会政策としての「NEET計画」および「若者保証」について見ていくことにしよう。

3　若者をとりまく困難と社会政策

　若年世代の長期にわたる未就労は、日本においても、その後の職業キャリア

＊10　NEET（ニート）というカテゴリーでは、就職活動をしているが就職が決まっていない失業者が混在しており介入の対象が見えづらくなるとして、「労働力でもなく」教育や訓練にもかかわっていない、「NLFET：neither in the labour force nor in education or training」を特定するべきであるという議論が高まっている（Fiaschi/Tealdi 2021）。

における困難に加え、経済格差や社会保障制度への影響が懸念されているが、近年、EU 全体の取組として若者の移行期支援が重要な政策課題として位置づけられている。EU は 2010 年に新しい世代のエネルギーと知性が「無駄になってしまっている」[*11] 現状を表わす主要指標として、ニート率を用いることを決定した。ニートとは、就学・就労していない、また職業訓練も受けていない若者である。それ以降、ニートに関する調査や報告は数多く行なわれ、データが蓄積されている（Ministero Politiche Giovanile 2022）[*12]。

(1)　NEET 計画

2020 年、15 〜 29 歳でニートの状況にある若者の割合は 23.5％にのぼり、EU 諸国のなかでも突出して高い（図 7-1）。そのような状況を打破するために、イタリア政府（前政権）は 2022 年 3 月に労働・青少年合同政策通達（decreto congiunto Lavoro-Politiche giovanili）として、「ニート計画（Il Piano NEET）」を発表した（Ministero Politiche Giovanile 前掲書）。対象の年齢層を 15 〜 29 歳（南部、島しょ部では 34 歳）[*13] とし、積極的に支援をしていく計画が立てられた。就学・就労も訓練もしていない 300 万人以上を減らすことを目標として、以下に挙げる「特定」「関係性の構築」「アクティベーション」という 3 つの段階の介入をすることが計画されていた。

・特定（emersione）
　ニート状態の若者を特定し、働きかけ、巻き込むための介入。学校中退者、薬物乱用問題に直面している人、ホームレスなど、従来は手の届きにくかった若者が公的支援を受けられるように、窓口を設けて来訪を待つといっ

---

*11　イタリアにおいては高学歴の若者の「頭脳流出」も大きな課題である（European commission 2022a）。

*12　ニートには、進学準備や、資格取得試験に向けた学習、結婚に向けた準備など、各自のキャリア展開のための活動を行なっている人も含まれてしまい、支援対象や問題の理解を誤らせてしまう懸念があることは、日本では 2000 年代後半に大きな議論となっている（後藤ほか 2006）。

*13　アブルッツォ、バジリカータ、カラブリア、カンパーニャ、モリーゼ、プーリア、サルデーニャ、シチリア。

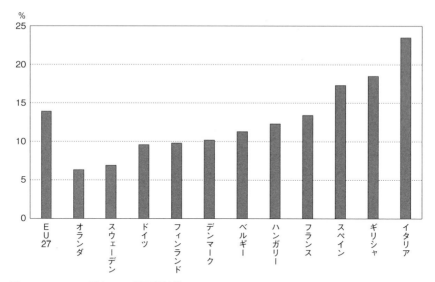

図7-1　ニートの割合のEU間国際比較（2020年、15〜29歳）
出典）EUROSTATのデータベースより著者作成。

た、従来型のやり方ではつながりをつけることが難しい人びとに対して、機
関や地域の関係者の連携を通じてアプローチをする。

・関係性の構築（indaggio）

　若者の公共政策や制度に対する幻滅感や不信感を克服するために若者に届
きやすい工夫（ゲーム、音楽、演劇、スポーツの機会の提供、デジタルツールの
活用）を通じて若者とサービスとのつながりをつける。

・アクティベーション（attivazione）

　ジョブセンター（Centro impiego）、「若者保証（Garanzia Giovani）」のプロ
グラムによる施策など、さまざまな関与者で就職に向けて支援をしていく。
とりわけ、労働省と自治体の連携によってプログラムを策定し、個別の手厚
い支援をしていく。支援の最終段階。

日刊誌『Il sole 24』（2022年1月21日）によれば、2022年予算案では、ジョ
ブセンターにおける青少年サービスの確立を目的とした支援に対して資金が割
り当てられ、この資金により、ニートの若者を受け入れ、社会的・心理的苦境

にある若者を支援するための特別なスキルや専門性を備えた若者のための部署がすべてのジョブセンターに設置されることや、若者のキャリア支援のために、公的・民間の訓練機関と社会サービスと地域の諸組織間のネットワークを構築することがめざされていた（Carli 2022）。

　次項に見る「若者保証」の 2023 年の概要を見るかぎり、この「ニート計画」の主旨が踏襲されたものになっていると思われる。

（2）　若者保証

　若者保証は、EU の若者の移行期支援政策のひとつで、ニートの若者が、4カ月以内に質の高い、雇用、学業の継続、インターシップ、研修の機会が得られるよう支援する政策である（序章の第 3 節参照）。若者の失業率が 25％を超える地域がある加盟国のための財政支援措置であり、プログラムについてはそれぞれの国にゆだねられている。イタリアでは 2014 年 5 月に運用が開始された。

　イタリアの 2023 年の「若者保証」について整理したものが表 7-3 である。イタリアに居住し、ニートの状態にある若者に対して、地域のジョブセンターを中心に、各人に寄り添った支援を、公・民を超えた諸機関・人の連携のもとで実施していく内容になっている。若者が活動する地域は個人の居住地域にとどまらず、EU 圏内の国外を含む地域外も想定されている。

　再び表 7-1 の失業率の状況を見てほしい。パンデミック以前の 2019 年と、直近の 2022 年の全体の失業率は、前者が 10.1％、後者が 8.1％であるのに対して、若者（15 〜 29 歳）のそれは、22.3％、18.0％と大きな開きがある。そして、南部・島嶼部ではそれぞれ 37.7％、30.4％にも達している。そのため、「EU における「若者保証」のプログラムでは対象者（「Asse 1」と呼ばれる）は原則 15 歳以上 30 歳未満であるが、イタリアにおいては、移行の困難が見られる地域における対象（「Asse 1bis」[14]）で、34 歳まで拡張されている。さらに、彼

＊ 14　対象の分類名称である。全国（ボルツァーノ自治州を除く）の若者を「Asse1」とするのに対して、失業者の多い低開発地域（バジリカータ、カラブリア、カンパーニャ、プーリア、シチリア）および移行地域（アブルッツォ、モリーゼ、サルデーニャ）の若者を「Asse 1bis」としている。

ら限定で、インターンシップや教育課程に在籍していても、また若者保証プログラムに登録していなくても、サービスの利用が可能である。

　国立積極的労働政策機構（Agenzia Nazionale per le Politiche Attive del Lavoro: ANPAL）は「若者保証」が導入された2014年5月から2020年11月までの「若者保証」の取組の成果をまとめた。これによれば、登録者80万2155人のうち53万9355人、割合では67.2％が就労に結びついている。ただし、成果の地域差が大きく、割合で見ると最も成果の大きかったミラノを擁するロンバルディア州が80.2％（11万980人中、8万8977人）であるのに対して、最も成果が小さかったシチリア州が48.9％（7万201人中、3万4323人）にとどまっている（ANPAL 2022）。

　EUの欧州委員会による2019年10月時点での評価報告書（Youth Guarantee country by country：Italy 2020）によれば、イタリアの「若者保証」プログラムは、地域格差の課題を残しながらも、「個別化されたアプローチと道筋の提供のため、包括的でパートナーシップ戦略にもとづいており、また強力なプロファイリングを組み合わせた若者保証のスキームの導入が進められている」とされ、かつまた「最も脆弱な若者向けに新しい施策の導入、意識改革、キャンペーン、専用のウェブページの開設」などアウトリーチ活動においてもさまざまな取り組みがなされているとして、高い評価を受けている。しかしながら課題としては、多様な取り組みであるがゆえの「導入の複雑さや、各地域でのプロジェクトの管理の困難さ」が存在する点、ならびに個別支援の強化のために「公共雇用サービス機関（Public Employment Services: PES）の能力強化」がますます重要になっている点が指摘されている（European Comission 2020: 6）。

4　コロナ危機で顕在化するイタリアの課題と希望

　コロナ・パンデミックを経て、ロシアのウクライナ侵攻により生じたエネルギー危機は、イタリアにおいても大きな困難をもたらした。しかし、EUからの復興支援も得て、現在、イタリアの社会・経済状況は回復傾向にある。

　社会的弱者の地位にあって久しい若者に対し、EUの積極的労働政策の枠組

表7-3　イタリアの2023年「若者保証」プログラムの内容

（1）サービス利用要件
　・イタリアに居住（ボルツァーノ自治州を除く）
　・15 歳以上 30 歳未満
　・無職
　・教育課程に在籍していない
　・インターンシップ関連のコースに参加していない
　　要件を満たす場合：国立積極的労働政策機構（全国版 ANPAL）または、地域版「若者保証」のポータ
　　ルサイトへ登録が可能
　・アブルッツォ、バジリカータ、カラブリア、カンパーニャ、モリーゼ、プーリア、サルデーニャ、シチア
　　の居住者については、年齢制限が 15 ～ 34 歳。インターンシップや教育課程に在籍していても、また若者
　　保証プログラムに正式に入会しなくても、「Asse 1bis」の規定により、プログラムへの参加が可能。

（2）プログラムの内容
　1．ウェルカム
　　　情報（コース、起業、ボランティアなど）の提供、登録していない場合は登録サポート支援
　2．オリエンテーション
　　　個別面談
　3．トレーニングコース
　　　①職業訓練コース（個別またはグループで 50 ～ 200 時間）
　　　② 18 歳以下で職業資格や卒業証書を持たない人を対象とした教育再統合コース
　4．就職支援
　　　求人情報の提供、応募、選考、面接から就職にいたるまでの支援
　5．研修契約型の職業紹介（最低 6 カ月）
　　　①職業資格とディプロマを取得
　　　②専門職研修または職業契約
　　　③高度な訓練と研究のための研修
　6．インターンシップ 6 カ月間（障害者や恵まれない人の場合は 12 カ月間。国外も含む）
　　　経歴に応じて最大 500 ユーロ月額手当（バウチャー支給）。インターンシップ先が居住地以外の場合に
　　　は変動額のバウチャーの支給
　7．市民サービス活動
　　　連帯・協力・援助プロジェクトを実施する組織での活動、若者保証プログラムに関連するプロジェクト
　　　での雇用期間は 12 カ月。月額 433,80 ユーロの奨学金が支払われる
　8．起業支援
　　　起業、クレジット／マイクロクレジットの利用、報奨金などのインセンティブ制度の活用にいたるまで、
　　　起業の全段階において個別の支援を受けることができる（「Yes I Sturtup *i」プログラムによる専門的
　　　なトレーニングやアドバイスのサポート、利用可能な金融商品を利用するための行政、法律、財務管理
　　　の個別指導など）
　　　ニートによる起業には「INVITALIA *ii」が運営するファンドから、労働省の特別通知に従って、最大
　　　5 万ユーロの無利子融資が行なわれる
　9．プロフェッショナル・モビリティ
　　　イタリア国内および他の EU 諸国での労働者の移動を奨励。海外や他地域での就業体験を希望する登録
　　　者に、6 カ月間の旅費と宿泊費に相当するバウチャーを用意
　10．高等専門学校（Isitituto tecnici superiore）への入学を促進
　　　とくに、入学費用に充てる最高 2,000 ユーロのバウチャー、居住地以外の地域のコースに参加するため
　　　の旅費、宿泊費、食費を負担する資金、インターンシップやカリキュラムに参加するための最大 6 カ月
　　　間の月額 300 ユーロの手当を提供
　11．雇用した企業へのインセンティブ
　　　採用、実習、研修を通じてプログラムに登録した若者を雇用することを決定した企業や雇用主への報償
　　　等のインセンティブがある

出典）Ti consiglio un lavoro（2023）掲載の「Garanzia Giovani 2023」より著者作成。
　注）*i　国立マイクロクレジット機構（Ente Nazionale per il Microcredito）のプログラムで、「若者保証プログ
　　　　　ラム」で起業を希望する若者のための支援制度。
　　　*ii　経済省が所有する国家開発庁。国の経済成長を促進し、開発と雇用のための戦略的セクターに焦点を当
　　　　　て、危機的状況の地域の活性化に携わる。おもに南イタリアで活動している（INVITALIA 2023）。

みのなかで移行支援の拡充が図られていることについては、前節で確認した。その一方で、根本的な改善がただちには困難である南北間の社会・経済格差と移民・難民問題は、政治的に大きな争点としてイタリア社会の分断を助長している。

　とはいえ、家族、友人を大切にし、キリスト教の影響のもとで慈悲の文化が浸透し、労働組合を中心とした連帯の文化が根づくイタリアでは、人びとの日常的な助け合いを目にすることも多い。著者は2022年9月にパンデミックの発生後にイタリアでの現地調査を実施し、その際に、さまざまな活動に携わる人びとに、現状とロックダウン時についてヒアリングを行なった[15]。そのなかには、ロックダウンの最中に家族・友人同士で支え合っただけではなく、家族・友人関係を越えた助け合いの事例をいくつも聞くことになった。キリスト教系の支援組織、NPO、その他ボランティアの人びとが政治的な主義・主張の違いにかかわらず協力し、ホームレスの人びとに食糧を届けた[16]。労働組合 CGIL 系のボランティア組織は、ひとり暮らしの高齢者の買い物を代行して食糧を届けた[17]。書店の従業員は、人気のない街をエッセンシェルワーカーとして購買者へ本を届けた[18]。

　また、日常が戻りつつあるなかでもさまざまな助け合いやつながりの様子に出会った。そのなかには、障害をもつ娘のために私財を投じて活動施設（工芸や農作業など）を作り、家族以外の利用者を受け入れている夫婦[19]、キリスト教系のボランティア組織で難民にイタリア語を教える女性[20]、仕事のかたわら、ボランティアでホームレスを対象とした食事支援と保護猫活動を週1回のペース

---

* 15　本調査は、JSPS 科学研究費補助金・基盤研究（B）（課題番号：19H01592）の助成によって実施した。
* 16　トスカーナ州ヴィアレッジョ、2022年9月26日ピサ大学社会政策学部准教授 Gabriele Tomei 氏（オンラインインタビュー）。
* 17　トスカーナ州フィレンツェの高齢者支援組織、「AUSER」2022年9月20日訪問。
* 18　ロンバルディア州ベルガモの書店、「Incroccio Quarenghi」2022年9月16日訪問。
* 19　ロンバルディア州ベルガモの障害者活動施設、「La Vite ed i Tralci」2022年9月12日訪問。なお、娘は伴侶をえて独立したため一度も利用していない。
* 20　トスカーナ州フィレンツェ、P 氏2022年9月8日インタビュー。

で行なう青年[21]がいる。

　移民・難民に対して強硬な態度をとる人も多いとされる北西部においても、ウクライナの避難者たちに対して定年後すぐにボランティアでイタリア語を教え始めた男性[22]、地域の子どもたちのために図書館を開設し、地域の人を巻き込み移民のためのイタリア語コースや裁縫などの文化コースを運営するNPO[23]、移民の女性たちを主な対象（低学歴で低所得の世帯における虐待問題が頻発している）として活動するNPO[24]と出会った。また当該地域で訪問した、労働組合[25]では、移民の滞在許可証の申請手続きを支援するなど、移民の社会統合への支援を積極的に行なっていた。

　その他、予算削減の影響で久しく図書館のない小中学校内には保護者が協力し合って図書館を設置し、運営を行なう事例[26]とも出会った。

　また滞在中、家事や介護を移民の力に頼ることが「普通」になっている様子に何度も遭遇した。住宅街の片隅にあるバールでは高齢者が付き添いの東南アジア系と見られる女性と朝食をしていたり、筆者が長年世話になっている一人暮らしをする女性は、高齢になり、ペルーから来た外国人に、人づてで家事の手伝いを頼むようになっていたりした[27]。筆者の友人たちは外国人に家事手伝いを得ながら、子どもたちの学校や習い事の送り迎えなどの育児をこなしていた。移民が家のなかにいることが日常になってきているのである[28]。

---

* 21　ロンバルディア州ベルガモ、A氏2022年9月15日インタビュー。
* 22　ロンバルディア州モンツァ、S氏2022年9月15日インタビュー。
* 23　ロンバルディア州ブレーシャ、「Porto delle Culture Brescia」2022年9月14日訪問。
* 24　ロンバルディア州ブレーシャ、「Casa delle donne Brescia」2022年9月14日訪問。
* 25　ロンバルディア州ブレーシャ、「UIL（移民担当窓口）」2022年9月14日訪問。2016年のデータではイタリアの労働組合全体の組織率は34.4％である（労働政策研究・研修機構2022）。
* 26　トスカーナ州ガルッツォの小・中学校、「Scuola Erementare e Media Statale G.PAPINI」2022年9月8日訪問。
* 27　清掃のあとにコーヒーを飲みながらひと時のおしゃべりをすることが、彼女にとっての楽しみのひとつになっているようであった。
* 28　移民による家事労働の広がりについては、宮崎（2013、2021）や伊藤（2011a、2011b、2017）が詳しい。

　家族主義・縁故主義が特徴とされるイタリアにおいて、政治の場では「家族」「伝統」が焦点化される一方で、若者を対象とした政策に目を向けると、EU の資金援助をもとに、地域内外、イタリア内外（EU 圏）の資源をつなぎ、さまざまな機関・人が連帯し、移行期を支援していこうとしていることが確認された。またイタリア社会の個々人の生活を見ると、家族・知人を越えた、何かしらのつながりが広がっていることが垣間みえる。そこに、公助をあてにしない、人びとのたくましさを見ることもできる。

　若者の移行期困難、少子高齢化による労働力不足、介護問題といった現代日本がかかえる課題と重なることの多いイタリアにおいて、どのようにそれらの課題を克服していこうとするのか、その動向を今後も注目していきたい。

参考文献

朝日新聞　2022「英伊の新政権　国際協調のとりで守れ」（社説）2022 年 10 月 27 日。

芦田淳　2022「イタリア　上下両院選挙法と 2022 年選挙結果」『外国の立法』293（2）：14-15。

池田和希　2019「イタリアにおける『移民・難民問題』と政治対立——レーガ（同盟）による政治争点化をめぐって」宮島喬・佐藤成基編『包摂・共生の政治か、排除の政治か——移民・難民と向き合うヨーロッパ』明石書店、59-82 頁。

伊藤武　2011a「イタリア福祉レジームの変容——『雇用も福祉もない』福祉国家における適応戦略」新川敏光編『福祉国家の収斂と分岐——脱商品化と脱家族化の多様性』ミネルヴァ書房、238-259 頁。

——　2011b「福祉国家再編と領域性再編の政治——移民ケア労働者参入をめぐる変容」田村哲樹・堀江孝司編『模索する政治——代議制民主主義と福祉国家のゆくえ』ナカニシヤ出版、295-318 頁。

——　2017「イタリアにおける移民ケア労働者導入と家族主義レジームの「再家族化」新川敏光編『国民再統合の政治——福祉国家とリベラル・ナショナリズムの間』ナカニシヤ出版、211-234 頁。

——　2022a「イタリア右派メローニ新政権の「堅実路線」」『外交』76：130-135。

——　2022b「イタリア『極右・女性首相の誕生』をめぐる狂騒曲」『世界』964：220-228。

尾上修吾　2022『コロナ危機と欧州・フランス』明石書店。

後藤和智・内藤朝雄・本田由紀　2006『「ニート」って言うな！』光文社。

秦泉寺友紀　2018「イスラムはなぜ問題化されるのか——イタリアの排外主義の現状」

櫛本英樹編『排外主義の国際比較——先進諸国における外国人移民の実態』ミネルヴァ書房、125-148 頁。

中井遼　2021『欧州の排外主義とナショナリズム——調査から見る世論の本質』新泉社。

八十田博人　2017「地中海移民・難民対策をめぐるイタリア・EU 間の論争」『日本 EU 学会年報』2017（37）：69-91。

―― 2020「イタリアの移民政策の転換——2017 年以降の規制強化」『上智ヨーロッパ研究』12：47-64。

―― 2021「イタリア——状況認識後の対応に注目」植田隆子編『新型コロナ危機と欧州——EU・加盟国 10 カ国と英国の対応』文眞堂、89-111 頁。

―― 2022「イタリア——「経営者たる国家」の復活か」岡部みどり編『世界変動と脱 EU ／超 EU——ポスト・コロナ、米中覇権競争下の国際関係』日本経済評論社、69-90 頁。

宮崎理枝　2013「移住家事・ケア労働者とその非可視性——2000 年代後半のイタリアの事例から」『大原社会問題研究所雑誌』653：23-39。

―― 2021「バウチャーに基づく働き方、ケア労働、Covid-19——イタリアの事例から」『週刊社会保障』75（3120）：42-47。

『読売新聞』2022 年 10 月 23 日日刊。

労働政策研究・研修機構　2022『データブック国際労働比較 2022』。

Alon, T., Coskun, S. Doepke, M., Koll, D. and Tertilt, M. 2021. *From Mancession to Shecession: Women's Employment in Regular, and Pandemic Recessions.* IZA （DISCUSSION PAPER SERIES）14223.

ANPAL 2022. *Garanzia Giovani in Italia 2022 No. 11.*

Carli, A. 2022. Giovani e lavoro: il piano del Governo per ridurre i Neet in Italia. *Il Sore 24 ore.* 2022/1/21. https://www.ilsole24ore.com/art/giovani-e-lavoro-piano-governo-ridurre-neet-italia-AEUx818 （2023 年 4 月 25 日閲覧）

Dall'Asén, M. J. 2023. Reddito di cittadinanza addio, dal 2024 arriva l'Assegno di inclusione: come funziona. *Corriere della Sara.* 2023/4/28 （2023 年 4 月 28 日閲覧）

Eurofound 2020 *Living, working and COVID-19.* COVID-19 Series, Pubications Office of the European Union.

European Comission 2020. *Youth Guarantee country by country: Italy.*

―― 2022. *Country Report-Italy.*

EUROSTAT （Statistical Office of the European Union） *Database.* https://ec.europa.eu/eurostat/web/main/data/database （2023 年 3 月 30 日閲覧）

Fiaschi, D./Tealdi, C. 2022. *Young People between Education and the Labour Market during the COVID-19 Pandemic in Italy.* IZA Discussion 14479.

Gressi, R. 2022. Chi è Giorgia Meloni, leader di Fratelli d'Italia e vincitrice delle elezioni. *Corriere della Sera.* 2022/9/26（2023 年 3 月 30 日閲覧）

Horowitz, J., Pianigiani, G. and Povoledo, E. 2022. Italy Votes Sunday. Here's What You Need to Know. *New York Times.* 2022/9/23.

INVITALIA CHI SIAMO. https://www.invitalia.it/ （2023 年 4 月 27 日閲覧）

ISTAT 2022a. *ANNUARIO STATISTICO ITALIANO 2022.*

—— 2022b. *Rapporto Annuale 2022.*

L'Indipendente 2023. lly Schlein: vero cambiamento nella sinistra italiana o ritocco cosmetico. *Focus.* 2023/2/27 （2023 年 4 月 10 日閲覧）

Ministero Politiche Giovanile 2022. NEET WORKING: PIANO DI EMERSIONE E ORIENTAMENT GIOVENI INATTIVE.

Ti consiglio un lavoro 2023, Garanzia Giovani 2023: cos'è, come funziona, requisiti, come fare domanda. 2023/2/17. https://www.ticonsiglio.com/garanzia-giovani/ （2023 年 4 月 28 日閲覧）

第8章

コロナ危機と
ベルギー連邦政府の対応
——分権化のなかでの反貧困・社会的包摂政策——

福原宏幸

---

1 コロナ危機が問う連邦国家のあり方

　ベルギー連邦政府の連邦計画策定部 社会統合・反貧困・社会的経済および都市政策局（以下ではSPP社会統合局と略記[*1]）は、2022年11月に発表した『第4次貧困対策・不平等改善連邦計画』で、次のように述べた。「近年、ベルギーでは貧困と不平等が憂慮すべき高い水準で推移している」が、これに加え、「今日、コロナ危機によって、最も弱い立場にある人びととの不平等や困難が誰の目にもわかるような状況となっている。また、これは、経済的不安と社会的不安が重なり、以前は経済的困難に直面していなかった人びとを含めさらに多くの人びととを巻き込むようになった」（SPP Intégration sociale 2022：8-9）。このように、ベルギーではコロナ危機によって社会的問題がいっそう深刻となってきた。

　本章では、この問題に対するベルギー政府の対応策を検討するが、それに先立って、連邦政府によって取り組まれたコロナ危機に対する政策決定主体づく

＊1　ベルギー連邦政府の機関は、2000年の改革によって、従来の省庁は連邦政策部（Les Services publics fédéraux: SPF）としてまとめられ、そのもとに首相官邸、戦略・組織局、財務局、社会保障局など12の局がある。これとは別に、これらの局に横断的にかかわっている課題を扱う連邦計画策定部（Les Services publics fédéraux de programmation: SPP）が置かれ、反貧困・社会的包摂を扱うSPP社会統合局とSPP科学政策局がある（福原2020：200；Informations et services officiels 2022）。

りの過程をみていこう。これを取り上げるのは、2019 年 5 月の総選挙後 16 カ月にわたって新政権が決まらないというきわめて不安定な政治状況であったことから、これを打開することなしにはコロナ危機への十分な対応策が打ち出せなかったからである。そして、この政治状況の不安定さを生み出した大きな要因として、連邦政府の権限の地域政府への移譲にともなうベルギー独特の連邦国家のあり方がある。すなわち、中央政府（連邦政府）が連邦構成体（3 つの地域圏の政府と 3 つの言語共同体の政府）とどのような関係をつくっていくのかが、コロナ危機への対応の成否の大きな鍵であった。また、こうした分権化された政治状況がベルギー福祉国家のあり方とどう関係しているのか、この点について検討することも必要だろう。

　次に、コロナ危機のもとでベルギー連邦政府が行なった市民の生活と就労に対する支援策を見ていきたい。不安定な状況に陥る可能性のある就業者に対しては一時失業者支援と自営業者支援の 2 つが実施され、また緊急対策として脆弱な状況にある人びとへの生活支援が実施された。それらの実態を明らかにしていきたい。

　なお、コロナ危機のもとで実施されたこれらの支援策については一般に成果を挙げたと総括されているが、他方で、この危機への対応の過程で、ポスト・コロナを見据えた新たな政策課題も明らかになった。この点は、ベルギー連邦政府の政策スタンスを知るうえで重要だろう。

　ところで、ベルギーにおける北部フランデレン地域（オランダ語圏）と南部ワロニー地域（フランス語圏であるが一部ドイツ語圏地域を含む）の対立・分断は、19 世紀末期頃からの政治・社会における言語の位置づけの格差や文化の違いが意識され始めたことに出発点があった。しかし、その後拡大する経済格差への対応の考え方の相違も深くかかわるようになった。そして経済格差はおのずと貧困や社会的排除の度合いの違いとなって立ち現われる。この対立は 1970 年代から始まる地域政府への連邦政府権限の部分的移譲の進展というかたちで進められてきている。このような状況のなかで起きたコロナ危機は、地域間のさらなる対立・分断に拍車をかけることになるのか、それとも協力・連帯の強化によって分断への動きを乗り越えることになるのか。今後は、この点も問われることになるだろう。

2　不安定な政治状況と連邦政府のコロナ危機への対応

(1)　連邦国家の成立から分断化へ

　ベルギーは、北部フランデレン地域ではオランダ語を話す人びとが多く、南部ワロニー地域ではフランス語を話す人びとが多い。また、フランデレン地域のなかに位置する首都ブリュッセル地域圏は約8割の人びとがフランス語を話し、ワロニー地域の東端に位置する地域にはドイツ語を話す人たちがいる。ベルギーは、1830年フランス語系エリートが中心となり王国として独立を果たすが、政治の中心であったブリュッセルと炭鉱業を中心に栄えていたワロニー地域がベルギーを支えていたことから政治経済の中枢における言語はフランス語であった。しかし、1890年頃から北部沿岸地域ではその地の利を活かして交易や産業が盛んとなり、フランデレン地域の経済力が次第に高まった。そうしたなかで、この地域のオランダ語系の人びとのあいだで言語の違いによる不平等や文化的アイデンティティが強く意識されるようになった。すなわち、経済の発展と人の移動が増えたことによるコミュニケーションの必要が高まるなかで、言語のもつ社会的価値が意識されるようになり（津田 2021：16-17）、ベルギー国内でのオランダ語とオランダ語系市民の文化の価値を高めていようという機運が高まっていった。

　こうした機運は第2次世界大戦以降いっそう強いものとなり、言語間のそして地域間の対立は政治的な分権を求める動きへと発展し、これがベルギーの戦後政治の中心的課題となった。とくに1970年からは国家の分権化改革が何度もくり返され、その結果、1993年には憲法改正によってベルギーは統一国家から連邦国家へと移行した（津田 2021：26-27；松尾 2022a：228-232）。

　これにともなって、ベルギーは、3つの地域圏（フランデレン、ワロニー、ブリュッセル首都圏）、3つの共同体（オランダ語、フランス語、ドイツ語）の6つの連邦構成体からなる連邦国家となり、連邦政府と別に、これら6つの構成体は独自の議会と執行機関をもつとともに、連邦政府と6つの連邦構成体の地位

は原則的には対等であり、行政上の上下関係はないとされた（自治体国際化協会 2010：14-15）[*2]。

　戦後のフランデレン地域とワロニー地域との対立の深まりのなかから、とくにフランデレン地域において地域政党が次第に勢力を強めることになった。こうして、2010 年代後半以降のベルギーの政治状況は、キリスト教系、社会党系、自由主義系の政党によって構成された伝統政党のグループに対抗した地域政党や極右政党などが台頭し、政権運営が安定しない混乱の時代に入った。

　2019 年 5 月の総選挙では、上記の伝統政党はいずれも地域のさまざまな課題に十分に対応できていないとして得票数を減らした。これに対し、右派の地域政党である新フランデレン同盟が第一党となり、もうひとつのフランデレンの地域政党も得票数を伸ばした。このほか、全国的には環境政党などが影響力を増している。このようにして、今日のベルギーでは政治イデオロギーの分極化傾向が深まっている（松尾 2022b：284-287）。これに加え、総選挙後の地域政治レベルを見ると、フランデレン地域圏政府では右派主導政権、ワロニー地域圏政府とブリュッセル首都圏政府では左派主導の政権が発足し、「ねじれ」状態となっている（外務省 2023）。

　こうした分極化と「ねじれ」のために、連邦レベルでの政権樹立に向けた政党間協議は頓挫をくり返し、ひとまず 2019 年 7 月にシャルル・ミシェル（ワ

---

　*2　各連邦構成体は、固有の議会をもち、分権化により委譲された権限の範囲内において独自の政策を展開している。具体的には、地域圏は「領域」における経済振興、雇用対策、農業、水道事業、住宅政策、公共事業、エネルギー政策、全国レベルの鉄道を除く運輸、環境、地域開発、都市計画、自然保護、対外通商などの権限をもつ。これに対し、共同体は「言語」を軸にした共同体を前提として、文化（劇場、図書館、メディアなど）、教育、住民生活に直接関係する保健政策（予防医療・治療・医療保険）や福祉政策（若者保護、社会扶助、家族支援、移民統合）などを管轄する（自治体国際化協会 2010：14-15）。

　なお、今日ではフランデレン地域とオランダ語共同体は首都ブリュッセルを除いて領域が重なることから公式に統一された地域政府となっている。また、フランス語共同体はワロニー地域の大部分とブリュッセルからなるが、この共同体がもつ権限はワロニー地域についてはワロニー地域政府に移転し、そして 2 言語地域であるブリュッセルについては 2 言語共通共同体委員会に移転されている。

　このほかに、基礎自治体としてコミューンがあり、それぞれのコミューンが単独で事業実施することが難しい権限分野、たとえば職業訓練や文化活動などは県が担当する。

ロニー自由党）による暫定政権（事務管理政権）が成立し、彼が欧州理事会常任議長に選出された 12 月にはソフィー・ウィルメス（ワロニー自由党）の暫定政権へと移った。

　しかし、翌 2020 年 3 月から始まった新型コロナウイルス感染拡大を受け、これに対し迅速に対応できる政権の樹立が急がれたことから政党間の協議が活発化し、2020 年 10 月 1 日に中道左派、リベラル、そして環境派からなる 7 党連立（オランダ語系・フランス語系の 2 つの社会党、同じく 2 つの自由党、2 つの環境政党そしてオランダ語系キリスト教政党）によってアレクサンダー・ドゥ＝クロー（オランダ語系自由党）首相の内閣が成立した（ジェトロ 2020b）。

(2)　連邦政府と連邦構成体によるコロナ対策実施体制の確立

　2020 年 3 月にコロナ感染拡大の第 1 波がベルギーにもやってきた。その拡大の勢いはすさまじいだけでなく、4 月期の人口 10 万人あたりの死者数が約 80 人と欧州のなかで最も多くなった。それには 2 つの理由が指摘された。ひとつは、ベルギーが他の国々と異なり「コロナによる死亡と疑われるケースも統計に入れた」ことであった（Wall Street Journal 2020）[*3]とされる。もうひとつは、連邦国家の政治体制に原因があった（武居 2021a：179-180；松尾 2022c：289-291）。すなわち、コロナ感染拡大に対する保健施策の権限が連邦政府だけでなく複数の地域政府にもあったことから、それぞれの政府の初期対応にくい違いが生じ、市民に大きな混乱をもたらしたためであった。

　このため、ウィルメス政権は 2020 年 3 月 12 日に危機管理機関である国家安全保障会議（Conseil national de sécurité）[*4]を連邦構成体の長も含めて開催し、連邦危機管理段階への移行を発表した（Reman 2022: 62）。しかし、事務管理内

　＊3　その後、ベルギーの死者数の取り方が、コロナ感染による死亡者統計の主流となる（Wall Street Journal 2020）。

　＊4　国家安全保障会議は、2015 年にテロ対策など国家の安全の関する方針を決定する機関として設置されたものであり、連邦政府の閣僚によって構成される。ただし、国内全体および地域に関係する問題については、連邦構成体の政府関係者が参加する場合もあるとされている（RTBF 2020）。

閣にすぎないウィルメス内閣では新たな政策決定が難しいことから、3月27日には、3カ月に限って（のちに5カ月に延長）国会の信任を得て政策決定の権限を拡大するという「特別権限（pouvoirs spéciaux）」を事務管理内閣に与える特別権力授権法を新たに定めた（武居 2020；Bouhon et al. 2020; Bouillon 2020）。これらの過程を経て、連邦政府はコロナ危機に対応した政策決定の権限を与えられ、連邦政府と連邦構成体のコロナ対策における権限の連結と調整が進められた（Reman 2022: 62; 武居 2021a：183）。

　その後を引き継いで2020年10月1日に成立したドゥ＝クロー内閣は、新内閣の成立にあたって9月30日に与党を構成する7党による『政権合意文書（Accord de gouvernement）』を発表した。そこでは、新政権としてのコロナ危機への具体的な対応策を示すとともに、ポスト・コロナの時代を見据えて、予測される新たな健康危機とそれがもたらす経済・社会危機への対応策が示された。あわせて、長期的な観点から、「自由に人生を築くための最大限の機会から、すべての国民が利益を得る世界」を実現することを目標に掲げ、それを実現する政策の3つの柱として「ダイナミックで効率的な経済、効果的で力強い社会保護、そして革新的で時代を先取りした環境政策」の実現をめざすとし、その具体策を提示した。さらに、この実現のための連邦国家のあり方として、「連邦構成体の自治と連邦レベルでの権限の両方の強化と、協力と尊重」が強調された（SPF Stratégie & Appui 2020: 5-9）。

　これらのうち、火急を要する新型コロナウイルス感染拡大に対する対策立案は、連邦政府内に設けられた協調委員会（Comité de concertation）によって政策案を策定し、その案を国家安全保障会議に諮問して決定するかたちをとった。なお、この協調委員会は、連邦政府の首相と5人の閣僚、連邦構成体である共同体と地域圏の代表6人、合計12人で構成され、連邦政府と地域政府の対等性を重視し、またこの2つのレベルの政府のあいだの、そしてまた地域政府間の意見の対立を解決することをめざすものであった[*5]。これにより以前よりも強固なものとして、連邦政府とそれぞれの地域政府の協力のもと一致した対

[*5]　協議委員会は、1980年に分権化改革を進めるなかで設置された機関であり、政府権限をめぐる連邦政府と連合構成体との対立や利益相反にあたる問題など、実務的な課題について議論を行ない、政策を取りまとめる役割を担っている（CRISP 2020）。

策の決定と実施の態勢ができあがった（武居 2021b：329-330；RTBF 2020）。

　こうしたコロナ危機対応策の策定・決定の体制ができあがり、連邦政府は、感染の拡大の縮小の変動をふまえた臨機応変な感染対策と、市民の生活と就労の安定に向けた施策を矢継ぎ早に打ち出した。また、2021 年 8 月 14 日には感染症流行の緊急時に連邦政府が行政警察措置を講じることができることを規定した感染症対策法（La Loi "Pandémie"）を制定した。

　スコット・L・グリアらは、欧州各国の政府のコロナ対策の実施体制についての分析のなかで、分権化が進んでいる国々について次のように論じた。これらの国々では、中央政府と地域政府との協力・連携をめぐっての調整が大きな課題となり、いくつかの国においてはこれがうまく調整されたが、他の国々ではこれがうまく進まず混乱が生じた（Greer et al.2020: 99-100）。

　ベルギーもまたこの課題に直面したが、ベルギー固有の連邦レベルにおける政治的不安定さ、独特の連邦政府と連邦構成体とのあいだの保健施策権限の分散という問題をかかえて、当初は大きな混乱が生じた。とはいえ、ウィルメスとドゥ＝クローの 2 人の首相は、連邦政府のリーダーシップによって、連邦政府と連邦構成体との対等な協力・連携関係を構築し、そのもとで新型コロナウイルス感染に対する基本政策の立案を図っていった。比較的安定した社会情勢のもとにおいて噴出していた中央政府と連邦構成体との、そして地域政府間の対立は、コロナ危機という非常事態への対応を契機にひとまず影を潜めたわけである。

3　コロナ危機がもたらした困難に対する支援策

(1)　コロナ感染の抑制・防止策

　ベルギーでは、2020 年 3 月から 2022 年 2 月末までの 2 年間において、5 回の感染拡大期を経験した。[*6] とくに、第 5 波がはじまった 2021 年 10 月末のピー

　＊6　5 回の感染拡大期は、次のとおりである。第 1 波：2020 年 3 〜 5 月、第 2 波：2020 年 8 〜 11 月、第 3 波：2021 年 3 〜 5 月、第 4 波：2021 年 7 〜 8 月、第 5 波：2021 年 10 月末〜 2022 年 2 月。

ク時には1日1万7000人を超える感染拡大が発生し、連邦政府は成立したばかりの感染症対策法にもとづいて3カ月間におよぶ緊急事態宣言を発し、沈静化を図った（Centre de crise national 2021）。しかし、2022年に入るとオミクロン変異株の流行によって1月末には1日あたりの感染者が5万人を超える事態にもいたり、連邦政府は緊急事態宣言を延長し、3月初旬になってようやく感染が沈静化した（IN24 2022）。そして、5月23日から公共交通機関でのマスク着用義務が廃止されたのにともない、事実上コロナウイルス感染が収束したものとみなされた（Centre de crise national 2022）。この新型コロナウイルス感染拡大によって、ベルギーでは、2022年7月5日までに人口の37.5％にあたる432万人が感染し、死者3万2000人を数えた（SCIENSANO 2022）。

　もちろん、この感染が広がっていた期間においては、他の国々と同様に、ベルギーにおいてもワクチン接種の推進、外出禁止、マスク着用義務化、公私のすべての行事の中止、カフェ・レストランの閉鎖、学校の休校、国境閉鎖などが実施された（武居 2021a：183-188；2021b：328-331）。

　他方、事業活動の停止に追い込まれた企業に対する支援が実施され、また就業者支援として失業や休職を余儀なくされた労働者や休業に追い込まれた自営業者への支援、そして脆弱な立場にある生活困窮者への所得補助をはじめとするさまざまな支援が実施された。これらの支援のうち、企業支援などの経済政策分野は、これまでの地域政府への権限移譲の結果、おもに地域政府によって実施され、雇用者と自営業者、生活困窮者などへの支援といった社会政策分野は連邦政府が担うこととなった（ジェトロ 2020a）。

　以下では、おもに連邦政府が担うこととなった社会政策分野の支援の内容を明らかにしていこう。

(2)　一時的失業支援制度

　連邦政府は、コロナ危機によって生じた労働者の一時的な休職や失業を「不可抗力による一時的失業」と位置づけ、所得保障を実施した。この「不可抗力」とは、雇用契約の履行を一時的に不可能にする、当事者のコントロールを超えた突然の予見不可能な事象を意味する。この不可抗力を理由にした雇用契

約の履行の停止にともなう所得保障制度はコロナ危機に直面して制度化された
ものではなく、すでに、1978 年 7 月 3 日の制定された雇用契約に関する法律
第 26 条に規定されていた（Reman 2022: 66）。[7]

　連邦政府は、新型コロナウイルス感染拡大に関連する短期の失業や休職に対
応するため、この制度を活用した新たな枠組み「コロナに対する臨時措置とし
ての一時的失業支援制度（Chômage temporaire-COVID-19 mesures transitoires）」
を作成し、2020 年 3 月 13 日に運用を開始し、2022 年 3 月 31 日まで継続した。[8]
対象は、ブルーカラー労働者、ホワイトカラー労働者、契約職員に加え、雇用
契約期間にある臨時労働者、サービス・バウチャー制度（le cadre des titres-
services）のもとで働く人びとである。[9]対象者が受け取る手当は、従来の一時
的休業支援制度での支給額を 5％引き上げて給与取得額の 70％（ただし最大で
月額 2756.76 ユーロ）に設定され、通常の失業手当よりも高額となった。また、
一時失業手当に対する源泉徴収税は 2020 年 5 月から 26.75％から 15％に引き
下げられた。これに加えて、この制度では、申請手続きを簡素化して迅速かつ
非対面での申請が可能とされた。このほか、前述の理由に加えて、感染可能性
があるときの自宅隔離の場合、子どもの学校の休校時や子どもが感染したとき
の世話のために労働者が家にとどまる場合も、一時的失業として取り扱うこと
とした（ONEM 2021）。

---

*7　この制度の起源は 1935 年にさかのぼり、今日の全国雇用事務所（ONEM）の前身にあた
　　る職業紹介・失業事務所は、法的枠組みはできあがっていなかったが一時的失業の規定
　　を設け、手当支給を開始した。また、1954 年には、ブルーカラーに対する一時的失業制
　　度が制度化されていた（Burggraeve/de Walque/Zimmer 2015: 37）。

*8　コロナ危機とは別にウクライナ戦争の影響による一部企業の事業活動の停滞を理由とし
　　た一時的失業に対応するため、この簡素化された手続きの支援制度はさらに 2022 年 6 月
　　30 日まで延長された（ONEM 2022）。

*9　サービス・バウチャー制度（le cadre des titres-services）とは、地域における家事サー
　　ビス、買物代行や身体の不自由な人への付き添いといった個人向けサービスの仕事を創
　　出し、貧困層の雇用拡大を促進することを目的とした制度である。社会的企業、派遣会
　　社、社会福祉公共センター（CPAS）などがこれに参加でき、従事者はバウチャー券を就
　　労の対価として受け取る。2021 年第 4 四半期においては、14 万 7388 人がこの制度を利
　　用していた（SPF Emploi 2022）。

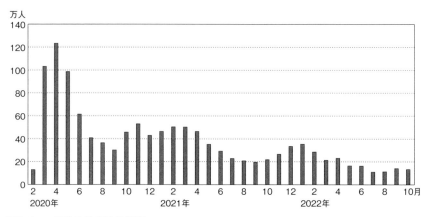

図8-1　一時的失業者数の推移

出典）Working Group Social Impact Corona Crisis（2023: 22）より著者作成。

　図8-1は、この支援制度の利用者数の推移を示している。これを見ると、一時的失業者数は2020年3月から5月にかけて大幅に増加し、ピークであった4月には116万4354人が記録され、これは公務員を除く労働者総数の28.8％に上った（Working Group Social Impact Corona Crisis 2021: 19; 2023: 18）。また、1人あたりの一時的失業日数は平均して8日から15日のあいだで変動している（Reman 2022: 67）。

　この制度の利用者がとくに多かった業種は、休業や事業所閉鎖を余儀なくされた建設業、ホテル・飲食業、企業向け補助サービス業などであった。利用者が多かった労働者層を見ると、脆弱な職業経歴をもつ人びと、すなわち低所得層、低学歴の者、外国籍の者などが多く見られた（Working Group Social Impact Corona Crisis 2021: 20）。[10]

　この制度の効果は、失業率の推移と給与取得者世帯の収入減少の程度から知ることができる。失業率を示した図8-2を見ると、コロナ危機前後の時期のEU27カ国の平均失業率の推移（2019年6.8％、2020年7.2％、2021年7.1％）に

────────────

　＊10　ホテル・飲食業で働く学生アルバイト労働者も多い。彼らはこの一時的失業支援制度の
　　　　対象ではなかったが、「コロナ危機の影響を受けた若者・学生向け補助金（Subvention
　　　　pour jeunes et étudiants dans le cadre de la crise COVID-19）」によって給付を受けるこ
　　　　とができた（SPP Intégration sociale 2021b）。

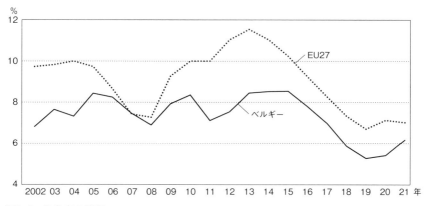

図8-2　失業率の推移

出典）Bureau fédéral du Plan（2023）より著者作成。

対し、ベルギーの失業率は低い水準で推移（2019 年 5.4%、2020 年 5.6%、2021
年 6.3%）している。2019 年から 2020 年にかけてベルギーは 0.2 ポイントの上
昇に抑えることができ、一時的失業支援制度の効果が見られた。

　その一方、2020 年から 2021 年にかけては EU27 カ国平均が 0.1 ポイント低
下したのに対し、ベルギーは 0.7 ポイント上昇しており、一時的失業支援制度
の効果が効かなかったように見える。しかし、ベルギーの 2021 年の失業率の
上昇については、2 つの要因が作用していた。ひとつは、一時的失業者の統計
上の扱いの変化である。一時的失業者は、休業期間にかかわらず雇用者として
カウントされていたが、2021 年からは 3 カ月以上の休業は完全失業者として
カウントされるように変更され、2021 年には失業率が統計上上昇することに
なった（Working Group Social Impact Corona Crisis 2023: 13, 19-20）。もうひとつ
は、2021 年 7 月にワロニー地域を襲った大洪水の影響によりこの地域の経済
が大打撃を受け、失業率が上がったことが挙げられる。事実、ワロニー地域の
2020 年から 2021 年にかけての失業率の上昇幅は 1.5% と、フランデレン地域
0.4%、ブリュッセル首都圏地域 0.1% に比べてかなり大きかった（Bureau
fédéral du Plan 2023）。

　被雇用者世帯の収入については、表 8-1 のとおり、収入の減少が「なし」
「10% 未満の減少」の合計が 2020 年 79%、2021 年 85% と高い水準にあった。

表8-1　世帯収入に対するコロナ危機の影響

（単位：％）

収入の減少	被雇用者世帯		自営業者世帯		年金受給者世帯・その他非就労世帯		全世帯	
	2020年	2021年	2020年	2021年	2020年	2021年	2020年	2021年
なし	70	77	36	55	85	91	71	81
10％未満	9	8	10	10	6	4	8	6
10％以上～30％未満	14	10	25	17	5	3	12	7
30％以上、50％未満	5	4	14	9	2	1	6	3
50％以上	2	1	15	9	1	1	4	2

出典）Reman（2022: 66）より著者作成。

このことから、全体的には給与取得者世帯の収入は大きな減少を免れることができたとみてよいだろう。しかし、「10％以上の減少」をこうむった世帯の割合は、2020年21％、2021年15％あり、これは就業上の地位が不安定である労働者層に集中していた（Reman 2022: 66）。

（3）　自営業者向けつなぎ生活資金

　就業者に対する所得支援のもうひとつの対象は、自営業者であった。コロナ危機によって休業を余儀なくされるか、あるいは倒産の可能性のあった自営業者に対して、つなぎ生活資金受給権（droit passerelle）という考え方にもとづく所得保障措置を実施した。すでに2016年12月22日に、ベルギー連邦政府は、自営業者の社会的地位保証のための制度が必要とのことで「自営業者つなぎ生活資金受給権に関する法律」を制定し、破産、集団債務整理、経済的理由による活動停止、または火災や自然災害の場合など、自営業者が自らの力によってコントロールできない一時的または恒久的な就業停止状態にある場合に、最長12カ月にわたっての給付金の受給資格と3カ月間の医療保護を与えるとしていた（Reman 2022: 67）。

　連邦政府は、コロナ感染拡大によって休業に追い込まれる自営業者の増加に対して、2020年3月23日にこのつなぎ生活資金受給権に関する法律を改正し、「コロナ危機に対処するつなぎ生活資金受給権（droit passerelle de crise）」の臨

時措置を導入し、2022 年 3 月 31 日まで実施した（SPF Finances 2021; RTBF 2021）。

　この新たな制度では申請手続きの簡素化が行なわれ、3 つの支援策が実施された。第 1 は、コロナ感染拡大によって事業活動を一時的であれ中断せざるをえない自営業者向けつなぎ生活資金であり、第 2 は、2020 年 10 月から新たに追加されたもので、売上高が通常の 40％以上減少した場合に追加の支援を行なう「事業再建支援つなぎ資金受給権」である。この場合の受給額は、独身自営業者の場合は 2583.38 ユーロ、家族をもつ自営業者の場合は 3228.20 ユーロであった。そして第 3 に、感染可能性があることがわかったときの本人の自宅隔離の場合、子どもの学校の休校時や子どもが感染したときの世話のために本人が家にとどまる場合も、この受給権の対象となった。このほか、社会保険料の延納、この支払い遅延による課徴金の免除、社会保険料の免除、社会保険料の下方修正、徴収手続きの一時停止など、ケースバイケースで社会保険料支払いの緩和措置がとられた（Working Group Social Impact Corona Crisis 2023: 23）。

　図 8-3 に示したように、つなぎ生活資金の給付を受けた自営業者数は 2020 年 3 月から 5 月にかけて最も多く、2020 年 4 月のピーク時には 41 万 9915 人がこれを利用した。その数はその後減少するが、2020 年 8 月頃からの第 2 波でふたたび増加する。とはいえ、2021 年 5 月以降受給者数は全体的に急激に減少していった。なお、2020 年末の時点で、この制度を利用した自営業者の総数は 60 万 3000 人にのぼり、全自営業者の 50.1％に相当した（Working Group Social Impact Corona Crisis 2023: 20）。

　この制度を利用した自営業者が多かった業種は、2020 年では物品卸売・小売業部門 34.1％、自由業 29.0％、工業 22.5％であった。2021 年になると、物品卸売・小売業部門のシェアが 50.0％とさらに高くなり、続いてサービス業 18.6％、自由業 14.8％、工業 13.6％であった。また、この制度の利用は、零細な自営業者に比較的多くみられるが、中くらいの売上規模の自営業者においても比較的多くみられた（Working Group Social Impact Corona Crisis 2021: 44-47）。

＊ 11　これに関連して言えば、2019 年において、自営業世帯の 12.2％が貧困基準値以下の収入で暮らしていた（SERV 2022: 10）。

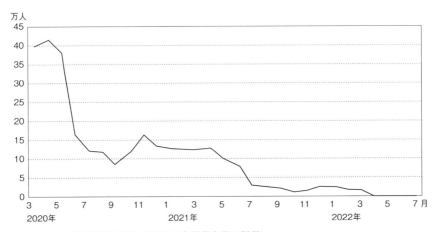

図8-3　つなぎ生活資金受給を受ける自営業者数の推移

出典）Working Group Social Impact Corona Crisis（2023: 24）より著者作成。

　このコロナ危機のもとでのつなぎ生活資金受給権という臨時措置は、自営業者倒産件数の大幅な増加の回避につながり、1カ月あたりの平均倒産件数は2020年133件、2021年131件と、2019年の182件を大きく下回った（Working Group Social Impact Corona Crisis 2023: 25）。

　この措置の効果は、それだけにとどまらない。コロナ危機に対する政策効果を検証する研究機関は就業人口の大幅な低下の回避にもつながったと総括している（Working Group Social Impact Corona Crisis 2023: 25）。EU各国の平均値に比べてベルギーの就業率が低いことから、連邦政府はその引き上げを重要政策の柱としてきた。こうしたなかで、コロナ危機によって自営業者が労働市場か[12]

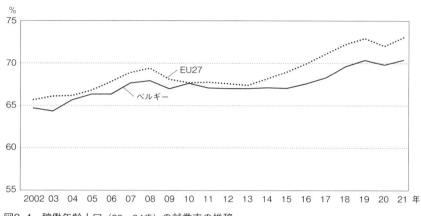

図8-4　稼働年齢人口（20〜64歳）の就業率の推移

出典）Bureau fédéral du Plan（2023）より著者作成。
　注）ここで示す就業率は、20〜64歳の就業者数／稼働年齢人口。

ら退出して非労働力化し、その結果就業率が低下することが懸念されていた。
　ベルギーとEU27カ国の就業率の推移を示している図8-4を見ると、コロナ危機の年におけるベルギーの就業率は2019年の70.5％から2020年の70.0％へ軽微な低下にとどまり、2021年には70.6％へと回復した。この就業率の上昇は、自営業者（自営業主とその従業者）の増加によるところが大きい。なぜなら、その数は、2010年の95万2585人から2021年の123万419人へと29.2％（年率2.9％）へと大きく増加し、とりわけコロナ危機の2020年から2021年にかけては減少するどころか4％もの伸びがみられたからである（SPF Economie 2020a）。なお、2021年の15歳以上の就業者数479万4738人に占める自営業者数の割合は25.7％であった（STABEL 2023）[13]。

　＊13　ちなみに欧州労働力調査が行なった自営業主の国際比較では、ベルギーには2021年自営
　　　　業主65万1800人が事業活動を行ない、15歳から74歳までの人口1000人あたりの自営
　　　　業主の割合は76.4人で、EU27カ国のうち14位であった（SPF Economie 2020b）。

(4)　社会的統合所得

　前述の一時的失業者支援制度と自営業者つなぎ生活資金支給は、政府関係報告書はもちろん研究者のあいだにおいても、コロナ危機がもたらした経済ショックが所得に与える全体的な影響、とりわけその下降スパイラルを防いだものとして評価された（たとえば、Barrez/Van Dam 2020; Reman 2022; SPF Sécurié sociale 2022）。また、既存の社会的給付やその追加的な社会的給付も所得水準の低下の抑制に一定の役割を果たしたとして、評価された。こうした給付について、次にみていきたい。

　ベルギーには、最低所得保障のための給付制度として、障害者給付、家族給付、高齢者所得保障、生活困窮者向けの社会的統合所得がある。このうち、コロナ危機による生活困窮に陥った場合、利用できる給付制度は社会的統合所得[*14]である。このことから、この統合所得受給者数の推移をまずみておきたい。ちなみに、2020 年における月平均受給者数は 15 万 3400 人であり、人口に占める割合は 1.3％である。

　この受給者数は、2014 年から 2017 年までの 4 年間に年率平均 12.13％の大きな増加がみられたが、その後の 2 年間は年率平均 2.31％と落ち着きをとり戻した。しかし、2019 年から 2020 年にかけては、コロナウイルス感染拡大にともないボーダーラインにいた生活困窮者の申請が増えたことから 4.57％とふたたび大きく増加した。とはいえ、2020 年から 2021 年は 1.35％とふたたび落ち着きをとり戻した（図 8 -5）。また、2021 年から 2022 年にかけては 2.06％の減少となり、この年の月平均受給者数は 15 万 2280 人となった（Bureau fédéral du Plan 2023）[*15]。

　すでに示した一時的失業制度と自営業者のためのつなぎ生活資金給付によっ

　＊14　この社会的統合所得については、（福原 2020）を参照。

　＊15　申請により難民は「一時保護」の対象となり、統合所得相当額を受けることができる。ウクライナ戦争によりベルギーにやって来た多くのウクライナ人も統合所得を受給することになり、2022 年 9 月には 3 万 1395 件の付与決定があり、家族を含めて約 5 万 5400 人が受給している（Working Group Social Impact Corona Crisis 2023: 41）。

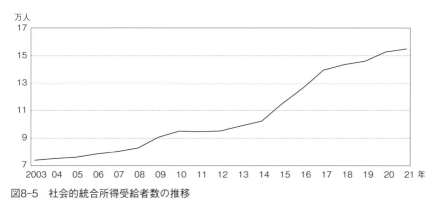

図8-5　社会的統合所得受給者数の推移

出典）Bureau fédéral du Plan（2023）より著者作成。

て所得の下支えがなされたことと、次に述べる緊急の社会的援助の充実によって、この社会的統合所得への申請者は大きくは増えなかった。

　なお、この制度においては、原則として社会参入・就労参入に向けた支援である「社会統合に向けた個別支援計画（PIIS）」の策定と実行が求められるが、この計画策定者に対する支援金が10％増額されるなど、充実が図られた。

（5）　緊急の社会的援助策

　コロナ危機のもとでの一時的失業支援制度と自営業者つなぎ生活資金の拡充という臨時措置により、そして年金受給者や非就労世帯は既存の年金制度や統合所得制度によって、国民の多くはその所得水準がほぼ維持されることになった。このことは、先にも述べたように評価すべき成果であろう。しかし、先の表8-1からわかるように、わずかであるがこうした制度の恩恵を受けることができずに収入を大きく減らしている世帯が存在する。また、2021年の「貧困あるいは社会的排除のリスク率」はEU27カ国平均の21.7％に対してベルギーが18.8％と良好であることから忘れられがちになるが、支援制度の隙間に入り込み、支援を受けられずにいる人びとはベルギーにも多く存在している。コロナ危機は、こうした人たちの生活をさらに困難な状況にいたらしめるものであり、その存在がクローズアップされることになった。

　こうした支援が必要な人びとは、ジェロン・バレとルディ・ヴァンダム（Barrez/Van Dam 2020）によると、ひとり親のパートタイム労働者、派遣労働者、学生アルバイト労働者、そしてインフォーマルな就労を強いられる労働者（亡命希望者やホームレス）などからなるという。

　彼らを対象にした社会援助は、SPP 社会統合局が立案し、地域政府も参加する協調委員会の義を経て決定され、それを国内の全基礎自治体に設置された公的社会福祉事務所である社会福祉公共センター（Centre public d'action sociale: CPAS）が実施する体制で進められた。[*16]

　その援助メニューには、食料援助、子どもの貧困など困難な状況にある家庭への物的ならびにサービス提供、返済不能などに陥った債務の調停支援、経済的援助がある。

　食料援助は、以前から実施されてきたものを、規模を大幅に拡大して実施された。その資金の多くは EU の「最も恵まれない人びとへの欧州援助基金（FEAD）」から提供され、連邦政府も関与するフードバンクの協力を得て、CPAS と民間支援組織からこれらを必要とする人びとに提供された。CPAS 経由でこの援助を利用した人に限って言えば、2020 年 1 月から 2020 年 4 月の 3 カ月の期間、3 万 9311 人から 5 万 9972 人へ 52.6％増加した（Service de lutte contre la pauvreté 2021a：5）。

　子どもの貧困への援助は、その多くはひとり親世帯に提供されたもので、食料援助や経済的援助とあわせて生活相談や心のケアなども実施された。

　債務の調停支援の多くは、通常の支出以下に収入が減少した家庭に対して行なわれる。一般の家庭では、生活費の支払いがクレジットカードを使って行なわれることから、カード会社への支払いができなくなるケースが多い。そのなかには光熱費や家賃の滞納などもあり、冬場は生命にかかわる事態も招きかねないことから、この支援を申請するケースが後を絶たない状況が生じていた。

＊16　CPAS は、SPP 社会統合局の主要なパートナーにあたる公的機関である。その事業は、社会経済レベルで最も弱い人びとが社会生活に参加できるようにすることを目的に支援現場で活動を行なう。また、その事業は、社会統合所得（最低所得保障）の支給、就労支援、ホームレスなどへの緊急医療援助と宿泊援助、賃貸保証、暖房手当などの支給といった多岐の分野におよぶ（SPP Intégration Social 2023）。

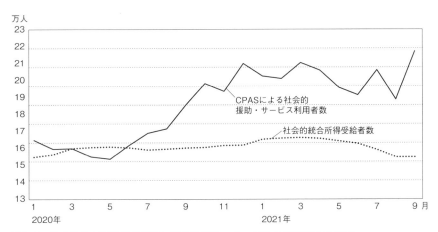

図8-6　社会的統合所得受給者数と社会的援助・サービスの利用者数の推移

出典）Reman（2022: 70）より著者作成。

　経済的援助には、壊滅的な経済的影響によって打撃を受けた人びとがさらに貧困に陥るのを防ぐための対コロナ援助補助金、家庭内暴力の相談や不安障害・精神障害など治療費などの援助を受けることができる心理的援助補助金とサポート機関の紹介、生活困窮に陥っている若者・学生への援助金、もろもろの社会扶助受給者を対象にした援助補助金などがあった。

　食料援助以外の援助は、個別相談と診断にもとづくのが基本である。そして、これらのなかでは、社会的孤立の解消に向けた社会との交流機会を増やす援助が必要なケースや、休校によりオンライン授業になったが、パソコンをもっていない家庭の子どもへの教育サポートが必要なケースなどが見られた。これらについては、デジタルアクセシビリティの提供などが行なわれた（SPP Intégration sociale 2021a; Working Group Social Impact Corona Crisis 2023: 42-43）。

　なお、2022 年 1 月からは、ウクライナ戦争の影響によるエネルギー価格の上昇による家計の悪化に対処するため、エネルギー価格上昇に対する補填措置が実施された（Working Group Social Impact Corona Crisis 2021: 42-43）。

　これらの社会的援助・サービスの総利用者数の変化は、図 8-6 のとおりである。ここから読み取れることは、先に示した一時的失業支援やつなぎ生活資金への申請者の増減傾向はもちろん、統合所得受給者数の変化とも大きく異な

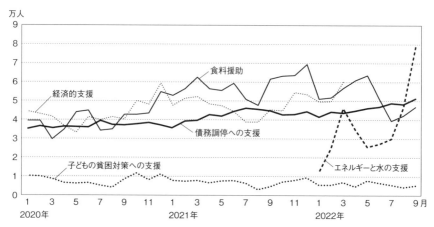

図8-7　社会的援助と社会サービスの種類別の利用者数

出典）Working Group Social Impact Corona Crisis（2023: 42）より著者作成。

り、コロナ感染拡大の第1波が終了した頃から急増し、その年の7月以降高止まりしたままで推移していることにある。また、各援助・サービスの種類別利用者数の増減を示した図8-7では、食料援助、債務調停への支援、経済的援助が緩やかに増加しつづけていることがわかる（なお、経済的支援は2022年3月をもって終了したため、その後は示されていない）。

4　ポスト・コロナの反貧困・社会的包摂政策

(1)　ポスト・コロナに向けた連邦政府の取り組み姿勢

2020～2021年のコロナ危機をふまえて、2021年後半から連邦政府とその関係機関において、コロナ危機への対応とそこから明らかとなった社会課題、そしてポスト・コロナ時代における新たな施策についての議論が盛んに行なわれるようになった。その成果として、連邦政府関係機関から以下の3つの報告書が提示された。

　・貧困・不安定および社会的排除対策局 2021年12月『2020～2021隔年報

告書 連帯と貧困 議論と政策活動に役立てるために』（隔年発行）（Service de lutte contre la pauvreté 2021b）
・SPP 社会統合局 2022 年 11 月『貧困ともろもろの不平等の改善に関する第四次連邦計画』（3 年あるいは 4 年に 1 度の発行）（SPP Intégration sociale 2022）
・SPF 社会保障局 2022 年 12 月『2021 年ベルギーにおける社会状況と社会保護の展開　欧州社会指標にもとづく分析の要約と主要なメッセージ』（毎年発表）（SPF Sécurié sociale 2022）

次に、これらの報告書が示したポスト・コロナ時代において取り組むべき反貧困・社会的包摂政策を整理したい。

(2)　ポスト・コロナの政策課題

コロナ危機に対する連邦政府の対応について、これら 3 つの報告書は共通して、ポジティブな評価を行なっている。すなわち、それは、「コロナ感染流行期においては、もとから制度として機能している支援措置と追加支援措置が、貧困の拡大を防ぐだけでなく、削減することにも成功し、2022 年初頭の迅速な経済回復に寄与した」とするものであった。ただし、ポスト・コロナ期に入って、新たにウクライナ戦争の影響が深刻になっていることから、今後の社会経済の見通しは不透明としている（SPF Sécurié sociale 2022: 55）。

こうした基本的認識に立ちながら、コロナ以前の貧困と社会的排除の状況とコロナ危機のなかで残された課題について分析を進めている。

まず、SPF 社会保障局の 2022 年報告書は、ベルギーの貧困と社会的排除に関する指標を EU27 カ国と比較し、全体的にベルギーは良好な数値を示していることをまず指摘している。[17] しかし、低い就業率と社会扶助等給付金依存率が

＊17　2021 年の「貧困あるいは社会的排除のリスク率」は 243 ページで示したが、他の主な社会的排除に関する指標の数値を示すと、所得中央値の 60％を閾値とする貧困リスク率（EU16.8％、ベルギー 12.7％）、貧困リスクの強度（EU24.4％、ベルギー 15.2％）、物質的・社会的剥奪の割合（EU6.3％、ベルギー 6.3％）、世帯における労働強度（EU8.9％、ベルギー 11.9％）、就労貧困率（EU8.9％、ベルギー 3.8％）といった水準にある（SPF Sécurié sociale 2022）。

高いことが問題となっていると指摘した（SPF Sécurié sociale 2022: 46）。たしかに、2015 年から 2019 年にかけて、年平均の経済成長率は 1.79％と安定した成長を示し、EU27 カ国平均に比べて失業率も図 8 - 2 に示されたように大きく低下している。しかし、この同じ時期、就業率（前述の図 8 - 4）は EU27 カ国平均値ほど伸びず、社会的統合所得受給者数（前述の図 8 - 5）が増加している。これは、就労能力の高い人たちは安定した仕事に就いているが、低い人は雇用期間が短いことから法制度上の失業者とみなされず、また他の欧州諸国に比べて非正規雇用規制が厳格であることから不安定就業に就くことがむずかしいことから、その結果として労働市場から撤退する傾向が相対的に強く、それが就業率の低い伸びと社会的統合所得受給者の増加としてたち現われていると考えられる。[18]

SPF 社会保障局 2022 年報告書もまた、低技能者、移住者、障害者といった特定のグループは就労にアクセスすることがむずかしい状況にあり、社会統合所得に依存する傾向が強いと指摘している。実際、この給付受給者は 2011 年からの 10 年間で 32％も増えている（SPF Sécurié sociale 2022: 46-47）。

しかし、この報告書は、この指摘とあわせて、最低所得保障のレベルが相対的に低く、住宅や医療の不十分さが、低所得・給付依存世帯の生活状況を悪化させているとした。こうした現実をふまえて、脆弱な状況におかれている人びとのアクティベーションの促進と社会的権利保障の両方に取り組むことが重要であると結論づけた（SPF Sécurié sociale 2022: 56）。

他方、2021 年に出された貧困・不安定および社会的排除対策局の報告書[19]（Service de lutte contre la pauvreté 2021b）は、コロナ危機へのもろもろの支援と 2021 年のワロニー地域の大洪水支援においては、政府間はもちろん市民社会においても「連帯」と呼べる取り組みが増え、また人びとのあいだにもその意識が高まったと総括している。このことをふまえて、あらためて「連帯」の

***

＊18　これに関連して、アイブ・マルクス（Marx 2019: 16）は、次のように論じている。「ベルギーの主要な断絶は、高賃金労働者と低賃金労働者のあいだでも、不安定労働者と非不安定労働者のあいだでもなく、仕事をもつ人ともたない人のあいだにある」。

＊19　この報告書は、政府機関だけでなく、労使団体、民間支援組織などから構成された支援委員会において策定されたものである。詳しくは、（福原 2020：187-188）を参照。

概念を深める議論を展開し、今後は、この概念に即して貧困と社会的排除の諸
課題への取り組みを推進することが重要とした。

　この報告書は、「連帯」には①他者への貢献：連帯行動の行為者であること、
②再分配：誰もが連帯の主体であること、③集合性：貧困を経験した人びとに
よる連帯のための集団による闘いという 3 つの次元があると整理した。そのう
えで、就労における連帯、所得再分配、連帯の観点からの税の捉え直し、連帯
と正義について論じている。連邦政府・地域政府の政策についての総括とし
て、アクセスしやすく質の高い十分な仕事の創出、強力な社会保障制度への改
革、公正な税制、質の高い利用しやすい公共サービスの重要性が提示された。[20]

　これら 2 つの報告をふまえるかたちで、SPP 社会統合局の 2022 年報告書は、
ポスト・コロナにおいて貧困と社会的排除の問題解決に向けて連邦政府と連邦
構成体が取り組むべき 3 つの政策軸とそれらの具体的政策を論じている。その
政策軸は、①貧困の予防と早期発見、②持続可能な雇用へのアクセスの強化と
社会的保護の充実、③新しい社会環境における基本的な社会的権利へのアクセ
スの強化であり、合計 141 もの具体的アクションが示された。

　とくに、全体にかかわるものとして、貧困を経験した人たちとの対話により
本当に必要な施策をつくり出すこと、①に関しては、もろもろの社会的権利が
使われていないことが貧困と排除を深刻にしていることから、権利についての
啓発と権利に容易にアクセスできる仕組みづくりなどが示された。②について
は、就職の障壁となっている性別・年齢・民族的出身・肌の色・外見・社会的
地位などにもとづく差別への対策、若者に対する再教育と職業訓練の強化など
が示された。③については、社会的諸権利が活用されていないこと、デジタ
ル・デバイド、移動の困難の 3 つを解消することによって、人としての尊厳あ
る生活の実現をめざすとした。

　これらの個々のアクションは、全体的には 2 つの政策を志向していることが
わかる。ひとつは、さまざまな理由によって就労と生活にかかわる支援制度に
アクセスできない人びとや、制度の隙間にあって適切な支援を受けられずにい

　＊20　ベルギーでは、市民社会においても連帯に関わる活動や社会連帯経済も盛んである。こ
　　　れらについては、紙幅の都合上ここでは触れない。

る人びとを念頭に、社会的権利の活用の推進とその権利保障の中身の充実といった施策の具体化を図ることを求めている。もうひとつは、給付金依存の克服のためのアクティベーションの促進である。ただし、アクティベーションを拒否することへの罰則を強化するといったハードな支援や不安定で低賃金の就労機会の拡大に向けた改革を求めておらず、就労体験や職業訓練を重視した就労支援を権利として受けることを促すことを求めている。周辺諸国においては個人の責務を重視したアクティベーション改革に向けた動きに対して、個人の権利と社会的連帯を軸にした改革をめざすものであると言えるだろう。

　ところで、これらの報告書において触れられずにいる問題がある。それは、3つの地域間にみられる貧困リスク率などの格差構造である。この貧困リスク率は、2021年においては、フランデレン地域は7.8％と低いが、ワロニー地域は17.3％、ブリュッセル首都圏は25.4％と2倍以上の大きな開きがある（STABEL 2023）。経済力のあるフランデレン地域が分権化をさらに求めようとする背景には、連邦政府の財政支出の仕組みを通じてワロニー地域の社会的コストを多く負担させられていることがあった。また実際に、これを改善するものとして、社会保険などの領域においては連邦政府の権限が地域政府に移譲されてきた（千田 2018）。

　しかし、反貧困と社会的包摂の政策領域においては、いまのところ分権化に向けた議論は始まっていない。この点を掘り下げていくと、連邦政府と連邦構成体のあいだにおける対立といった一般的関係とは一線を画する連携・協力という関係が存在することがわかってくる。次に、この点を明らかにしておこう。

5　反貧困・社会的包摂政策と政府間関係

　1992年、連邦政府の社会統合担当大臣は、労使代表に加えて、貧困者支援組織「ATD quart monde ベルギー」などの民間組織、そして CPAS の全国連合組織などを結集して、貧困問題に関する報告書を作成することを決めた。1994年には『貧困に関する一般報告書』が上程され、民間組織と政府機関が協力して貧困問題に取り組むことが提起された。こうした動きを受けて、1998

年 5 月に「継続的な貧困政策の推進に関する連邦政府・共同体・地域のあいだ
の協力協定」が締結された（福原 2020：187-188）。これによって、連邦政府内
に、民間支援組織も参画して政策検討を行なう「貧困・不安定および社会的排
除対策局（Service de lutte contre la pauvreté, la précarité et l'exclusion sociale）」
が設置され、さらに 2000 年には CPAS の施策を所管する省庁横断行政機関と
して SPP 社会統合局が設置された。こうして、貧困・社会的排除については、
連邦政府、連邦構成体そして民間組織の協力関係がつくられていった。1970
年を起点にして分権化改革が進められ、さまざまな政策分野の権限が連邦政府
から連邦構成体に移譲される流れが定着しているなかにあって、貧困・社会的
排除に対する各政府の取り組み方はこれとは大きく異なったものとなった。

　こうした全国レベルでの政策決定と実施の体制ができあがった背景には、第
2 次大戦以降、全国レベルでの労使双方の当事者団体が社会的パートナーとし
て対話を行ない、労働と社会保障関係の仕組みづくりを進めてきたことが大き
く影響している（Marx 2019）。労使のパートナーによって 1948 年に組織化さ
れた中央経済評議会（Conseil central de l'économie）と、同じく 1952 年にでき
た全国労働評議会（Conseil national du travail）は、経済問題や労働問題だけで
なく、広く社会政策全般についても発言し、こうしたなかで貧困問題の領域で
は、さまざまな民間組織を巻き込んだ全国レベルでの社会パートナー組織をつ
くり出すことになったのである。

　これに加えて、反排除・包摂政策の現場における実施組織である CPAS は、
歴史的な経緯もあり、連邦構成体の権限のおよばない組織であった。[21] この独自
の性格もまた、連邦構成体への貧困施策に関する権限の委譲を阻むこととなった。

---

* 21　CPAS は、連邦政府がコミューンに対して設置を義務づけたものである。しかし、設置
　　者であるコミューン議会は後見監督の立場から CPAS の代表と議決機関を任命する権限
　　をもつにとどめられたことから、CPAS はその独特の公的性格と権限の広さから独立し
　　た法人格をもつ組織となった（自治体国際化協会 2010：18）。
　　　こうしたなか、2014 年頃からフランデレン地域政府は CPAS をコミューンに統合して
　　地域政府の影響力を強めようと試みたが連邦政府の法規定によりこれは実現できなかっ
　　た。このため、2017 年にはコミューン議会議員全員が CPAS 議会議員を兼ねるという妥
　　協案が採用された（Vlaanderen 2022）。

　このようにして、反貧困と社会的包摂の政策領域においては、連邦政府と連邦構成体のあいだには連携・協力という関係がつくり出され、しかも社会的パートナー組織の影響力が強くおよぶことから、安易に権限委譲には進めない構造となった。

　そして、コロナ危機において求められた就労と生活に関する一連の支援政策においては、全国レベルでの統一した施策展開が求められたことから、連邦政府と連邦構成体との連携・協力が必要となり、それを実施することによって効果が発揮されたのであった。

6　ベルギー福祉国家の特徴と今後の課題

　コロナ危機におけるベルギーの政府間の関係や連邦政府を軸とした政策対応を検討していくなかで、ベルギー福祉国家の特徴をいくつか見いだすことができた。それは、次の3点に整理できるだろう。

　一般に、ベルギー福祉国家は、典型的な「凍結された」福祉国家として描かれてきたと言われる。度重なる連立政権、独自の連邦制のもとでの地域政府による拒否権発動、強いコーポラティズムなどが分断構造をつくり出し、福祉改革の大きな障害となり、「政策の硬化」に陥っているとみなされている。これに対し、マルクス（Marx 2019）は、たしかに劇的な福祉改革は見られないが、漸進的な改革が数多く実施されていることに注目すべきであると反論している。

　コロナ危機のもとで実施された一時的失業支援制度と自営業者つなぎ生活資金のいずれも、この文脈に当てはまるだろう。これら2つの支援策は、コロナ危機がはじまって新たに提案された政策ではなく、労働者保護と自営業者保護の充実に向けて漸進的に強化されて制度化されたものを、コロナ危機という状況のなかでさらに補強されたものであった。このような展開のなかで、質の高い支援制度がつくり出されてきたのである。言いかえれば、就業者が自由かつ安心して働ける権利の保障の絶え間ない追求が、これらをもたらしたと言えるだろう。これが、第1の特徴である。

　このことと関連して、第2の特徴を見いだすことができる。それは、この漸

進的な改革は社会的パートナーによる対話・協議にもとづいて進められてきた点である。労働者保護や自営業者保護の政策はもちろん社会保障政策も含めて、社会政策が充実してきたことの背景には、社会的パートナーが政策提案者、保険などの資金提供者、そして制度の統治者として大きな役割を果たしてきたことがあった（Marx 2019）。

　しかも、社会的パートナーによる対話の仕組みは、労使関係だけでなく、反貧困活動を行なっている支援組織を巻き込み反貧困・社会的包摂政策の領域にまで拡大し、政府主導ではなく、政府とのパートナーシップを構築して揺るぎない政策策定を進めているところにある。これは、1998 年の「貧困・不安定および社会的排除対策局」設置として具現化されている。

　第 3 の特徴は、こうして拡大されたパートナーシップの仕組みが、同時に政府間の対立や分権化の流れに杭を打ち込む役割を担っている点にある。これは、それにとどまらず、地域を超えた支援団体レベルの連携・協力を育み、そして政府間の連携と協力を促す役割を担っていることも重要だろう。

　とはいえ、ベルギーの社会的包摂政策に問題がないわけではない。さまざまな支援制度があるにもかかわらず、その制度を必要としている人々にその存在が十分に伝えられておらず、また既存の支援制度から漏れ落ちた人びとが増えているなど、彼らに対する支援策の検討が放置されているといった問題が生じている。とくに移民、シングルマザー、低学歴な若者などに対する施策が十分に届いていないことが、コロナ危機のなかで浮き彫りになった（Barrez et Van Dam 2020）。

　他方、不安定な就労に対する規制が他の欧州州諸国に比べて強いことから、実態として存在している不安定就労問題になかなか目が向けられなかった。また、そうした働き方に就く余地が狭いがゆえに社会的統合所得を受給する人が増えている。しかも、彼らに対するアクティベーションが十分に機能していないことからこの給付金への依存から抜け出せない状況にある人が増えている。

　これらはいずれも、これまでの制度のなかで解決できるものと見込まれていたが、その支援策が機能不全をかかえていることが明らかとなった。

　ベルギーは、アフター・コロナの時代になっても政治的な不安定さが続くのであろうか。それとも、国家としての統一された政策の策定と実施の重要性が

見直されて、連邦政府の役割が高まるのだろうか。依然として政治体制の安定化についての見通しは定かではないが、反貧困・包摂政策の領域における課題解決には政治体制の安定が不可欠だろう。

参考文献

外務省　2023「ベルギー王国基礎データ」2023年1月16日。https://www.mofa.go.jp/mofaj/area/belgium/data.html（2023年3月20日閲覧）

ジェトロ（日本貿易振興機構）　2020a「連邦政府と地域政府、重層的に起業支援措置を整備（ベルギー）」『ビジネス短信』2020年4月24日。

——　2020b「選挙後16カ月の交渉を経て7党による連立政権が発足」『ビジネス短信』2020年10月6日。

自治体国際化協会　2010『ベルギーの地方自治』自治体国際化協会。

千田航　2018「社会保障政策・家族政策」津田由美子・松尾秀哉・正躰朝香・日野愛郎編著『現代ベルギー政治——連邦化後の20年』ミネルヴァ書房、155-174頁。

武居一正　2020「ベルギー連邦政府（Wilmès II）の成立（2020年3月17日）について」『福岡大学法学論叢』65（2）：265-310。

——　2021a「ベルギー——連邦制のもとでの独自の対応」植田隆子編著『新型コロナ危機と欧州——EU・加盟10カ国と英国の対応』文眞堂、177-201頁。

——　2021b「ベルギーの重大感染症対策法（Loi pandemie）の制定について——その憲法的背景の検討」『福岡大学法学論叢』66（2）：327-371。

津田由美子　2021「連邦化をめぐる政治史」津田由美子・松尾秀哉・正躰朝香・日野愛郎編著『現代ベルギー政治——連邦化後の20年』ミネルヴァ書房、15-32頁。

福原宏幸　2020「ベルギーにおけるアクティベーション政策と社会的連帯経済の展開」福原宏幸・中村健吾・柳原剛司編『岐路に立つ欧州福祉レジーム——EUは市民の新たな連帯を築けるか？』ナカニシヤ出版、185-208頁。

松尾秀哉　2022a「分権化改革4　1993年憲法改正——連邦国家の誕生」松尾秀哉編著『ベルギーの歴史を知るための50章』明石書店、228-232頁。

——　2022b「分権化していくベルギー」松尾秀哉編著『ベルギーの歴史を知るための50章』明石書店、284-288頁。

——　2022c「パンデミックとベルギー」松尾秀哉編著『ベルギーの歴史を知るための50章』明石書店、289-294頁。

Barrez, J./Van Dam, R. 2020. Pauvreté et groupes vulnérables pendant la crise du coronavirus. *Revue belge de sécurité sociale* 2020(1): 193-225.

Bouhon, F./Jousten, A./Miny, X./Slautsky, E. 2020. L'État belge face à la pandémie de Covid-19 : esquisse d'un régime d'exception. *Courrie hebdomadaire du CRISP*

2446: 5-40.

Bouillon, P. 2020. Les pouvoirs Spéciaux. *La Chambre* Spécial 06/2020. https://www. dekamer.be/kvvcr/pdf_sections/news/0000012118/MAG_Edition_Speciale_06-2020_FR_BAT.pdf（2022 年 12 月 20 日閲覧）

Bureau fédéral du Plan 2023. *Indicators. be.*. https://indicators.be/fr/i/G01_GMI/fr （2023 年 3 月 20 日閲覧）

Burggraeve, K./de Walque, G./Zimmer, H. 2015. La relation entre croissance économique et emploi. *Revue économique de la Bangue nationale de belegique* 2015（juin）: 33-53.

Centre de crise national 2021. Arrêté royal portant la déclaration de la situation d'urgence épidémique concernant la pandémie de coronavirus COVID-19. 2021/10/28. https://centredecrise.be/fr/documentation/legislations/28102012-arrete-royal-portant-la-declaration-de-la-situation-durgence（2023 年 1 月 8 日閲覧）

——— 2022. Arrêté royal abrogeant l'arrêté royal du 15 mars 2022 portant obligation du port du masque dans les trains pour limiter la propagation du coronavirus COVID-19. 2022/5/20. https://centredecrise.be/fr/documentation/legislations/20052022-arrete-royal-abrogeant-larrete-royal-du-15-mars-2022-portant（2023 年 1 月 8 日閲覧）

CRISP（Centre de recherche et d'information socio-politique）2020. Comité de concertation. https://www.vocabulairepolitique.be/comite-de-concertation/（2023 年 1 月 8 日閲覧）

Greer, S.- L./Jarman, H./Rozenblum, S./Wismar, M. 2020. Who's in Charge and Why? Centralisation within and between Governments. *Eurohealth* 26（2）: 99-103.

IN24 2022. Fin de la situation d'urgence épidémique et de la loi pandémie. 2022/3/10. https://www.ln24.be/2022-03-10/fin-de-la-situation-durgence-epidemique-et-de-la-loi-pandemie（2023 年 2 月 27 日閲覧）

Informations et services officiels 2022. Les Services publics fédéraux et Les Services publics fédéraux de programmation. https://www.belgium.be/fr/la_belgique/pouvoirs_publics/autorites_federales/services_publics_federaux_et_de_programmation（2023 年 4 月 2 日閲覧）

Marx, I. 2019. Belgium: Is strong social concertation a driver of upward social convergence?. In D.Vaughan-Whitehead（ed.）, *Towards Convergence in Europe*. Edward Elgar, pp.78-100.

ONEM（L'Office national de l'emploi）2021. Chômage temporaire — COVID-19 mesures transitoires. 2021/12/14. https://www.onem.be/employeurs/chomage-temporaire/

chomage-temporaire-covid-19-mesures-transitoires（2023 年 3 月 13 日閲覧）

―― 2022. Chômage temporaire consécutif à l'épidémie du coronavirus COVID-19 et à la guerre en Ukraine― Prolongation de la procédure simplifiée jusqu'au 30.06.2022. 2022/3/16. https://www.onem.be/actualites/2022/03/16/chomage-temporaire-consecutif-a-l-epidemie-du-coronavirus-covid-19-et-a-la-guerre-en-ukraine-prolongation-de-la-procedure-simplifiee-jusqu-au-30.06.2022（2023 年 3 月 13 日閲覧）

Reman, P. 2022. La Sécurité sociale et la crise sanitaire. *La Revue nouvelle* 2022（4）: 62-70.

RTBF 2020. Coronavirus en Belgique: CNS, Comité de concertation, Celeval, qui fait quoi? Qui décide quoi? 2020/8/4. https://www.rtbf.be/article/coronavirus-en-belgique-cns-comite-de-concertation-celeval-qui-fait-quoi-qui-decide-quoi-10554937（2022 年 12 月 25 日閲覧）

―― 2021. Coronavirus en Belgique: le droit passerelle de crise prolongé jusqu'au 31 mars 2022. 2021/12/18. https://www.rtbf.be/article/coronavirus-en-belgique-le-droit-passerelle-de-crise-prolonge-jusqu-au-31-mars-2022-10900670（2022 年 12 月 25 日閲覧）

SCIENSANO（Institut belge de santé）2022. Belgium COVID-19 Epidemiological Situation. https://lookerstudio.google.com/embed/u/0/reporting/c14a5cfc-cab7-4812-848c-0369173148ab/page/tpRKB（2022 年 12 月 25 日閲覧）

Service de lutte contre la pauvreté（Service de lutte contre la pauvreté, la précarité et l'exclusion sociale）2021a. *Note interfédérale sur l'impact de la crise du COVID-19 dans les situations de pauvreté et de précarité.* 2021/4/29.

―― 2021b. *Solidarité et pauvreté Contribution au débat et l'action politiques.* 2021/12/20.

SERV（Sociaal-Economische Raad van Vlaanderen）2022. Solidariteit en Armoede: Advies van de Sociaal-Economische Raad van Vlaanderen.

SPF Economie（Les Services publics fédéraux; Economie）2020a. Les travailleurs indépendants en Belgique. https://economie.fgov.be/fr/themes/entreprises/pme-et-independants-en/les-travailleurs-independants（2023 年 2 月 24 日閲覧）

―― 2020b. Comparaison internationale entre les indépendants en Belgique et dans les pays de l'Union européenne. https://economie.fgov.be/fr/themes/entreprises/pme-et-independants-en/les-travailleurs-independants/comparaison-internationale（2023 年 1 月 15 日閲覧）

SPF Emploi（Les Services publics fédéraux; Emploi, Travail et Concertation social）2022. Contrat de travail titres services. https://emploi.belgique.be/fr/themes/

　　contrats-de-travail/contrats-de-travail-particuliers/contrat-de-travail-titres-services（2023 年 1 月 15 日閲覧）

SPF Finances（Les Services publics fédéraux; Finaces）2021. Circulaire 2021/C/51 relative au régime fiscal des prestations financières dans le cadre du droit passerelle de crise. 2021/6/4. https://eservices.minfin.fgov.be/myminfin-web/pages/public/fisconet/document/4640461d-954f-4b8d-904c-b7942b84b4e7#_a._Pour_les_1（2023 年 1 月 25 日閲覧）

SPF Sécurié sociale（Les Services publics fédéraux; Sécurié sociale）2022. *The Evolution of The Social Situation and Social Protection in Belgium 2021*.

SPF Stratégie & Appui（Les Services publics fédéraux; Stratégie & Appui）2020. *Accord de gouvernement 30 septembre 2020*.

SPP Intégration sociale（Les Services publics fédéraux de programmation; Intégration sociale, Lutte contre la Pauvreté, Économie sociale et Politique des Grandes Villes）2020. *Covid 19 Avez-vous droit à une aide sociale ?*（Brochure）. https://www.mi-is.be/fr/nouvelles/commandez-notre-brochure-covid-19-avez-vous-droit-une-aide-sociale（2023 年 1 月 20 日閲覧）

――2021a. Récapitulatif des différentes mesures Corona. 2021/12/22. https://www.mi-is.be/fr/outil-cpas/recapitulatif-des-différentes-mesures-corona（2023 年 1 月 20 日閲覧）

――2021b. Prolongation des différentes mesures Corona. 2021/12/22. https://www.mi-is.be/fr/nouvelles/prolongation-de-differentes-mesures-covid-19（2023 年 1 月 20 日閲覧）

――2022. *4ᵉ plan fédéral de lutte contre la pauvreté et de réduction des inégalités*.

――2023. A propos du SPP Intégration Social. https://www.mi-is.be/fr/a-propos-du-spp-is（2023 年 1 月 20 日閲覧）

STABEL 2023. Emploi et chômage. https://statbel.fgov.be/fr/themes/emploi-formation/marche-du-travail/emploi-et-chomage#figures（2023 年 2 月 15 日閲覧）

Vlaanderen 2022. OCMW（Openbaar Centrum voor Maatschappelijk Welzijn）. https://lokaalbestuur.vlaanderen.be/werking-bestuur/ocmw（2023 年 1 月 15 日閲覧）

Wall Street Journal 2020. Corona deaths: why so many in Belgium. 2020/6/1. https://jp.wsj.com/articles/SB11030818947919454487204586418723960333058（2023 年 2 月 20 日閲覧）

Working Group Social Impact Corona Crisis 2021. *Monitoring des conséquences du COVID-19 sur l'emploi et la protection sociale en Belgique*. 2021/4/27.

――2023. *Monitoring de l'emploi et de la protection sociale en Belgique*. 2023/1/9.

第9章

イギリスにおける
国家―市民間関係の変容

――パンデミックはシティズンシップに何をもたらしたか――

平野寛弥

1　岐路に立つイギリス

　2022年2月21日、イギリスのボリス・ジョンソン首相（当時）は、同国イングランドにおいて、新型コロナウイルス（COVID-19）対策に関するすべての法的規制を撤廃する意向を示した。あわせて、同日のイギリス議会でジョンソン首相は、「COVID とともに生きる（COVID-19 RESPONSE: LIVING WITH COVID-19）」計画を発表し、かつての日常生活を取り戻す局面にイギリスが移行することをあらためて強調した。

　それから早くも1年あまりが過ぎた。2020年1月に国内で最初の新型コロナウイルス感染者が確認されてから3年以上が経過したいま、イギリス国内でマスクをした人びとを見かけることはまれである。新型コロナウイルスの感染者は、現在もなお、数万人の規模で存在しているが、ロックダウン（都市封鎖）のときの街の静けさがまるで嘘であったかのように、繁華街やスタジアムには人が溢れかえり、賑わいを取り戻している。

　こうした点にのみ目を向けると、イギリスはコロナ禍から完全に脱却したように見える。しかし、本当にそうだろうか。新型コロナウイルスの爆発的な感染拡大（パンデミック）という未曾有の事態に直面し、社会や経済にも大きな爪痕を残したことは言うまでもない。数え切れないほど多くの死者、回復後もなお残る後遺症といった健康被害はもちろんだが、社会経済活動が大幅に制限されたことによる失業や休業にともなう収入の減少、対面での他者との関わり

259

の制約など、人びとの日々の生活は多様な側面において想像を超えるほどの影響を受けたに違いない。こうした人びとの日々の生活への影響がいかなるものであったのかを明らかにすることが本章の目的のひとつである。

　ここで注目したいのが、社会の構成員たる市民としての地位身分であり、国家と市民の関係を表象するものとしてのシティズンシップである。COVID-19によるパンデミックが引き起こした生活水準の低下や悪化は、たしかに市民生活にとって大きな打撃であったが、パンデミックという"非常事態"に際し、感染拡大を食い止め、一刻も早く日常生活を取り戻す必要があった。しかしそのために、私権制限をはじめとして、通常であればとうてい認められないほど大きな権限が国家にあたえられたことは、国家と市民の関係においてきわめて重要な変更であった。これまでおよそ経験したことがない形での国家による市民生活への介入が行なわれたことを意味しているからである。加えて、コロナ禍がけっして終わったわけではなく（"アフター・コロナ"）、コロナとともに生きていく時代（"ウィズ・コロナ"）に移行したこともふまえるならば、この変更の影響は一過性のものにはとどまりそうにない。このように、世界が新しい局面を迎えつつあるなかで、シティズンシップはどのような変化の兆しを見せているのか。またそれは社会に、そしてわれわれ市民の生活に、いったい何をもたらすのか。これらの問いについて検討することが、本章のもうひとつの目的である。

　そこで、以下ではまず、イギリスにおける新型コロナウイルスの感染拡大の状況がどのようなものであったかをデータとともに振り返る。あわせて、そうした感染拡大の状況下で行なわれた政府の対応について、感染予防と市民生活の維持の2点に着目して整理する。そして、市民が経験した生活面での苦境がどのようなものであったかについて整理する。そのうえで、そうした政府の対応や市民生活の変化から、シティズンシップの変容の内実について検討してみることにしたい。

2　パンデミック下の社会の混乱と対応

　ではまず、イギリスにおいてコロナ禍がどのように始まり、どのような段階を経て現在にいたっているかを簡単に確認しておこう。

　イギリスで国内最初の感染者が確認されたのは 2020 年 1 月 31 日のことであった。その後、相次いで感染者の確認が報告され、またたく間に全国各地へと感染が拡大し、感染者数も急激に増えていった。それを受けてイギリス政府も急遽、対応に追われることになり、2020 年 3 月 23 日からは前代未聞とも言えるロックダウン（都市封鎖・外出制限）を実施したのである。その後ロックダウンは、5 月 13 日に緩和されるまでのおよそ 50 日間続き、この時期人びとは原則として不要不急の外出を禁じられ、出勤することも、また友人や親類と会うこともできず、自宅にこもる生活を余儀なくされた。その後もパンデミックは収束する気配を見せず、結局、新たに 2 度のロックダウンを実施せざるをえなかった（2020 年 11 月 5 日から 12 月 2 日までと、2021 年 1 月 5 日から 7 月 19 日まで）。

　このような異例とも言える状況は、2022 年 2 月をもって一応の区切りが付けられたとはいえ、およそ 2 年にわたるパンデミックは、イギリス国内にて延べ約 2400 万人の感染者と 22 万人近い死亡者を出す結果となった（2023 年 2 月現在）。そればかりか、イギリスの社会経済はきわめて大きな打撃を受けた。その詳細について見ていきたい。

(1)　感染状況の推移とワクチン接種の展開

　まず感染状況の推移から確認していこう。イギリスでは最初の感染者が確認されて以降、急速に感染者が増加していった。3 度にわたるロックダウンにより一時的に減少するが、また増加に転じるという動きをくり返し、2022 年 1 月 4 日には 1 日あたりの感染者数が 27 万 5646 人に達した。図 9-1 は 2020 年 1 月から 2022 年 5 月までの感染者数の累計を示したものであるが、ロックダ

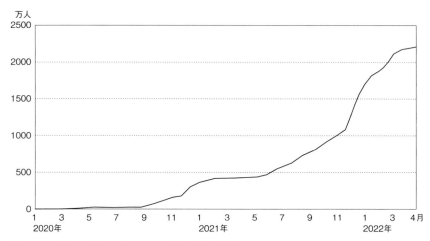

図9-1　イギリス国内のCOVID-19感染者数の推移

出典）GOV.UK（2023）より著者作成。

ウンを実施していた 2020 年から 2021 年にかけての時期よりも、むしろ 2022 年初頭の時期のほうが感染者数自体ははるかに多かったことがわかる（GOV. UK 2023）。

　感染拡大が思うように収束しなかった背景として、集団免疫の獲得に時間がかかるうえ、その間により感染力の強い COVID-19 の変異株が次々と誕生したこと、さらには「コロナ疲れ」に代表されるような行動制限の限界が指摘できる。つまりロックダウンそのものは、あくまでも感染者数の伸びを抑制することで、抜本的な対策を講じるまでの時間を稼ぐとともに、医療体制への過剰な負担を避けるための措置であったのである。

　イギリス政府のパンデミック対策の中心は、新たに開発されたワクチンの接種を国民に積極的に展開していくことであった。2020 年 12 月 8 日に国内最初のワクチン接種が行なわれて以降、高齢者や医療従事者から順次、全国民へと接種が実施された。これまでに 4 回のワクチン接種が延べ約 1 億 5000 万人に対して実施されたが、接種対象である 12 歳以上の人口に占める 1 回目のワクチン接種者の割合は 93.6％、2 回目のワクチン接種者の割合は 88.3％と、接種対象者の約 9 割に達しており、ブースター接種ないし 3 回目のワクチン接種を

済ませた者の割合も 70.2% に達している（GOV.UK 2023）。こうしたワクチン接種のスピーディーな展開をふまえて、早くも 2021 年 7 月には公的な場でのマスク着用の撤廃を表明するなど、感染拡大の防止に向けた各種規制を撤廃していく動きを見せた。こうした判断は性急とも受け取られかねず、評価の分かれるところではあったものの、パンデミックの社会経済への影響を憂慮したうえでの決断であった。

（2）　失業率の上昇

とはいえ、パンデミックが市民生活にあたえた影響は甚大であった。ロックダウンの実施により人びとの社会経済活動が制限されたことで、売上が伸びず収益が激減し、収支が赤字に転落する企業も相次いだ。とりわけ、外出制限により直接的な影響をこうむった外食産業や、海外からの観光客をターゲットにしてきた宿泊業・観光業への影響は大きく、国内需要の縮小により経済全体が不況に陥った。それを受けて、勤務先の倒産による失職や企業からの解雇、雇い止めが多数発生することになった。こうした状況が失業者の増加につながったことは言うまでもないが、興味深いのは、いわゆるリーマン・ショックにより引き起こされた世界金融危機のときと比べると、今回の失業者数の増加の規模も、失業率の上昇の幅や期間も小さいものにとどまっているということである。図 9-2 は、2006 年から 2021 年までのイギリスにおける失業率の推移を示したものであるが、世界金融危機のときに比べ、今回のパンデミックのときの失業率が低く抑えられていることが見て取れる（Office for National Statistics 2023）。

しかし、失業率の伸びがこのように抑制された要因は何だったのだろうか。産業の違いにかかわらず打撃をこうむったことは想像に難くなく、その影響が失業率に現われてもおかしくない状況であったはずだ。このような状況のなかにあっても、失業率の上昇を抑えることができた要因として考えられているのが、政府による休業補償である。

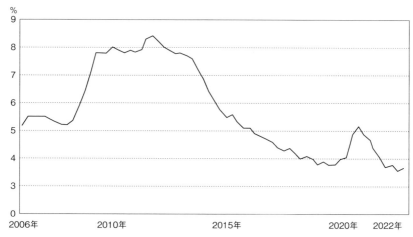

図9-2　イギリスにおける失業率の推移
出典）Office for National Statistics（2023）より著者作成。

（3）　一時休業者の増加とその含意

　今回のパンデミックへの政府の対応において注目されるのは、政府が感染拡大の抑制を目的とした対策であるロックダウンの実施と並行して、ロックダウンがもたらす市民生活への影響をできるだけ縮減するための対策も実施したことである。そのひとつが、休業補償の実施である。イギリス政府はロックダウンの実施により、企業が収益悪化により労働者の大量解雇に踏み切ることを防ぎつつ、雇用の維持により企業が倒産する事態になることを避けるため、2020年4月20日より「コロナウイルス雇用維持スキーム（the Coronavirus Job Retention Scheme: CJRS）」の実施を開始した。これはいわゆる休業補償制度に相当するもので、雇用主が従業員を一時的な休業（furlough）の状態にし、休業期間中も雇用を維持する場合において、平均的な賃金の8割（ただし、月2500ポンドが上限とされた）と社会保険料に相当する額を助成するという仕組みであった。

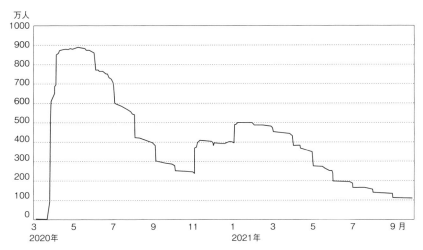

図9-3　CJRSを利用して一時休業状態にあった者の推移

出典）HMRC（2021）のFigure 1より著者作成。

　当初、CJRS は 2020 年 5 月末までの予定で実施されたが、感染拡大がいっ
こうに収束しない状況のなかで幾度も延長され、2021 年 9 月末まで実施され
た。この CJRS の実施は、予想を上回る申請者の伸びを見せた。図 9-3 は、
CJRS を利用して一時休業の状態にある被用者数の推移を示したものであるが、
最初のロックダウンが始まってまもなく申請者が殺到し、約 890 万人もの労働
者が利用するまでにいたった（2020 年 5 月 8 日時点）。その後も感染拡大の波に
あわせて実施されたロックダウンに呼応するように、このスキームを利用して
一時休業にいたった被用者が増加した。その結果、最終的には延べ約 1170 万
の雇用、約 1080 万人もの労働者がこのスキームによる支援を受け、その費用
の総額は 700 億ポンドに達した（HMRC 2021）。政府にとって大きな支出であっ
たことは疑うべくもないが、これだけの数の労働者が雇用を維持され、収入も
（十分であったかは措くとして）ある程度維持されたという事実は非常に大きい。
世界金融危機のときに比べ失業者の増加の伸びが小さなものにとどまった背景
には、こうした政府の対策がある程度功を奏したという事実があったことが指
摘できよう。

（4）　社会保障受給者の増加

　とはいえ、当然ながらこれらの対策ですべての問題が解決したわけではない。その規模は小さいとはいえ、感染拡大とロックダウンという未曾有の状況のなかで失業した者も少なくなく、また多くの労働者が休業に追い込まれた結果、収入の減少に直面することになり、生活水準の悪化や困窮など、日常生活に支障をきたす人びとが急増した。

　この事態を見越してイギリス政府は、2020 年 3 月 20 日に社会保障制度に 70 億ポンドの追加資金を投入すると発表し、感染拡大とロックダウンによってもたらされる社会経済活動の停滞への対応措置として、社会保障制度上の対応策を展開した。なかでもひときわ大きな注目を集めたのは、「ブースター・ペイメント（booster payment）」と呼ばれるユニバーサル・クレジットの支給額の増額である。具体的には、2020 年 4 月 6 日支給分より、ユニバーサル・クレジットの基準額を一律で週 20 ポンド（年に換算すると 1040 ポンド）引き上げる措置を 12 カ月間にわたり実施することを決定したのだ。それにともない、受給時に申請者や受給者が遵守することになっている各種の規定も一時的な見直しが図られた。

　まず、ユニバーサル・クレジットの受給者に課される所定時間以上の求職活動への従事や就職に向けた準備といった就労関連要件（work-related requirements）が緩和された。具体的には、2020 年 3 月 30 日より就労関連要件は適用が停止された。これにより、申請者や受給者は一時的に就労関連要件を満たさなくてもユニバーサル・クレジットの受給が可能になった。

　あわせて、こうした就労関連要件を含め、請求者がユニバーサル・クレジットの受給と引き換えに提出する誓約書（請求者誓約：claimants commitment）についても、誓約違反時の制裁適用が一時的に見送られたうえで、再導入後にパンデミック下の厳しい雇用状況を考慮し、誓約書の内容の見直しを行なうことが決定された。通常であれば、就労関連要件をはじめ誓約書に記載された条件を充足できない場合やそれに違反した場合はユニバーサル・クレジットの支給が停止されることを考慮するならば、これはきわめて寛大な判断であった。

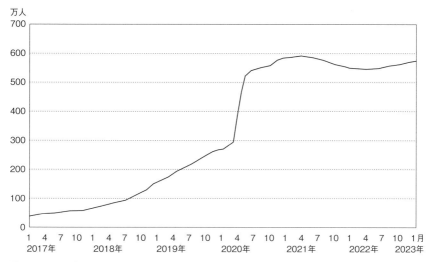

図9-4　ユニバーサル・クレジットの受給者数の推移

出典）DWP（2023）"People on Universal Credit"より著者作成。

　こうした措置がとられた結果、ユニバーサル・クレジットの受給者数は急増した。図9-4は、2017年1月から2023年1月までのユニバーサル・クレジットの受給者数の推移を示したものだが、ロックダウン開始後わずか2カ月で新規請求件数が240万件に達した。それにより、ロックダウン開始時点では約300万人であった受給者数もそれから1年後の2021年3月には約600万人と、およそ2倍に膨れ上がった（DWP 2023）。

　このことは、COVID-19のパンデミックとそれにともなうロックダウンによる社会経済活動の停滞がもたらした人びとの生活への影響がいかに大きかったかを如実に物語るとともに、生活困窮時のセーフティネットとして、ユニバーサル・クレジットが本来求められる役割を果たしたことを意味する。その一方で、世界金融危機の際の失業率の上昇と比べた場合の失業率の上昇幅の小ささや、政府による雇用維持対策の実施をふまえて考えると、ユニバーサル・クレジットを受給した人びとの多くは、雇用維持の対象になりえない、より不安定な雇用に就いていた人びとと推測される。その意味では、ひとえにパンデミックと言っても、その影響は社会経済的地位によってかなり異なっていたことがうかがえる。

　他方で、ユニバーサル・クレジット以外の制度においても対応策が講じられた。具体的には、障害者や介護者、傷病者を対象にした雇用支援手当（Employment and Support Allowance）、個人自立支援給付（Personal Independent Payment）、介護者手当（Carer's Allowance）、法定傷病手当（Statutory Sickness Pay）において、受給手続きがパンデミック下でも滞らないようにするための措置がとられた。2020年3月17日より、感染リスクから弱者を守るための予防措置として、雇用支援手当と個人自立支援給付の申請時、ならびに受給中の医師による対面でのアセスメントを3カ月間停止され、その代替として紙ベースと電話によるアセスメントを行なう措置がとられた。さらに2020年7月には、この措置の継続が発表され、紙ベースでのアセスメントを推奨する旨の声明が出された。また法定傷病手当では、2020年4月から資格要件（平均週給が120ポンド以上で、連続4日以上病欠している従業員が対象）が緩和され、COVID-19に罹患した場合は自宅隔離でも待機期間なく傷病手当を受け取ることができるようにする措置を実施した。

　ただし上記の一連の措置は、期待された効果が得られたとは言い難い。政府の統計によれば、2020年4月の個人自立支援給付の新規請求数、状況変更にともなう審査請求数は前年の同時期と比べると大きく減少した（前者は58％減、後者は61％減）（DWP 2020）。議会下院（House of Commons）の労働・年金委員会の報告書においても、障害や健康に問題を抱える人びとが制度へアクセスしづらいと指摘されているように（Work and Pension Committee 2020）、社会的不利を抱える人びとへの対応には大きな課題があったと言えよう。

(5)　民間部門における支援

　パンデミックのなかにあって、民間団体・組織による支援もまた、人びとの生活を支えるうえで大きな役割を果たした。その例のひとつが食料支援である。すでにパンデミックが起こる前から、ユニバーサル・クレジットの受給対象となる低所得層の人びとの困窮ぶりは問題となっていたが、それを支えていたのが各種のフードバンク団体であった。実際のところ、ユニバーサル・クレジットは、政府が支給額の引き上げに消極的であったため、受給者の実質的な

生活水準はかなり低く、それだけでは生活を維持することができない人びとが続出していた。そうした人びとが頼ったのがフードバンクだった。現地の支援団体のひとつであるトラッセル・トラストがまとめた報告書（The Trussell Trust 2019）によると、同団体の系列のフードバンクで食料提供した件数は、ユニバーサル・クレジット導入前の 2010 年には約 6 万 1000 件だったのに対して、導入から 5 年が経過した 2018 年には約 138 万 3000 件にまで膨れ上がった（ibid.: 16）。そのうえ、フードバンク利用者の約 9 割は社会保障給付の利用者であった（ibid.: 41）。したがって、イギリス国内にはパンデミックの発生前からすでに貧困層がフードバンクに依存せざるをえない構造が存在していたのだ。

　そこに追い打ちをかけたのがパンデミックであった。パンデミックの発生により、従来からの利用者のフードバンクへの依存がさらに強まったばかりか、フードバンク利用者の範囲が拡大したことにより、フードバンク利用者数が急増した。先述のトラッセル・トラストによれば、2020 年 3 月後半の 2 週間で緊急用の箱詰め食料の必要性が前年同期比で 81％ も増加したほか、子どもたちに配られる箱詰め食料も前年同期比で 122％ 増加した（The Trussell Trust 2020）。また独立系フードバンクのネットワークにおいても、2020 年 2 月から 5 月のあいだに配布された緊急用の箱詰め食料が前年同期比で 175％ もの増加が見られた（Independent Food Aid Network 2020）。こうした事実は、前述の公的支援策が人びとの生活を支えるのにけっして十分でなかったということを示唆している。社会全体で経済活動が停滞すると、物流が滞り人びとの行動範囲も大幅に制限されるため、現金があっても必要な物資と交換することが困難となる（Loopstra 2020）。パンデミックのもとでは食料をはじめとする「現物」の確保が大きな課題となるという点は重要な教訓であったと言えよう。

3　パンデミックを読み解く視点としてのシティズンシップ

(1)　シティズンシップにおける国家とエージェンシー

　ここまで、パンデミックに見舞われたイギリスにおける市民生活の混乱とそ

れに対する政府や市民社会の対応について見てきた。このような状況で、市民のシティズンシップはどのような変化を遂げつつあるのだろうか。この点を考えるうえでふまえておかなければならないのは、市民のエージェンシー（行為主体性）と国家の関係である（平野 2020）。

　市民が自律を通じて自らの福祉の実現を図ることは近代社会の原則である。このとき、自律の前提とされているのが個人のエージェンシーである。つまり、自分の意思と判断にもとづいて自らが望む生活を実現するということが、近代社会においては前提とされているのだ。しかし、現実にはこの原則を貫徹することは難しいため、国家によるエージェンシーの発揮を通じた自律の実現のための環境整備（必要充足のための資源の再分配と市民の平等な承認）が期待されるようになった。これが具体化したものが福祉国家体制である。このことは、国家が市民生活に積極的に介入を行なうことを意味しており、ここに国家が市民のエージェンシー（およびその発揮による自律の実現）を補完する関係を見てとることができる。

　しかし、その後福祉国家体制は再編を余儀なくされ、新たに台頭した新自由主義のもと、財政緊縮の政治が展開され、福祉給付やサービスの厳格化がめざされてきた。イギリスにおいても、2010 年代は財政緊縮の政治（Austerity Politics）とユニバーサル・クレジットの導入に象徴される福祉制度改革が推進された時代であり、その過程で人びとの生活を支える給付やサービスは厳格化され、利用に際してさまざまな条件が付与され、遵守できない場合には制裁とて給付が制限（最悪の場合は停止）されるようになった。その結果、市民は給付やサービスが停止されるかもしれないという不安や恐怖を抱えて、絶えず自らに課された条件を意識させられた状態で、就労や求職活動、就労訓練に臨まざるをえなくなっていたのだ。これらをふまえれば、国家はもはやエージェンシーを補完する守護者ではありえず、むしろそれを監視し、管理する存在でしかない。ここにいたってシティズンシップは市民の生活を支える足場（scaffolding）から、政府が求める行動（behaviour）へと駆り立てる道具に変貌したのだ。こうした状況のなかで起こったのがパンデミックであった。

⑵　パンデミック下の市民の「権利」と「責任」

　では、パンデミックの発生は市民に何をもたらしたのか。これらをシティズンシップの視点から読み解くうえで鍵となるのが市民の「権利」と「責任」である。

　もとより当該社会の構成員たる「市民」としての資格を意味するシティズンシップが、人びとにとって意味をもつのはなによりもまず権利の側面においてである。「市民」としての地位が認められることで人びとはさまざまな権利を享受できる。有名なトマス・ハンフリー・マーシャルの図式で言えば、市民的権利、政治的権利、社会的権利という3つの権利がそれに対応する（マーシャル／ボットモア 1993）。一方で、「市民」としての地位を獲得し、それを保持しつづけるためには一定の「責任」を果たすことが求められる。それは当該社会の構成員として社会的協働に貢献する活動（就労はもちろんだが、ボランティアや地域貢献、あるいは政治参加もここに含まれるだろう）への従事であり、あるいは当該社会で他者との共生を図るうえで、社会規範や道徳に違背しないように自らの生を管理することも該当する。この権利と責任のバランスが、これまでの歴史のなかで絶えず変化してきたわけである。

　さて、パンデミックの発生とそれにともない実施された感染予防の諸対策がこの権利と責任のバランスを大きく揺るがしたことは間違いない。ただし、それは権利の側面が弱体化・後退する一方で、責任の側面が強化・重視されるという、いわゆる福祉国家再編を通じたシティズンシップの変容に見られた動きとは一線を画している。

　まず、権利の側面から見てみよう。パンデミックの発生とそれにともなう感染予防の諸対策が講じられていくなかで、市民の自由な経済活動にかかわる市民的権利は大幅に制限された。また、非常事態宣言が発令されて政府に大権がゆだねられ、市民もそれに従うことを余儀なくされたという意味では、政治的権利も大きな制約を受けた。他方で、パンデミックによる収入損失を補うための社会保障給付や休業補償制度、感染者への医療サービスの充実が測られたという意味では、社会的権利はむしろ拡充されたと言える。したがって「市民の

権利が大幅に制約された」という一面的な理解には注意が必要である。

　続いて責任の側面に目を向けてみると、こちらも大きな変化が見て取れる。ひとつには、マスクの着用や手洗い、不要不急の外出自粛など感染予防への積極的な取り組みや協力が強く推奨されたことで、自己の身体管理の徹底のみならず他者の身体管理への配慮が市民の責任として求められるようになったことが挙げられる。このことは、たとえばマスクの着用について考えてみるとよくわかる。マスクの着用が求められる理由として、自分自身の感染予防という目的のほかに、他者への感染拡大の防止という目的があることを挙げることができよう。このような感染予防策がもつ二面性の背景には、感染症がもつ負の外部性という性質が大きく作用していると考えられる。つまり、感染症は他の疾病と異なり、人間から人間へと拡がりつづける性質をもつため、ある個人の感染とそれによる健康悪化が本人の福祉の低減にとどまらず、他者の感染の直接的なリスクとなり、他者の福祉の低減の原因となるということである。それゆえ、感染症の場合は自己の身体管理の不備が他者の身体管理の失敗に直結するため、より強い責任が個人に課されることになる。

　もうひとつは、前述の帰結として、個人に課される責任が集団的な責任の一部という性格を強く帯びたものになったことが挙げられよう。個人が感染拡大の防止に係る責任を果たすことは社会への貢献にほかならず、社会や経済の維持につながる行為である。逆に言えば、感染予防を怠ることは他害行為になりうる。このことは、感染拡大の防止に尽力する市民に対する賞賛の大きさにも見て取れる。もし感染予防が完全に個人の責任であるのならば、個人が行なう感染予防はあくまでも当人のためでしかなく、感染予防によって生じる利得は本人に帰するため、他者からの称賛につながることはないはずだ。それにもかかわらず、感染予防に尽力する市民が周囲から称賛を受ける（そして、そうした予防を怠る市民が非難される）のは、その市民が責任を果たすことで、他者や社会全体に利益をもたらすからである。その意味で、感染予防に対する責任というのは、市民間の相互義務の感覚を呼び起こすことにより規範としての拘束力を高め、1人ひとりにその履行を強く求めるものであると言える。このことは、パンデミック下で「ソーシャル・ディスタンスを取る人びと（distancers）」と「取らない人びと（non-distancers）」という区別が新たなカテゴリーとして

登場し、後者がパンデミック下で求められる規範に従わない愚か者 ("covidiots") として揶揄されるようになったというプロッサーらの指摘とも符合する (Prosser et al. 2020)。これが意味しているのは、感染予防の責任を果たすかどうかが「善き市民」の判断基準として浮上してきたということだろう。そうであるとすれば、これはまさしくシティズンシップの変容の一端を表わしている。

　こうしたパンデミック下のシティズンシップの変容については、社会心理学の視点から分析したエレーニ・アンドゥルーリとエマ・ブライスの研究 (Andreouli/Brice 2021) でも指摘されている。2人は、2020年3月から11月にかけて行なわれた首相や閣僚らの会見や出された声明などを対象として、イギリス政府のシティズンシップをめぐる政治的言説について分析を行ない、COVID-19によるパンデミックの発生は、それまでイギリスで支配的であった新自由主義的シティズンシップを揺るがすことになったと指摘している (ibid.: 557)。新自由主義的なシティズンシップにおいては、市民は自由であることを義務づけられ、国家が彼らの福祉に関与しなくなる一方で、自身の生活と幸福を自己管理する責任を負うよう仕向けられていた。ウェンディ・ブラウンが言うところの「責任化された市民 (the responsibilized citizen)」(Brown 2016; ブラウン 2017) である。

　しかし、パンデミックの発生以降のイギリス政府の言説には個人の自由と健康の維持のあいだの緊張関係が見て取れる、とアンドゥルーリとブライスは述べている。これまで新自由主義のもとで自由であることを義務づけられてきた市民は、いまや健康の維持を目的として、国家の権威にその自由を明け渡すように求められている、というのだ (Andreouli/Brice 2021: 563)。たしかに感染拡大の防止という名目で、行動制限や営業自粛、ワクチン接種、隔離、接触確認アプリの導入など、市民のさまざまな自由が制約を受けているというのは事実である。また、新自由主義の影響のもとで財政緊縮や福祉削減に注力してきた保守党政権が、パンデミックの発生後は積極的な財政支出を容認していることも見逃せない。とくにユニバーサル・クレジットについては、以前からその給付額の水準が問題視されていた (Work and Pensions Committee 2019) が、保守党政権は財政緊縮の堅持を盾に、物価上昇分の引き上げすら受け入れてこなかったのである。その意味では、パンデミックの発生により社会的権利として

の社会保障や社会サービスが拡充されたことも従来の新自由主義的な政治（そしてそれを反映した新自由主義的シティズンシップ）からの変化の兆しと見ることもできるかもしれない。しかし問題は、これが一時的な変化にとどまるのか、それとも新自由主義的なシティズンシップからの本格的な転換につながるのかという点である。

4　国家介入の深化とシティズンシップの変容

　この問いに対して、アンドゥルーリとブライスは新自由主義的なシティズンシップへの回帰を主張している。彼女らはその理由として、政府がふたたび市民の自由を責任として強調し出した点を挙げている。それによると、ロックダウンの段階的緩和とあわせて、政府は経済的含意をもって市民の自由に言及するようになったという。たとえば、以前のように「自由に」消費をすることによって経済に貢献することや、「制限なく」就労することで景気回復に協力することなどが含まれる。ここにおいて市民は社会経済、ひいては国家の回復のために自分の責任を果たすという道徳的義務を負っているものとみなされており、これはまさに新自由主義的なシティズンシップのもとでの「責任化された市民」への回帰である、というのである（Andreouli/Brice 2021: 564）。

　このアンドゥルーリとブライスの指摘をどのように考えればよいだろうか。まず、パンデミックに対する政府の積極的な財政支出があくまでも緊急時の対応にすぎず、恒常的なものにはなりえないというのは妥当な指摘だろう。

　この点についてダニエル・ベランたちは、パンデミックにおける各国政府の対応は「緊急ケインズ主義 (emergency Keynesianism)」(Bremer/McDaniel 2020) に基づくものであるとしている（Béland et al. 2021）。それによると緊急ケインズ主義とは、経済危機に際して資本主義の諸制度の支援を目的に公債発行による財政支出を多用して対応しようとする立場のことであり（ibid.: 249）、今回のパンデミックのような大規模で突発的な経済危機が発生した場合に、かつての大恐慌後の 1930 年代と同様、政府が経済活動の停止にともなう急激な景気後退への対応策として、所得の安定化と経済の急落を回避するための大胆な緊急

プログラムを制定し、迅速に行動することを要請する（ibid.: 251）。これに即して考えれば、政府の積極的な財政支出が平時にも継続されるとは考えにくい。

　その一方で、政府が経済への貢献や景気回復への協力を市民に期待することは、新自由主義の政治のみならず、福祉国家の政治においても見られたことである。それゆえ、政府が経済への貢献や景気回復への期待を含意して市民の自由に言及すること自体をもって、新自由主義的なシティズンシップへの回帰と判断するのは早計であろう。

　むしろ重要な変化の兆しは、パンデミックを経て市民の自由が本人の意思によってではなく国家の意向によって規定される状況が常態化しつつある点に見てとれる。ここで問題とされているのは市民のエージェンシーにほかならない。先に論じたように、新自由主義の政治において、市民はエージェンシーを十全に発揮できない状態に置かれながらも自由であることを義務づけられ、その結果についての責任も帰せられていた。これが「責任化された市民」であったわけである。とはいえ、その新自由主義の政治においても、市民の自由に対して、そのエージェンシーを介することなく国家が直接介入し、管理するということはなかったはずである。新自由主義は、個人のエージェンシーを前提にしているからこそ、行使される自由の責任の主体としての個人を強調する。その意味において、新自由主義は近代社会の前提になお依拠しつづけているともいえる。エージェンシーを前提とした市民の自由の尊重は、近代社会の国家と市民の関係において堅持されてきた境界であった。

　しかし、突如発生したパンデミックはこの境界を失効させた。国家は社会防衛のために市民の自由を規定し、管理するようになったのである。もとよりロックダウンをはじめとする私権制限が発動されるのは異例のことであるが、感染拡大の防止のためにはやむなしという理由で正当化された。もちろんそれと引き換えに社会保障給付の増額や各種条件の一時的な撤廃、休業補償の提供が行なわれたわけであるが、個人の生命や生活ではなく集団としての保全を目的に行なわれたことは言うまでもない。また、感染症対策でもワクチンや治療薬が十分な治験を経ることなく早期承認されている背景にはやはり個々の生命よりも集団としての存続を優先するという判断が働いていることに加え、感染症対策の最終的な目標は集団免疫の獲得に置かれている。さらに、私権制限の

解除に際しても、感染状況についての判断はあったものの、社会経済への影響の大きさを考慮して決定された。

　パンデミック下で見られたこれらの対応は、国家による統治において個人の生命や自由よりも集団としての保全、いわば社会防衛を優先する論理が働いていることを示している。社会全体の利益を個人の利益に優先させるという点で言うならば、功利主義的であるとも言えよう。これはけっして不思議なことではない。感染症対策に代表される公衆衛生政策は、外部性の問題をはらんでいるために集団全体としてのアプローチが求められる領域であって功利主義的な性格を帯びやすく、かねてより個人の自由との両立可能性が議論されてきたからである（児玉 2012）。それをふまえれば、感染拡大が危惧される状況において集団防衛が優先されるのはやむをえない部分もあるのかもしれない。しかし、今回のパンデミックが厄介なのは、感染拡大の収束がいまだ見通せず、この状況が当面のあいだ継続していくことにある。そうなると、社会防衛を優先する功利主義的対応もまた有事にとどまらず、平時においても適宜展開していかざるをえない。文字通り有事対応の平時化である。

　ここにパンデミックによるシティズンシップの変容の一端を見いだすことができるように思われる。すなわち、社会全体の利益を優先し、本人のエージェンシーを経由することなく、国家が市民の自由を差配する関係性の上に成り立つ功利主義的なシティズンシップへの転換である。一見しただけでは従来のシティズンシップに回帰したように見えるが、シティズンシップが立脚する国家と市民のあいだの関係が変容しており、その意味では国家による市民への介入は質的に異なるものとなるだろう。実際のところ、感染拡大がふたたび懸念される状況になれば、社会を防衛し経済を維持するために、国家は財政支出を厭わず、あらゆる手段を講じるはずだ。それは一方で市民の自由を制限するものであるが、他方では市民の福祉（最低限度以上の水準を望むことは難しいだろうが）を維持するものでもある。このように、新たなシティズンシップのもとでの国家による市民への介入がもたらす意味は両義的である。国家が直接的に市民の自由や生命を管理することで市民の自由や生命の保護が以前に比べてより確実にできるようになる可能性もあるが、ひとつ間違えば個人の自由や生命が国家の都合に合わせて操作される可能性をはらむ危うい関係である。

　これはもはや市民の自由や権利は不可侵のものではなくなりつつあるということだ。われわれ自身も制約下での生活が長く続いたことで、決められることに慣れ、警戒心が希薄となってしまった面があるのは否めない。それだけに、国家の市民への介入の正当性や妥当性をこれまで以上に意識的に吟味していくことが求められるだろう。しかしそれと同じか、あるいはそれ以上に、市民の自由や権利の意味や位置づけもまた問い直す必要に迫られているのではないだろうか。

5　イギリスはどこに向かうのか

　本章では、イギリスにおける COVID-19 によるパンデミックの実態とそれに対する政府や社会の対応について概観するとともに、それがもたらしたシティズンシップへの影響について検討してきた。

　前節の最後で検討したシティズンシップに見られる変化の兆しが本格的な動きになっていくかどうかは、今後の展開を見守る以外にない。しかし、社会防衛を目的としたパンデミック下の政府の諸対策が、一時的なものであったにせよ、社会的権利の拡充であったと受けとめられてしまうことは、逆に新自由主義的なシティズンシップのもとでいかに社会的権利が切り下げられ、解体されてきたかということを浮かび上がらせる。ユニバーサル・クレジットの月額20 ポンドの増額措置を恒久化するべきだとの声が当事者はもちろん、専門家からも相次いだことは、パンデミックの発生以前の段階においてすでに多くの市民が最低限の生活を維持することすら困難な状態に陥っていたことを示唆している。パンデミックにおいて彼らがこうむった生活困窮は、パンデミックによってもたらされたのではなく、その前から始まっていたのだ。パンデミックはそこに追い打ちをかけたにすぎない。それだけに、新自由主義的なシティズンシップへ回帰するのも、国家が直接的に市民の自由を差配するシティズンシップへと転換するのも、市民にとっては前途多難な途である。

　いずれにしてもパンデミックの経験は、市民にとっていかに自由がかけがえのないものであり、生活を支える社会保障や社会サービスが不可欠なものであ

るのかをあらためて教えてくれている。それは国家が自由を市民の権利として
保障するようなシティズンシップのもとにおいてのみ可能であるが、そのよう
なシティズンシップを構想し、実現していくための道筋はいまだ見いだされて
はいない。ポスト・パンデミックのイギリスは今後どのような途を歩んでいく
のだろうか。ひとまずはその経過を見守ることにしたい。

参考文献

児玉聡　2012『功利主義入門——はじめての倫理学』筑摩書房。

平野寛弥　2020「変容するエージェンシーとシティズンシップ——イギリスにおける福
　　祉制度改革の分析から」福原宏幸・中村健吾・柳原剛司編『岐路に立つ欧州福祉レ
　　ジーム——EU は市民の新たな連帯を築けるか？』ナカニシヤ出版、302-337 頁。

ブラウン、W　2017『いかにして民主主義は失われていくのか——新自由主義の見えざ
　　る攻撃』中井亜佐子訳、みすず書房。

マーシャル、T・H／ボットモア、T　1993『シティズンシップと社会的階級——近現
　　代を総括するマニフェスト』岩崎信彦・中村健吾訳、法律文化社。

Andreouli, E. and Brice, E. 2022. Citizenship under COVID-19: An analysis of UK
　　political rhetoric during the first wave of the 2020 pandemic. *Journal of
　　Community & Applied Social Psychology* 32: 555-572.

Béland, D., Cantillon, B., Hick, R., and Moreira, A. 2021. Social policy in the face of a
　　global pandemic: Policy responses to the COVID-19 crisis. *Social Policy &
　　Administration* 55: 249-260.

Bremer, B., and McDaniel, S. 2020. The ideational foundations of social democratic
　　austerity in the context of the great recession. *Socio-Economic Review* 18(2):
　　439-463.

Brown, W. 2016. Sacrificial Citizenship: Neoliberalism, Human Capital, and Austerity
　　Politics. *Constellations* 23(1): 3-14.

DWP (Department for Work & Pensions) 2020. Official Statistics. *Personal
　　Independence Payment: Official Statistics to April 2020.*
　　—— 2023. Official Statistics. *Universal Credit statistics, 29 April 2013 to 12 January
　　2023.*

GOV.UK. 2023. Coronavirus (COVID-19) in the UK. *Cases in United Kingdom* (Last
　　updated on Thursday 2 March 2023 at 4:00pm).

HMRC (HM Revenue & Customs). 2021. Official Statistics. *Coronavirus Job Retention
　　Scheme statistics.* 2021/12/16.

Independent Food Aid Network 2020. *Independent food bank emergency food parcel distribution in the UK: Comparing February to April 2019 with February to April 2020.*

Loopstra, R. 2020. *Vulnerability to food insecurity since the COVID-19 lockdown.* Food Foundation & Evidence and Network on UK Household Food Insecurity（ENUF）.

Office for National Statistics 2023. Unemployment rate（aged 16 and over, seasonally adjusted）.

Prosser, A. M. B., Judge, M., Bolderdij, J. W., Blackwood, L., and Kurz, T. 2020. 'Distancers' and 'non-distancers'? The potential social psychological impact of moralizing COVID-19 mitigating practices on sustained behaviour change. *British Journal of Social Psychology* 59: 653-662.

The Trussell Trust 2019. *State of Hunger: A Study of Poverty and Food Insecurity in the UK.*

——— 2020. *Food Banks Report Record Spike in Need.*

Work and Pensions Committee 2019. *Social Safety Net.* House of Commons.

——— 2020. *First Report: DWP's response to the coronavirus outbreak.* House of Commons.

索　引

事項索引

人名索引

あ行

アガンベン、ジョルジョ　i-ii, xiii
アンドゥルーリ、エレーニ　273-274
ウィルメス、ソフィー　231-233
オルバーン、ヴィクトル　viii, 99-106, 108-113, 115-120, 122, 124-126, 128-129

か行

コンテ、ジュゼッペ　209-210, 212

さ行

ジジェク、スラヴォイ　ii-iii, v, xiii
ジョンソン、ボリス　ii, 259

た行

ドゥ＝クロー、アレクサンダー　231-233
ドラーギ、マリオ　208-210

な行

ノヴァーク、カタリン　110, 112, 117

は行

ハーバーマス、ユルゲン　15-16
ブライス、エマ　273-274
ブラウン、ウェンディ　273, 278
フレゼリクセン、メッテ　88, 90, 94

ま行

マーシャル、トーマス・ハンフリー　271, 278
マクロン、エマニュエル　vii, 14, 45-47, 50-51, 56, 58-60, 63-64
マルクス、アイブ　248, 252
メローニ、ジョルジャ　208-209, 211-212, 224

■執筆者紹介（執筆順）

中村健吾（なかむら　けんご）
　　　編者紹介を参照

松原仁美（まつばら　ひとみ）
　　　静岡大学人文社会科学部准教授。博士（経済学）。専門は社会政策。おもな著作に『排除と包摂
　　　のフランス——支援付き雇用の意義と課題』（晃洋書房、2018年）、「ベルトラン・シュワルツの
　　　〈職業的・社会的参入〉の理念と実践——職業教育改革から若者貧困対策へ」（『経済学雑誌』121
　　　巻2号、2021年）など。

嶋内　健（しまうち　たけし）
　　　立命館大学産業社会学部授業担当講師。博士（社会学）。専門は社会政策。おもな著作に『どう
　　　する日本の労働政策』（分担執筆、ミネルヴァ書房、2021年）、『岐路に立つ欧州福祉レジーム
　　　——EU は市民の新たな連帯を築けるか？』（分担執筆、ナカニシヤ出版、2020年）など。

柳原剛司（やなぎはら　つよし）
　　　編者紹介を参照

嵯峨嘉子（さが　よしこ）
　　　大阪公立大学大学院現代システム科学研究科准教授。修士（社会福祉学）。専門は社会福祉学、
　　　社会政策。おもな著作に『岐路に立つ欧州福祉レジーム——EU は市民の新たな連帯を築ける
　　　か？』（分担執筆、ナカニシヤ出版、2020年）、『子どもの貧困調査——子どもの生活に関する実
　　　態調査から見えてきたもの』（分担執筆、明石書店、2019年）など。

廣瀬真理子（ひろせ　まりこ）
　　　放送大学客員教授。博士（学術）。専門は社会保障法政策。おもな著作に『21世紀における社会
　　　保障とその周辺領域』（分担執筆、法律文化社、2003年）、『新・世界の社会福祉　2——フランス
　　　／ドイツ／オランダ』（分担執筆、旬報社、2019年）など。

太田美帆（おおた　みほ）
　　　静岡大学グローバル共創科学部助教。修士（人間科学）。専門は社会学。おもな著作に『ユーロ
　　　危機と欧州福祉レジームの変容——アクティベーションと社会的包摂』（分担執筆、明石書店、
　　　2015年）、「スウェーデンにおけるアクティベーション政策と生活保障システム」（『日本労働研究
　　　雑誌』713、2019年）など。

土岐智賀子（どき　ちかこ）
　　　開志専門職大学事業創造学部講師。博士（社会学）。専門はイタリアの青年期政策／キャリア研
　　　究。おもな著作に「イタリアの若者の社会的状況——増える高学歴者と家族・教育・雇用制度の
　　　特徴」（『立命館国際地域研究』33号、2011年）、『ユーロ危機と欧州福祉レジームの変容——アク
　　　ティベーションと社会的包摂』（分担執筆、明石書店、2015年）など。

福原宏幸（ふくはら　ひろゆき）
　　　編者紹介を参照

平野寛弥（ひらの　ひろや）
　　　上智大学総合人間科学部准教授。博士（社会福祉学）。専門は社会政策、シティズンシップ研究。
　　　おもな著作に "Social Citizenship Guarantee for Minorities in Japan: Present and Future"
　　　（*International Journal of Japanese Sociology* 29, 2020）、『岐路に立つ欧州福祉レジーム——EU
　　　は市民の連帯を築けるか？』（分担執筆、ナカニシヤ出版、2020年）など。

■編者紹介

福原宏幸（ふくはら　ひろゆき）
　　大阪市立大学名誉教授。博士（経済学）。専門は社会政策。おもな
　　著作に『社会的排除／包摂と社会政策』（法律文化社、2007年）、
　　『岐路に立つ欧州福祉レジーム――EU は市民の新たな連帯を築け
　　るか？』（共編、ナカニシヤ出版、2020年）など。

中村健吾（なかむら　けんご）
　　大阪公立大学大学院経済学研究科教授。博士（文学）。専門は社会
　　思想史。おもな著作に『欧州統合と近代国家の変容――EU の多次
　　元的ネットワーク・ガバナンス』（昭和堂、2005年）、『古典から読
　　み解く社会思想史』（ミネルヴァ書房、2009年）。

柳原剛司（やなぎはら　つよし）
　　松山大学経済学部教授。博士（経済学）。専門は社会保障論、比較
　　経済システム論。おもな著作に『体制転換と社会保障制度の再編
　　――ハンガリーの年金制度改革』（京都大学学術出版会、2011年）、
　　『岐路に立つ欧州福祉レジーム――EU は市民の新たな連帯を築け
　　るか？』（共編、ナカニシヤ出版、2020年）など。

コロナ危機と欧州福祉レジームの転換

2023 年 12 月 20 日　初版第 1 刷発行

編　者　福　原　宏　幸
　　　　中　村　健　吾
　　　　柳　原　剛　司

発行者　杉　田　啓　三

〒 607-8494　京都市山科区日ノ岡堤谷町 3-1
発行所　株式会社　昭和堂
TEL（075）502-7500／FAX（075）502-7501
ホームページ　http://www.showado-kyoto.jp

© 福原・中村・柳原ほか 2023　　　　　印刷　モリモト印刷

ISBN978-4-8122-2301-7